公路养护与管理

主　编　吴亚娟　曹福贵
参　编　赵正信　王　帅
主　审　钱　进

北京理工大学出版社
BEIJING INSTITUTE OF TECHNOLOGY PRESS

内容提要

本书共分10个项目，包括：公路养护管理认知、公路路基的养护、公路沥青路面预防养护技术、水泥混凝土路面养护与维修、桥梁涵洞养护与维修、公路隧道养护与维修、公路沿线设施养护与维修、公路绿化及环境保护、公路养护施工区安全管理、路面/桥梁养护管理系统等内容。

本书可作为高等院校道路与桥梁工程技术专业，公路施工与养护、监理等专业教材，也可作为公路养护管理工程的技术人员和管理人员的教学培训用书。

版权专有　侵权必究

图书在版编目（CIP）数据

公路养护与管理 / 吴亚娟，曹福贵主编. -- 北京：北京理工大学出版社，2022.12
　ISBN 978-7-5763-1951-4

Ⅰ.①公⋯　Ⅱ.①吴⋯　②曹⋯　Ⅲ.①公路养护　Ⅳ.①U418

中国版本图书馆CIP数据核字（2022）第245252号

出版发行 / 北京理工大学出版社有限责任公司
社　　址 / 北京市海淀区中关村南大街5号
邮　　编 / 100081
电　　话 / （010）68914775（总编室）
　　　　　（010）82562903（教材售后服务热线）
　　　　　（010）68944723（其他图书服务热线）
网　　址 / http://www.bitpress.com.cn
经　　销 / 全国各地新华书店
印　　刷 / 河北鑫彩博图印刷有限公司
开　　本 / 787毫米×1092毫米　1/16
印　　张 / 15
字　　数 / 354千字
版　　次 / 2022年12月第1版　2022年12月第1次印刷
定　　价 / 89.00元

责任编辑 / 钟　博
文案编辑 / 钟　博
责任校对 / 刘亚男
责任印制 / 王美丽

图书出现印装质量问题，请拨打售后服务热线，本社负责调换

出版说明

　　五年制高等职业教育（简称五年制高职）是指以初中毕业生为招生对象，融中高职于一体，实施五年贯通培养的专科层次职业教育，是现代职业教育体系的重要组成部分。

　　江苏是最早探索五年制高职教育的省份之一，江苏联合职业技术学院作为江苏五年制高职教育的办学主体，经过20年的探索与实践，在培养大批高素质技术技能人才的同时，在五年制高职教学标准体系建设及教材开发等方面积累了丰富的经验。"十三五"期间，江苏联合职业技术学院组织开发了600多种五年制高职专用教材，覆盖了16个专业大类，其中178种被认定为"十三五"国家规划教材，学院教材工作得到国家教材委员会办公室认可并以"江苏联合职业技术学院探索创新五年制高等职业教育教材建设"为题编发了《教材建设信息通报》（2021年第13期）。

　　"十四五"期间，江苏联合职业技术学院将依据"十四五"教材建设规划进一步提升教材建设与管理的专业化、规范化和科学化水平。一方面将与全国五年制高职发展联盟成员单位共建共享教学资源，另一方面将与高等教育出版社、凤凰职业教育图书有限公司等多家出版社联合共建五年制高职教育教材研发基地，共同开发五年制高职专用教材。

　　本套"五年制高职专用教材"以习近平新时代中国特色社会主义思想为指导，落实立德树人的根本任务，坚持正确的政治方向和价值导向，弘扬社会主义核心价值观。教材依据教育部《职业院校教材管理办法》和江苏省教育厅《江苏省职业院校教材管理实施细则》等要求，注重系统性、科学性和先进性，突出实践性和适用性，体现职业教育类型特色。教材遵循长学制贯通培养的教育教学规律，坚持一体化设计，契合学生知识获得、技能习得的累积效应，结构严谨，内容科学，适合五年制高职学生使用。教材遵循五年制高职学生生理成长、心理成长、思想成长跨度大的特征，体例编排得当，针对性强，是为五年制高职教育量身打造的"五年制高职专用教材"。

江苏联合职业技术学院
教材建设与管理工作领导小组
2022年9月

前言

随着国家公路网的建设和公路总里程的加长，公路养护的数量逐年增长。2021年年末，我国公路总里程达528.07万公里，比上年增加8.26万公里，公路密度为55.01公里/百平方公里，同比增加0.86公里/百平方公里。为满足交通教育应用型人才培养要求，根据新公路养护相关技术规范编制本书，并经过充分调研与校外企业专家共同开发完成。

通过本课程的学习，学生能够熟悉公路养护和日常管理的基本工作内容，具备从事公路日常养护、预防性养护及公路日常管理的能力，初步具备编制养护方案、进行公路日常修复和预防性养护的能力。

"公路养护与管理"在公路养护与管理类专业中属于核心课程，具有提高实操能力、指导生产实践的作用。本课程对路基养护、沥青路面养护、水泥混凝土路面养护、桥涵养护、公路隧道养护、公路交通设施养护、公路绿化及环境环保、公路施工区安全管理和公路养护管理系统等知识进行梳理，旨在培养学生系统把握知识的能力，从而提高学生的综合职业素质。

本书特色是"任务驱动教学，注重理论和实践相结合"，具体体现在书中选取真实的工作场景，体现职业教育的针对性，以生产案例为学习任务，驱动并实施教学，以培养学生分析问题和解决问题的能力为教学重点。

本书由吴亚娟、曹福贵担任主编，赵正信、王帅参与本书的编写工作，具体编写分工为：项目1、项目5和项目6由吴亚娟编写；项目2、项目7由赵正信编写；项目3、项目10由曹福贵编写；项目4、项目8、项目9由王帅编写。全书由钱进主审。

本书在编写过程中，得到了上海基础设施建设发展（集团）有限公司工程师杨学成和上海华谊建设工程监理有限公司工程师孙臻的大力支持，在此表示感谢！同时，本书参阅和引用了很多专家和学者论著的有关资料，在此一并致以诚挚的谢意！

由于编者水平有限，加之时间仓促，书中难免存在疏漏及不妥之处，敬请有关院校师生和读者予以指正，如您在使用过程中有更多的宝贵意见，请您发送到邮箱15335416@qq.com，期待能够得到您真挚的反馈，以便我们再版时不断修改完善。

编　者

目 录

项目1 公路养护管理认知 ··················· 1
1.1 公路养护的目的与损坏因素分析 ····· 2
　1.1.1 车辆荷载的作用 ··················· 2
　1.1.2 自然因素的影响 ··················· 4
1.2 公路养护工程的分类与养护程序 ····· 5
　1.2.1 前期工作 ··························· 6
　1.2.2 计划编制 ··························· 7
　1.2.3 工程设计 ··························· 7
　1.2.4 工程施工 ··························· 8
　1.2.5 工程验收 ··························· 8
　1.2.6 监督检查 ··························· 9
思考与练习 ··································· 11

项目2 公路路基的养护 ··················· 13
2.1 公路路基的养护 ························· 14
　2.1.1 概述 ································ 14
　2.1.2 路基技术状况的评价 ············· 16
　2.1.3 路基的日常养护与维修 ·········· 18
　2.1.4 路基典型病害的防治 ············· 26
　2.1.5 路基防护与支挡工程的养护 ···· 32
　2.1.6 排水设施的养护 ·················· 37

　2.1.7 路基翻浆的防治 ·················· 42
2.2 特殊地区的路基养护 ·················· 47
　2.2.1 盐渍土地区路基养护 ············· 47
　2.2.2 黄土地区的路基养护 ············· 48
　2.2.3 膨胀土地区的路基养护 ·········· 50
　2.2.4 沙漠地区的路基养护 ············· 52
　2.2.5 多年冻土地区的路基养护 ······· 52
　2.2.6 泥石流地区的路基养护 ·········· 54
思考与练习 ··································· 56

项目3 公路沥青路面预防养护技术 ···· 58
3.1 路况调查与评价 ························· 60
　3.1.1 一般规定 ··························· 60
　3.1.2 公路网级路况调查与评定 ······· 60
　3.1.3 养护工程路况调查与评价 ······· 61
　3.1.4 路况评价结果应用 ··············· 61
3.2 封层及其技术要点 ····················· 61
　3.2.1 含砂雾封层 ······················· 61
　3.2.2 微表处 ···························· 63
　3.2.3 纤维封层 ························· 67
　3.2.4 复合封层 ························· 68

3.2.5 施工工艺流程及其要点……………69
3.3 功能性罩面技术及施工要点…………73
　　3.3.1 超薄罩面………………………73
　　3.3.2 薄层罩面………………………74
　　3.3.3 罩面……………………………76
　　3.3.4 验收标准………………………77
　　3.3.5 施工工艺流程及其要点………77
3.4 再生利用技术及施工要点……………84
　　3.4.1 厂拌冷再生……………………85
　　3.4.2 就地冷再生……………………88
　　3.4.3 厂拌热再生……………………92
　　3.4.4 就地热再生……………………94
3.5 预防养护的质量控制及安全、
　　环保措施………………………………97
　　3.5.1 质量控制………………………97
　　3.5.2 安全措施………………………97
　　3.5.3 环境保护措施…………………98
思考与练习……………………………………99

项目4 水泥混凝土路面养护与维修……105
4.1 概论……………………………………106
　　4.1.1 水泥混凝土路面养护内容与
　　　　　质量标准……………………106
　　4.1.2 水泥混凝土路面病害类型
　　　　　和分级………………………107
　　4.1.3 水泥混凝土路面状况调查和
　　　　　评定…………………………111
4.2 水泥混凝土路面的日常养护…………115
　　4.2.1 水泥混凝土路面日常养护要求
　　　　　及内容………………………115

　　4.2.2 水泥混凝土路面日常养护内容…116
　　4.2.3 水泥混凝土路面日常养护作业…116
　　4.2.4 水泥混凝土路面冬季养护……119
4.3 水泥混凝土路面常见病害维修
　　技术……………………………………120
　　4.3.1 水泥混凝土面层断裂类病害…120
　　4.3.2 水泥混凝土面层竖向位移类
　　　　　病害…………………………124
　　4.3.3 水泥混凝土面层接缝类病害…125
　　4.3.4 水泥混凝土路面表层类病害…128
4.4 水泥混凝土路面改善…………………129
思考与练习…………………………………134

项目5 桥梁涵洞养护与维修……………136
5.1 桥梁检查与评定………………………138
　　5.1.1 桥梁检查……………………138
　　5.1.2 桥梁技术状况的评定………141
5.2 桥梁上部构造的养护…………………143
　　5.2.1 桥面系养护与维修…………143
　　5.2.2 支座的养护与维修…………146
　　5.2.3 桥跨结构的养护与维修……147
5.3 桥梁下部构造的养护…………………153
　　5.3.1 基础的养护与加固…………153
　　5.3.2 墩台的养护与加固…………156
5.4 涵洞的养护……………………………158
　　5.4.1 涵洞养护的要求与检查内容…158
　　5.4.2 涵洞的养护与维修…………160
　　5.4.3 涵洞的加固…………………161
思考与练习…………………………………163

项目6 公路隧道养护与维修······168
6.1 隧道养护的基本要求······169
 6.1.1 隧道养护等级······169
 6.1.2 公路隧道总体技术状况评定······170
 6.1.3 对评定划定的各类隧道土建结构，应分别采取不同的养护措施······171
6.2 隧道土建结构······171
 6.2.1 日常巡查······172
 6.2.2 隧道清洁······172
 6.2.3 结构检查······173
 6.2.4 土建结构技术状况评定······178
 6.2.5 保养维修······179
 6.2.6 病害处治······180
6.3 机电设施养护······181
 6.3.1 概述······181
 6.3.2 供配电设施的养护与维修······181
 6.3.3 照明设施的养护与维修······182
 6.3.4 通风设施的养护与维修······182
 6.3.5 消防及救援设施的养护与维修······183
 6.3.6 监控设施的养护与维修······183
6.4 隧道安全管理······183
 6.4.1 养护作业的安全管理······184
 6.4.2 突发事件的安全管理······184
思考与练习······186

项目7 公路沿线设施养护与维修······188
7.1 交通安全设施的养护······189
 7.1.1 跨线桥······189
 7.1.2 地下通道······190
 7.1.3 护栏······190
 7.1.4 隔离栅······191
 7.1.5 标柱······191
 7.1.6 中央分隔带······191
 7.1.7 通信设施······191
 7.1.8 夜间行车安全设施······192
7.2 公路交通标志的养护······192
 7.2.1 公路交通标志的定义及分类······192
 7.2.2 公路交通标志的检查······196
 7.2.3 养护与维修······196
7.3 公路交通标线的养护······198
思考与练习······199

项目8 公路绿化及环境保护······200
8.1 公路景观设计概述······201
 8.1.1 公路景观设计的目的······201
 8.1.2 公路景观设计的原则······201
 8.1.3 公路景观设计的方法······202
8.2 公路绿化及规划······203
 8.2.1 公路绿化的总体原则及要求······203
 8.2.2 公路绿化的范围······203
 8.2.3 公路绿化规划······204
8.3 公路环境的保护······204
 8.3.1 公路养护对环境的影响······204
 8.3.2 环境保护措施······205
 8.3.3 公路绿化植被的养护要求······206
思考与练习······208

项目9 公路养护施工区安全管理······209
9.1 养护维修作业控制区的布置······210
 9.1.1 养护维修作业控制区的组成······210

9.1.2 高速公路及一级公路养护维修作业控制区的布置……211
9.1.3 高速公路及一级公路养护维修作业控制区的布置……212
9.1.4 特大桥桥面和隧道养护维修作业控制区的布置……213
9.1.5 平面交叉口养护维修作业控制区的布置……213
9.1.6 收费广场养护维修作业控制区的布置……214
9.1.7 养护维修作业控制区的基本要求……214

9.2 养护维修作业控制区的安全设施……214
9.2.1 公路养护维修安全作业……215
9.2.2 桥梁、隧道养护维修安全作业……216
9.2.3 特殊条件下的养护维修安全作业……216
9.2.4 山区养护维修安全作业……216
9.2.5 清扫、绿化养护及道路检测安全作业……216
9.2.6 养护维修机具的安全操作……217

思考与练习……220

项目10 路面/桥梁养护管理系统……221

10.1 路面养护管理系统概述……221
10.1.1 路面养护管理系统发展概述……221
10.1.2 路面养护管理系统组成模块……223
10.1.3 路面养护管理系统建设的基本原则……224

10.2 路面养护管理系统分析……224
10.2.1 路面养护管理系统层次划分……224
10.2.2 CPMS的组成与主要功能……225

10.3 桥梁养护管理系统……226
10.3.1 桥梁养护管理系统概述……226
10.3.2 CBMS各模块功能……226

思考与练习……229

参考文献……230

项目 1　公路养护管理认知

知识目标

1. 理解公路养护的目的；
2. 掌握车辆荷载的作用；
3. 了解自然因素的影响；
4. 掌握公路养护工程的分类与养护计划编制程序。

公路养护管理认知

技能目标

1. 辨别路面损坏的原因；
2. 编制公路养护计划。

任务描述

长香西大道穿过丹徒区大学城中心，该地区位于长江中下游，属于北亚热带季风气候，四季分明，雨量充沛。在修建大学城过程中，长香西大道作为主干道路，经常有施工车辆通过，公路发生了诸多病害，如图 1.1 所示，试分析该公路路面产生病害的原因并给出养护建议。

图 1.1　沉陷、龟裂、网裂

1.1 公路养护的目的与损坏因素分析

相关知识

交通是经济发展的大动脉,经济社会发展,交通先行。公路是国家经济发展和现代化建设的重要基础设施。加快基础建设互联互通,构建现代化的综合交通运输体系是国民经济和社会发展的必然要求。

《"十四五"公路养护管理发展纲要》指出,"十四五"是我国开启第二个百年奋斗目标新征程的第一个五年,也是加快建设交通强国的第一个五年。公路交通作为国民经济的基础性、先导性、战略性产业和服务性行业,要坚定不移地推动公路行业高质量发展,加快建设交通强国,着力推进设施数字化、养护专业化、管理现代化、运行高效化、服务优质化,全面提升公路养护管理水平,促进公路交通可持续健康发展,切实发挥公路在加快建设交通强国中的主力军、主战场、排头兵作用,为努力当好中国现代化的开路先锋提供坚实支撑。

截至2022年,我国公路总里程已达到528万千米,高速公路优等路率达到91.5%,普通国省干线公路优良路率达到84%。"十三五"以来,全国累计投入养护资金1.29万亿元,实施预防养护135.6万千米,修复养护165.2万千米,实施公路安全生命防护工程116万千米,改造危旧桥梁5.8万座。公路在竣工并交付使用后,反复的行车荷载作用和自然因素的影响,特别是随着交通量和轴载的不断增加,以及部分筑路材料性能的衰变,加上在设计、施工中可能存在的某些缺陷,导致公路的使用功能逐渐下降。公路养护是保持路网完好、不断使公路的路用性能得到改善、延长使用寿命的重要措施。它能使公路为经济建设提供良好的服务,为人民的美好生活服务。

公路养护的目的就是运用先进的技术和科学的管理方法,合理地分配和使用养护资金,通过养护维修使公路在设计使用年限内经常保持完好状态,并有计划地改善公路的技术指标,以提高公路的服务质量,最大限度地发挥公路的运输经济效益。

公路损坏的原因往往不止一个,荷载和自然环境条件可因路基路面的结构和采用材料的性质不同表现出不同的影响。

1.1.1 车辆荷载的作用

1. 垂直荷载

在车辆垂直荷载作用下,路面将出现压缩和弯曲。柔性路面因其材料的黏弹性性质不仅产生弹性变形,还将伴随加载时间产生滞后弹性变形和不可恢复的塑性变形。在多次加载和卸载的过程中,如果压力不超过一定的限度,不可恢复的变形将逐渐减小,而弹性变形逐渐增加，使路面密实度得到增加而强化。但当压力超过一定限度时，就会产生很大不可恢复的塑性变形。在多次重复的荷载作用下，路面会因竖向塑性变形的累积而逐渐产生沉落。对于采用黏土做结合料的碎石、砾石路面，在雨期潮湿的情况下，沥青路面在夏期高温时，路面沉落的表现更为明显。高等级公路的沥青路面由于渠化交通的作用，可导致车辙的产生。

对于水泥混凝土路面、沥青路面等整体性材料的路面，在车辆垂直荷载作用下将产生弯拉变形。当荷载应力超过材料的疲劳强度时，路面将因产生疲劳而开裂破坏。

2. 水平荷载

行车产生的水平力主要作用在路面的上层，引起路面表面变形而影响其平整度。水平力对路面的影响，首先表现在对路面的磨损上，路面磨损主要是由车辆在行驶过程中车轮产生滑移造成的。强烈的路面磨损发生在车辆的制动路段，如公路的下坡车道、小半径平曲线和交叉口之前及通过居民点和交通稠密的路段上。在曲线上，车辆侧向滑移也可使路面产生磨损。在不平整的公路上，行驶的车辆轮胎表面通过的距离比车轮中心通过的距离要长，以及因振动在车辆向上跳动时车辆压力减小，都将引起车轮滑移对路面产生磨损。

路面的磨损除受行车荷载的作用外，气候因素（如雨水冲刷和风蚀）也是重要的因素；同时，在很大程度上还与路面的类型及其材料的性质有关。石料越耐磨，路面磨损越小。在相同条件下，碎石、砾石等路面的磨损量最大，水泥混凝土路面较小，沥青路面最小，而采用石油沥青比采用煤沥青减少磨损约 2/3。

路面磨损不仅使路面材料受到损失并使路面减薄，而且由于外露石料表面被磨光，使路面的摩擦系数减小，影响行车安全。

在车辆垂直力与水平力的综合作用下，路面会产生较大的剪应力。当剪应力超过面层与基层层间接触的抗剪强度，或超过面层材料的抗剪强度时，路面面层将沿基层顶面产生滑移或面层材料本身产生剪切变形，使路面表面形成壅包以至波浪。前者多产生于沥青面层厚度较薄、层间结合不良的路段；后者多产生在面层厚度较大，或厚度虽小但层间结合良好的以级配原则铺筑的砾石路面或沥青路面上。这类路面材料的强度除由粒料颗粒之间的摩阻力提供外，在很大程度上还依赖于结合料的黏结力，黏结力易受温度条件变化的影响而使材料抗剪强度下降，从而导致路面的失稳变形。

3. 冲击荷载

路面出现有规律的波浪变形，即通常所称的"搓板"现象，这与汽车行驶时重复地产生一定频率的振动和冲击有关。汽车在这种动力作用下，因轮胎对路面的水平推移、磨损及真空吸力等作用也具有相应的规律性，从而使路面产生有规律的波浪变形而形成"搓板"。特别是路面的不平整，将使汽车的振动与冲击作用加剧，水平推移与真空吸力作用也随之增大，从而加速了路面"搓板"的形成与发展。路面"搓板"在中低等级的砂石路面上较为普遍，波长多为 0.75 m 左右，这与公路上行驶汽车的速率和发动机的工作状况有关。

汽车所产生的冲击、振动的能量大部分消耗在轮胎和弹簧的变形上，部分作用于路面，使路面产生周期的振动，并在路面中产生周期性的快速变向应力。动力作用对路面的影响与路面的刚度有关，路面的刚性越强，对路面的破坏性就越大。路面的振动可能产生对路面强度有危险的应力,使水泥混凝土路面出现裂纹,碎石路面的密实度降低,潮湿的路基土在受到振动后引起湿度的重分布而危害路面,并使路基土挤入粒料垫层而影响其功能。沥青路面由于具有较大的吸振能力,因而振动对它的影响较小,实际上它具有减振器的作用。

当汽车产生周期性动力作用的频率与路面的固有振动频率接近时,路面将因发生振幅和加速度很大的共振而遭到破坏。

超载是公路桥梁破坏的重要因素,因此,我国实施治超"一张网"工程,构建以"互联网+"为核心的智慧治超新模式,推动治超工作由人工执法向科技监管转变,由末端管理向源头治理转变,由以罚为主向综合治理转变,加强源头治超,建立货物装载源头倒查机制和货车非法改装联动治理机制。

■ 1.1.2 自然因素的影响

我国幅员辽阔,疆域范围南起南沙群岛南端的曾母暗沙南侧,北至漠河地区黑龙江主航道中心线,南北相距 5 500 余千米。气候复杂多样,跨纬度较广,距海远近差距较大,加之地势高低不同,地形类型及山脉走向多样,气温降水的组合多种多样,形成了多种多样的气候。自然因素及气候条件对公路的影响主要有温度、湿度、风力和雨雪、空气污染、地震力等。

1. 温度的影响

决定路面温度的影响因素主要为外部与内部两个方面。来自外部的太阳辐射和气温是决定路面状况的两项重要因素,由于路面暴露于大气中,路面温度随气温一年四季和昼夜的周期性变化而相应地变化,并沿路面厚度方向产生温度梯度。路面各结构层的热传导率、热比容量和对辐射热的吸收能力等是路面温度影响的内部因素。

沥青路面在冬期低温时强度虽然很高,但变形能力因黏附性的增大而显著下降。当气温下降时,路面收缩因受到基层的约束而产生累积温度应力,当其超过沥青混合料的抗拉强度时,将使路面产生一定间距的横向裂缝,水分浸入裂缝后,基层和土基的承载力将下降而使裂缝边角产生折断碎裂。影响低温缩裂的主要因素:一是沥青混合料的性质,包括沥青的性质和用量、集料的级配;二是当地的气候条件,包括降温速率、延续时间、最低气温和每次降温的间隔时间等。另外,路面的老化程度、结构条件与路基土种类对低温缩裂也有一定的影响。

2. 湿度的影响

路基和路面的物理力学性能随着水温状况而变化。当路基受到严重的水浸湿时,其强度和稳定性会迅速下降,并导致路基失稳,引起塌方、滑坡等病害。在北方冰冻地区有地下水作用的情况下,冬期易使路基产生不均匀冻胀,路面被抬高,以致产生冻胀裂缝,严重时拱起可达几十厘米;在春融季节则产生翻浆,在行车作用下路面出现裂缝和冒泥现象,以致路面结构遭到全部破坏,使交通中断。

水对路基路面的作用主要来自大气的降水和蒸发、地面水的渗透及地下水的影响。当路基内出现温度差时,在温差作用下水还会以液态或气态的方式从热处向冷处移动和积聚,从而改变路基的湿度状态。

在非冰冻地区，中、低级粒料路面在雨期、潮湿季节，强度和稳定性最低，容易遭到破坏；而在干燥季节，路面尘土飞扬，磨耗严重，易影响行车视线并污染周围环境。

沥青路面在浸水的情况下，其体积松胀，并削弱沥青与集料之间的黏附性，从而降低沥青混合料的物理力学性能。水对黏附性的影响主要取决于沥青的性质和集料的黏附性能，同时，与集料的吸水性能也有关。通常，煤沥青比石油沥青，碱性矿料比酸性矿料有更好的黏附性。当水中含有溶盐时，会使沥青产生乳化作用，从而加剧沥青的溶蚀作用。

水泥混凝土路面的接缝渗入雨水后使基础软化，在频繁的轮载作用下，路面会出现错台、脱空、唧泥等现象，并导致板边产生横向裂缝。

3. 其他因素的影响

地震力的作用，洪水、轮船、车辆的撞击都将对公路桥梁产生巨大的破坏作用。

每年汛期应进行必要的水文观测，掌握洪水的动态，并与当地气象、水文部门取得联系，及时收集水、雨情况预报资料，或向沿河居民进行调查，预先了解洪水强度、到达时间和变化情况，以判断对公路的危害性，及早采取措施。

1.2 公路养护工程的分类与养护程序

相关知识

公路养护工程按照养护目的和养护对象，可分为预防养护、修复养护、专项养护和应急养护。

(1)预防养护是指公路整体性能良好但有轻微病害，为延缓性能过快衰减、延长使用寿命而预先采取的主动防护工程。

(2)修复养护是指公路出现明显病害或部分丧失服务功能，为恢复技术状况而进行的功能性、结构性修复或定期更换，包括大修、中修、小修。

(3)专项养护是指为恢复、保持或提升公路服务功能而集中实施的完善增设、加固改造、拆除重建、灾后恢复等工程。

(4)应急养护是指在突发情况造成公路损毁、中断、产生重大安全隐患等，为较快恢复公路安全通行能力而实施的应急性抢通、保通、抢修。

组织实施各类养护工程所涉及的技术服务与工程施工等相关作业，应当依照有关法律、法规、规定，通过公开招标投标、政府采购等方式选择具备相应技术能力和资格条件的单位承担。

应急养护可以根据应急处置工作需要，直接委托具备相应能力的专业队伍实施。养护工程应当按照前期工作、计划编制、工程设计、工程施工、工程验收等程序组织实施，应急养护除外。公路养护工程分类细目见表1.1。

表 1.1 公路养护工程分类细目

分类	说明	内容
预防养护	公路整体性能良好但有轻微病害，为延缓性能过快衰减、延长使用寿命而预先采取的主动防护工程	路基：增设或完善路基防护，如柔性防护网、生态防护、网格防护等；增设或完善排水系统，如边沟、截水沟、排水沟、拦水带、泄水槽等；集中清理路基两侧山体危石等； 路面：针对整段沥青路面面层轻微病害采取防损、防水、抗滑、抗老化等表面处治；整段水泥混凝土路面防滑处治、防剥落表面处理、板底脱空处治、接缝材料集中清理更换等； 桥梁涵洞：桥梁涵洞周期性预防处治，如防腐、防锈、防侵蚀处理等；桥梁构件的集中维护或更换，如伸缩缝、支座等
修复养护	公路出现明显病害或部分丧失服务功能，为恢复技术状况而进行的功能性、结构性修复或定期更换工程	桥梁涵洞：桥梁涵洞加固、病害修复，如墩台(基础)、锥坡翼墙、护栏、拉索、调治结构物、径流系统等的维修完善；桥梁加宽、加高、重建、增设、接长涵洞等； 隧道：对隧道结构加固、病害修复，如洞门、衬砌、顶板、斜井、侧墙等的修复； 机电：对通信、监控、通风、照明、消防、收费、供配电设施、健康监测系统等进行增设、维修或更新； 交安设施：集中更换或新设标识标牌、防眩板、隔声屏、隔离屏、隔离栅、中央活动门、限高架等；整段路面标线的划施；集中维修、更换或新设公路护栏、警示桩、道口桩、减速带等； 管理服务设施：公路养护、管理、服务等的房屋、场地和设施设备的维修、改造、扩建或增设； 绿化景观：更换、新植行道树及花草，开辟苗圃等；公路景观提升、路域环境治理等
专项养护	为恢复、保持或提升公路服务功能而集中实施的完善增设、加固改造或拆除重建等工程	针对阶段性重点工作实施的专项公路养护治理项目
应急养护	在突发情况下造成公路损毁、中断、产生重大安全隐患等，为较快恢复公路安全通行能力而实施的应急线抢通、保通、抢修	对自然灾害或其他突发事件造成的障碍物的清理； 公路突发损毁的抢通、保通、抢修； 突发的经判定可能危及公路通行安全的重大风险的处治

注：1. 修复工程大修、中修、小修由各地结合自身管理需要，按照项目规模自行划分。
  2. 专项养护具体作业内容由各省结合阶段性重点工作自行确定，如灾害防治工程、灾毁修复工程、畅安舒美创建工程等。

■ 1.2.1 前期工作

公路管理机构或公路经营管理单位应当结合安全运行状况，按照公路技术状况评定、养护需求分析、养护技术方案确定等工作流程进行前期决策，并作为制订养护计划的依据。

公路管理机构或公路经营管理单位应当按照标准规范规定的检测指标和频率，定期组织对公路路基、路面、桥梁、隧道、附属设施等进行检测和评定。

鼓励运用自动化快速检测技术开展检测工作。

养护需求分析应当根据检测和评定数据,按照相关标准规范、国家或本地区养护规划,科学设定养护目标,合理筛选需要实施的养护工程。

公路管理机构或公路经营管理单位对于需要实施养护工程的路段、构造物或附属设施等,应当及时开展专项调查,根据公路技术状况、病害情况、发展趋势,综合考虑技术、经济、安全、环保等因素,合理确定养护技术方案。公路管理机构或公路经营管理单位应建立养护工程项目库,项目库按照滚动方式实施动态调整,每年定期更新。

■ 1.2.2 计划编制

地方各级交通运输主管部门、公路管理机构或公路经营管理单位应当根据年度养护资金规模、养护目标要求、项目库的储备更新情况,合理编制养护工程年度计划。

养护工程计划编制应当优先安排以下项目。

(1)严重影响公众安全通行的;

(2)具有重大政治、经济意义的;

(3)技术状况差、明显影响公路整体服务水平的;

(4)预防养护项目。

养护工程计划应当统筹安排,避免集中养护作业造成交通拥堵,省际养护作业应当做好沟通衔接。

地方各级交通运输主管部门、公路管理机构或公路经营管理单位应当加强养护工程计划的编制、审核和报备工作。养护工程计划应当及时下达,与养护施工的最佳时间相匹配,保障工程实施效益。

■ 1.2.3 工程设计

养护工程一般采用一阶段施工图设计。技术特别复杂的,可以采用技术设计和施工图设计两阶段设计。应急养护和技术简单的养护工程可以按照技术方案组织实施。

养护工程设计应当遵循以下要求。

(1)因地制宜、就地取材、循环利用、绿色环保;

(2)针对不同病害的分布特点进行分段、分类设计;

(3)做好交通保障方案设计,降低养护工程施工对交通影响保障运行安全;

(4)做好养护安全作业方案设计,保障养护作业安全;

(5)做好配套附属设施的设计。

养护工程设计应当以专项检测或评估为依据,加强结构物承载力和旧路性能评价,强化对显性、隐性病害的诊断分析。

养护工程设计文件应当符合法律、法规和强制性标准的要求。

养护工程设计文件应当对施工工艺和验收标准进行详细说明。

鼓励养护工程采用新技术、新材料、新工艺、新设备。对涉及工程质量和安全的新技术、新材料、新工艺、新设备,尚无相关标准可参照的,应当经过试验论证审查后方可规模化使用。

设计单位应当保证养护工程设计文件质量，做好设计交底，及时解决施工中出现的设计问题，并对设计质量负责。

养护工程设计实行动态设计。设计单位及时跟踪公路病害发展情况，并根据需要进行设计变更。养护工程设计文件应当通过审查或审批后方可使用。

1.2.4 工程施工

养护工程施工前，公路管理机构或公路经营管理单位应当根据设计文件和相关要求，组织对交通保障、养护安全作业方案进行审查，并按规定报有关部门批准。

养护工程施工时，公路管理机构、公路经营管理单位、养护施工单位应当建立健全养护工程质量检查管理制度，通过抽查、委托专业机构检查、自查等方式确保养护工程质量。

规模较大和技术复杂的养护工程可以根据需要开展监理咨询服务。

养护工程应当按照审查通过的设计文件进行施工，对施工中发现的设计问题，应当书面提出设计变更建议。一般设计变更经公路管理机构或公路经营管理单位同意后实施，重大设计变更须经原设计审查或审批单位同意后实施。

养护工程施工应当严格执行有关技术规范和操作规程，保证安全。

除应急养护外，养护工程施工应当选择交通流量较小的时段，并按照有关规定向社会公告。鼓励提前将养护施工信息告知相关公路电子导航服务企业，为社会公众出行做好服务。

养护工程应当加强成本控制和管理。项目完工后，按照有关规定及时进行财务决算。

1.2.5 工程验收

养护工程具备验收条件后应当及时组织验收。具体验收办法由各省级交通运输主管部门制定。

技术复杂程度高或投资规模较大的养护工程按交工验收和竣工验收两阶段执行。其他一般养护工程按一阶段验收执行。

适用一阶段验收的养护工程项目一般在工程完工交付使用后6个月之内完成验收；适用两阶段验收的养护工程项目，在工程完工后应当及时组织交工验收，一般在养护工程质量缺陷责任期满后12个月之内完成竣工验收。

养护工程质量缺陷责任期一般为6个月，最长不超过12个月。养护工程验收及质量缺陷责任期具体时限应当在养护合同中约定，并应符合有关要求。养护工程完工后未通过验收的，由施工单位承担养护责任，超出验收时限无正当理由未验收的除外。验收不合格的，由施工单位负责返修。在质量缺陷责任期内，发生施工质量问题的，施工单位应当履行保修义务，并对造成的损失承担赔偿责任。

(1)公路养护工程验收依据主要包括以下内容。

1)养护工程计划文件；

2)养护工程合同；

3)设计文件及图纸;

4)变更设计文件及图纸;

5)行政主管部门的有关批复文件;

6)养护工程有关标准、规范及规定。

(2)养护工程验收应当具备下列条件。

1)完成设计文件和合同约定的各项内容;

2)完成全部技术档案和施工管理资料整理归档;

3)施工单位按相关标准、规范和规定对工程质量自检合格;

4)工程质量缺陷问题已整改完毕。

公路养护工程通过验收后,验收结果应当及时向交通运输主管部门报告。

1.2.6 监督检查

各级交通运输主管部门和公路管理机构应当依据职责采取定期检查或抽查等方式,加强养护工程监督检查并督促及时整改。公路养护作业单位应当接受相关管理部门和机构的监督检查。

养护工程监督检查主要包括以下内容。

(1)养护工程相关法规、制度和标准、规范的执行情况;

(2)养护工程前期、计划、设计、施工、验收等环节工作规范化情况;

(3)养护工程质量和安全;

(4)养护工程资金使用情况;

(5)其他要求的相关事项。

省级交通运输主管部门应当结合本地区实际情况分类细化养护工程管理要求,加强质量监督管理。各级交通运输主管部门逐步推行对公路养护从业单位及人员的信用管理。

延伸阅读

公路养护发展政策

"十四五"时期,要继续坚持安全至上、崇尚创新、注重协调、倡导绿色、厚植开放、推进共享的发展理念。

1. 安全至上

强化公路养护安全保障体系,构建安全至上的体制机制。坚持国家利益至上,以人民安全为宗旨,以安全出行为根本,统筹公路养护外部安全和内部安全、按照预防为主、综合治理的方针,推动标准体系健全,强化安全监管责任,消除潜藏安全隐患,完善应急管理体系,强化运行管理机制,全面提高公路设施的安全性、可靠性和应对自然灾害、突发事件的保障能力,完善养护安全制度体系,加强养护安全能力建设。

2. 崇尚创新

培育引领公路养护发展的强劲动力,构建创新发展的体制机制。继续深化"理念创新、制度创新、技术创新"发展内涵，更加突出发展的创新性。瞄准公路养护世界科技前沿技术，突出关键共性技术、前沿引领技术、现代工程技术、颠覆性技术创新，破解公路养护现代化发展难题。

3. 注重协调

增强公路养护整体发展的综合效能，构建协调发展的体制机制。坚持建、管、养、运协调发展，增强不同类型、不同区域公路养护管理工作的整体性、协调性、平衡性、包容性。建立跨区域、跨行业，涵盖公路交通全过程的一体化协调机制，形成有利于行业发展的外部政策环境。促进东、中、西部地区养护管理工作的协调性和基本公共服务均等普惠。促进公路养护管理全要素、多领域、高效益的平衡协调发展新格局迈上新台阶，全面缩小区域间公路发展差距。

4. 倡导绿色

坚持公路养护资源节约和生态保护，构建绿色发展的体制机制。更加突出发展的可持续性，建立健全绿色低碳循环发展的养护体系，实施生态系统保护工程，强化节能减排节约，集约利用资源，促进资源循环利用，推动形成人与自然和谐发展的现代化建设新格局。加强生态和环境保护，加快建立绿色低碳循环公路运行管理体系，以路为媒，为美丽中国建设提供有力支撑。

5. 厚植开放

坚持开放发展的基本理念，构建开放发展的体制机制。促进形成全方位、多层次、宽领域的要素流动开放市场格局，持续推进公路行业内外和国内外双向开放，着力增进行业管理、养护市场及出行服务信息公开程度，以开放发展拓宽养护管理新空间，形成公路养护全面开放、共同开放的新格局。推进公路养护工作更加充分、更趋平衡的发展。

6. 推进共享

促进和维护社会公平正义，构建共享发展的体制机制。坚持发展为了人民、发展依靠人民、发展成果由人民共享，做出更有效的制度安排，使全体公路养护人在共建共享发展中有更多获得感。按照人人参与、人人尽力、人人享有的要求，坚守底线、突出重点、完善制度、引导预期，注重机会公平，保障基本民生。增强服务主动性，创新服务供给模式，拓展服务内涵，延伸服务链条，提高服务品质，继续推进公路养护公共服务均等化管理。

从发展使命看，交通强国建设要求公路养护必须着眼于更高的目标。2019年9月，中共中央、国务院印发了《交通强国建设纲要》，从提升基础设施本质安全水平的角度，要求强化基础设施养护，加强基础设施运行监测检测，提高养护专业化、信息化水平，增强设施耐久性和可靠性。从"保持良好技术状况"到"提升本质安全水平"的转变，进一步凸显养护工作的重要作用，同时也提出更高的要求，必须以服务社会的安全出行为根本目标，不断提升公路养护的发展品质。

从发展阶段看，"新基建"兴起要求必须夯实公路养护的基础性地位。2018年年底召开的中央经济工作会议首次明确"新基建"的快速发展，必然加速推动传统基础设施的发展重心由建设向养护偏移，同时，也对新型基础设施的养护提出了新命题。当前公路养护体系尚不健全，养护工作仍受公路建设的影响较大，但养护与建设存在本质的区别，必须进一步夯实公路养护的基础性地位，转变发展观念、完善管理体系、优化技术手段，主动适应未来的发展变局。

从发展体制看，公路事权划分要求必须落实公路养护的主体责任。2019年，国务院办公厅印发《交通运输领域中央与地方财政事权和支出责任划分改革方案》，具体明确了中央与地方的事权责任。"十四五"期的公路养护工作必须围绕责任落实，明确相关责任主体的具体工作内容与要求，建立权责清晰、任务明确、监管有力的养护管理体系，充分调动公路养护责任主体的积极性，推动公路养护治理能力和治理体系现代化。

从发展方式看，社会发展变化要求公路养护必须加快新旧业态融合。目前，新的工业技术正以人工智能、物联网、新能源、新材料等为核心快速孕育发展，并且极大地改变了人类社会的生产生活方式。公路养护要不断适应和满足人们不断提升的出行需求，必须加快与现代信息技术、先进材料技术、智能装备制造技术的融合，推进养护行业新技术新模式变革，推动公路养护由依靠传统要素驱动向更加注重创新驱动转变。

在加强公路养护预算管理方面，2009年成品油价格和税费改革后，公路养护资金逐步纳入政府财政预算管理。养护工程资金非收费公路以财政保障为主，主要通过各级财政资金解决。收费公路养护工程资金主要从车辆通行费中解决。

养护工程资金使用范围包括公路技术状况检测与评定、养护决策咨询、养护设计、养护施工、工程管理及质量控制、工程验收、项目后评估、监理咨询等。任何单位和个人不得截留、挤占或挪用养护工程资金。

思考与练习

一、填空题

1. 车辆荷载的作用类型有_____、_____、_____。
2. 路面出现有规律的_____，即通常所称的"搓板"现象，这是与汽车行驶时重复地产生一定频率的_____和_____有关。
3. 水对路基路面的作用主要来自大气的_____和蒸发、_____的渗透及_____的影响。
4. 自然因素对路面的影响主要有_____、_____、风力和雨雪、空气污染、地震力等，此外，_____对沥青路面技术性质的变化也有着重要的影响。
5. 养护工程一般采用一阶段_____。技术特别复杂的，可以采用_____和_____两阶段设计。_____和_____的养护工程可以按照技术方案组织实施。
6. 适用一阶段验收的养护工程项目一般在工程完工交付使用后_____之内完成验收；适用两阶段验收的养护工程项目，在工程完工后应当及时组织交工验收，一般在养护工程质量缺陷责任期满后_____之内完成竣工验收。

7. 养护工程按照养护目的和养护对象，分为_____、_____、_____和_____。

8. 修复养护是指公路出现明显病害或部分丧失服务功能，为恢复技术状况而进行的功能性、结构性修复或定期更换，包括_____、_____、_____。

9. "十四五"时期，要继续坚持_____、_____、注重协调、_____、厚植开放、推进共享的发展理念。

10. 坚持_____，以_____为宗旨以安全出行为根本，统筹公路养护外部安全和内部安全、按照_____、_____的方针，推动标准体系健全。

二、名词解释

1. 预防养护

2. 修复养护

3. 专项养护

4. 应急养护

三、简答题

1. 公路养护的目的是什么？
2. 简述公路损坏的影响因素。
3. 对路面有影响的自然因素有哪些？
4. 养护工程按照养护目的和养护对象可分为哪几类？
5. 应急养护的工作内容包含哪些方面？

项目2　公路路基的养护

公路路基的养护

知识目标

1. 了解路基养护的基本知识和路基常见病害及原因;
2. 了解路基养护工作的内容及要求;
3. 叙述路肩及边坡养护的基本要求和措施;
4. 叙述路基排水设施的养护的要求;
5. 叙述路基防护工程的养护措施;
6. 了解特殊地区路基养护的方法;
7. 叙述路基翻浆的原因、预防及治理方法;
8. 了解滑坡、崩塌、泥石流产生的原因及防治方法。

技能目标

1. 能够正确评价路基的技术状况;
2. 能够进行路肩及边坡养护的具体处理工作;
3. 会养护路基排水设施;
4. 能够防治路基的典型病害;
5. 能够从事路基防护工程的具体养护处理;
6. 能够进行特殊地区路基的养护。

任务描述

根据交通调查和路面破损调查情况进行路面状况评价,完成路面养护的工程设计及施工方案的编写工作。

东北地区某公路是宽度为12 m的二级公路,随着地区经济的发展,该条公路的交通量增长较快,且重车较多,车辆超载现象也比较严重,路面破损严重,强度下降明显,裂缝、车辙、龟裂、沥青层老化等现象较为普遍,部分路段已经影响行车安全;同时,因为连日降雨造成多处桥梁构造物发生倾斜、垮塌,公路路基发生滑坡和泥石流等地质灾害,道路沿线设施也发生不同程度的损坏。为尽快恢复该条公路的畅通,提高该公路的通行能力和服务质量，让灾区得到尽快的重建，避免进一步发生道路水毁灾害危及公路的行车安全，造成不可估量的损失，应尽快对该公路进行维修。

该公路地处季节性冰冻地区，由于季节性冰冻和寒冷的气候特征与公路工程的关系非常密切，在季节性冻土地区修建的公路及其他构造物经常由于土的冻胀与环境之间的相互作用产生破坏，在一些水文地质状态不良地带，其工程破坏现象更为严重。因此，通过对已建成通车公路的病害进行调查分析，找出病害原因及影响因素显得尤为重要。

该公路项目位于季风区中温带半湿润地区。气候特点是大陆性明显，四季基本分明；春季干燥、多风、升温快；夏季湿热、多雨；秋季温和、凉爽、降温快；冬季漫长、寒冷、降雪少。根据公路的实际情况对公路进行调查，其中路基病害的调查结果见表2.1。

表 2.1　路基病害情况

桩号	位置	尺寸/m	破损类型	建议处理方式
K25+100～K33+100	左	970	滑坡	减重，打抗滑桩，排水
K20+000～K35+700	左	4 000	翻浆	清除路面，重填路基、路面结构，处理排水
K20+700～K25+900	—	3 000	沉陷	换填，重铺路面结构，排水
K35+080～K40+380	右	300×3	崩塌	清除，修筑挡墙，排水
K0+000～K40+500	右	100×12	路基冲刷	重修路基，砌筑挡墙，排水

2.1　公路路基的养护

相关知识

2.1.1　概述

路基是公路的重要组成部分，是路面的基础，与路面共同承受车辆荷载。路基的强度和稳定性是保证路面结构与使用功能完好的基本条件。为了保证路基处于正常使用状态，必须采取有效措施对其进行修复或加固，以防止发生过大的变形和其他病害，尽可能保证路基良好的技术状况。

1. 路基维护的基本原则与目的

(1)路基维护的基本原则。坚持"以防为主，防治结合，积极改善，保障畅通"的原则，以经常性、预防性维护为主，以修补性维护为辅；先重点、后一般，对危及道路通行安全及对公路设施会造成严重损坏的，应优先考虑。在保证道路正常功能的情况下，绿化、美化道路环境。

(2)路基维护的目的。保持或恢复路基各部分的原有状态和技术标准，确保路基处于正常使用状态；对原来达不到技术要求的部分进行改善提高，弥补路基缺陷，完善和提高路基使用功能。

2. 路基养护的工作内容和基本要求

路基和路面是道路工程的主要结构物，而路基的强度和稳定性是保证路面结构稳定、路用性能良好的基本条件。因此，为了保证公路的正常使用品质，必须对路基进行合理的养护和维修，使之经常处于良好状态，避免发生严重的病害。

(1)路基养护的工作内容。为了保证路基的坚实和稳定，保证排水性能良好，使各部分尺寸和坡度应符合规定，及时消除不稳定因素，并尽可能地提高路基的技术状况，必须对路基进行及时的、经常的养护、维修与改善。路基养护工作的主要内容包括以下几点：

1)维修、加固路肩及边坡。

2)疏通、改善、铺砌排水系统。对边沟、截水沟、排水沟及暗沟(管)等排水设施，应及时排除堵塞，疏导水流，保持水流畅通，并结合地形、地质、纵坡、流速等情况综合考虑铺砌加固。

3)维护、修理各种防护构造物及透水路堤，管理保护好公路两旁的用地。

4)清除塌方、积雪，处理塌陷，检查险情，预防水毁。

5)观察、预防、处理滑坡、翻浆、泥石流、崩塌、塌方及其他路基病害，及时检查各种路基的险情并向上级报告，加强对水毁的预防与治理。

6)有计划地局部加宽、加高路基，改善急弯、陡坡和视距，以逐步提高公路的技术标准和服务水平。

在上述养护工作中，要特别注意保持路基排水系统处于完好状态，因为水是造成多种病害的重要因素；应及时总结治理路基失稳的成功和失败的经验，针对具体路段制订出具体的、切合实际的、有效的预防和维修措施，使日常养护、维修工作系统化、规范化，以逐步提高管养水平。

(2)路基养护的基本要求。路基养护的基本要求是通过日常的和定期的检查，发现问题、分析原因，采取适当的养护及修理措施。路基养护的基本要求见表 2.2。

表 2.2　路基养护的基本要求

项目	基本要求	说明
路肩	横坡适度，边缘顺直；表面平整、清洁、无杂物；保持无车辙、坑槽、沉陷、缺口	—
边坡	边坡稳定；平顺无冲沟；坡度符合规定	
排水系统	保持无杂草、无淤泥；纵坡适度，水流畅通；进、出口良好	包括边沟、截水沟、排水沟及暗沟等
防护构造物	保持构造物完整无损；砌体伸缩缝填料良好；泄水孔无堵塞	包括挡墙、护坡及防冲刷、防雪、防砂设施等
路基病害	对翻浆路段应及时处理，并尽快修复；对塌方、滑坡、水毁、泥石流、沉陷等做好防护、抢修工作，尽量缩短阻车时间	—

2.1.2 路基技术状况的评价

《公路技术状况评定标准》(JTG 5210—2018)将路基损坏分为7类。

1. 路肩损坏

沥青路面路肩损坏分类应符合表2.3的规定,水泥混凝土路面路肩损坏分类应符合表2.4的规定。所有损坏均应按面积计算,累计面积不足1 m²应按1 m²计算。损坏程序应按以下标准判断。

(1)轻度应包括表2.3和表2.4规定的所有轻度和中度损坏。

(2)重度应包括表2.3和表2.4规定的所有重度损坏。

表2.3 沥青路面损坏类型、权重及换算系数

类型	损坏类型	损坏程度	计量单位/m²	权重(人工调查)	换算系数(ω_i)自动检测
1	龟裂	轻	面积	0.6	1.0
2		中		0.8	
3		重		1.0	
4	块状裂缝	轻	面积	0.6	0.8
5		重		0.8	
6	纵向裂缝	轻	长度×0.2	0.5	2.0
7		重		1.0	
8	横向裂缝	轻	长度×0.2	0.6	2.0
9		重		1.0	
10	沉陷	轻	面积	0.6	1.0
11		重		1.0	
12	车辙	轻	长度×0.4	0.6	—
13		重		1.0	
14	波浪壅包	轻	面积	0.6	1.0
15		重		1.0	
16	坑槽	轻	面积	0.8	1.0
17		重		1.0	
18	松散	轻	面积	0.6	1
19		重		1.0	
	泛油	—	面积	0.2	0.2
	修补	—	面积或长度×0.2	0.1	0.1(0.2)

注:1. 人工调查时,应将条状修补的调查长度(m)乘以影响宽度(0.2 m)换算成面积。
2. 自动检测时,块状修补的换算系数ω_i为0.1,条状修补的换算系数ω_i为0.2。

表 2.4 水泥混凝土路面损坏类型、权重及换算系数

类型	损坏类型	损坏程度	计量单位/m²	权重(人工调查)	换算系数(ω_i)自动检测
1	破碎板	轻	面积	0.8	1.0
2		重		1.0	
3	裂缝	轻	长度×1.0	0.6	10
4		中		0.8	
5		重		1.0	
6	板角断裂	轻	面积	0.6	1.0
7		中		0.8	
8		重		1.0	
9	错台	轻	长度×1.0	0.6	10
10		重		1.0	
11	拱起	—	面积	1.0	1.0
12	边角剥落	轻	长度×1.0	0.6	10
13		中		0.8	
14		重		1.0	
15	接缝料损坏	轻	长度×1.0	0.4	6
16		重		0.6	
17	坑洞	—	面积	1.0	1.0
18	唧泥	—	长度×1.0	1.0	10
19	露骨	—	面积	0.3	0.3
20	修补	—	面积或长度×0.2	0.1	0.1(0.2)

注：1. 人工调查时，应将条状修补的调查长度(m)乘以影响宽度(0.2 m)换算成面积。
2. 自动检测时，块状修补的换算系数 ω_i 为 0.1，条状修补的换算系数 ω_i 为 0.2。

2. 边坡坍塌

边坡坍塌应为路堤、路堑边坡表面松散及破碎引起的边坡坡面局部坍塌，按处计算。损坏程度应按以下标准判断。

(1)轻度应为边坡坍塌长度小于或等于 5 m。
(2)中度应为边坡坍塌长度为 5～10 m。
(3)重度应为边坡坍塌长度大于 10 m。

3. 水毁冲沟

水毁冲沟应为雨水冲刷形成的冲沟，按处计算。损坏程度应按以下标准判断。
(1)轻度应为冲沟深度小于或等于 20 cm。
(2)中度应为冲沟深度为 20～50 cm。
(3)重度应为冲沟深度大于 50 cm。

4. 路基构造物

路基构造物损坏应为挡土墙等砌体出现的表面、局部和结构等损坏，按处计算。损坏

程度应按以下标准判断。

(1)轻度应为勾缝损坏、沉降缝损坏、表面损坏、钢筋外露和锈蚀等,每 10 m 计 1 处,不足 10 m 按 1 处计算。

(2)中度应为局部基础掏空、墙体脱空、轻度裂缝、鼓肚、下沉等,每 10 m 计 1 处,不足 10 m 按 1 处计算。

(3)重度应为整体开裂、倾斜、滑移、倒塌等。

5. 路缘石

路缘石缺损应为路缘石缺失或损坏,按长度(m)计算。

6. 路基沉降

路基沉降应为深度大于 30 mm 的沉降,按处计算。损坏程度应按以下标准判断。

(1)轻度应为路基沉降长度小于 5 m。

(2)中度应为路基沉降长度为 5~10 m。

(3)重度应为路基沉降长度大于 10 m。

7. 排水不畅

排水不畅应为路基边沟、排水沟、截水沟等排水系统淤塞,按处计算。损坏程度按以下标准判断。

(1)轻度应为边沟、排水沟、截水沟等排水系统存在杂物、垃圾,每 10 m 计 1 处,不足 10 m 按 1 处计算。

(2)中度应为边沟、排水沟和截水沟等排水系统全截面堵塞,出现衬砌剥落、破损、砌体破裂、管道损坏等,每 10 m 计 1 处,不足 10 m 按 1 处计算。

(3)重度应为路基排水系统与外部排水系统不连通。

■ 2.1.3 路基的日常养护与维修

1. 路肩的日常养护与维修

路肩是指位于行车道外缘至路基边缘,具有一定宽度的带状部分(包括硬路肩与土路肩),以保证车行道的功能和临时停车使用,并作为路面的横向支承。

路肩的功能:保护路面;停放临时发生故障、事故的车辆;提供侧向余宽、显示行车道外侧边缘、引导视线、增加行车的安全舒适性;增加挖方弯道地段的视距;为设置交通安全设施(标志、防护栅等)或埋设地下管线及为养护作业提供场地。

造成路肩病害的主要因素是水的作用,因此,路肩养护与维修工作的重点是减少或消除水对路肩的危害。

(1)养护要求。

1)路肩应保持干净、清洁、无杂物。

2)路肩横坡应平整顺适,硬路肩应与路面横坡相同;土或植草的路肩应比路面横坡大 1%~2%,以利于排水;路肩外缘应整齐成线。

3)路肩的宽度应符合《公路工程技术标准》(JTG 5210—2018)的规定。

4)路肩上严禁种植农作物和堆放任何杂物。

对于养护材料,应在公路路肩以外设置堆料台,堆料台的设置间距以200~500 m为宜。

对大修、中修及改善工程所需的砂石材料,如确因用地困难而必须堆放在路肩上,应做到不在两边同时堆放,而是选择在较宽的路段顺一边堆放,但不得堆放在桥头引道、弯道内侧及陡坡等处。料堆内边距离路面边缘应至少保持30 cm,堆料的长度不大于10 m,相邻堆料之间的距离不小于1 m,以利于排水。

5)路肩应经常保持平整坚实,对出现的坑槽、车辙、缺口应及时修补;对雨水天的积水应及时排出,并分析原因进行处理;也可结合实施GBM工程(具有中国特色的公路标准化、美化建设工程),用石块、水泥混凝土预制块铺砌(或现浇)宽度不小于20 cm的路肩边缘带(护肩带),从而既保护路肩,又美化路容。

(2)日常养护作业。

1)路肩清扫。路肩清扫包括机械清扫和人工清扫。进行路面清扫、保洁时,必须同时对硬路肩进行清扫和保洁;雨后路肩如有积水,应及时排除。

车辆在高速公路上行驶时,若出现故障,要停在紧急停车带内进行检查和处理。特别是重型车辆,当它停下来使用千斤顶进行处理时,常常会给停车带的沥青路面留下难以恢复的千斤顶坑迹;同时,在修车过程中,个别车辆在停车带内漏下的柴油、机油等会侵蚀沥青混凝土路面,造成停车带沥青路面松散。日积月累,随着时间的推移,这些被腐蚀的地方就会发展成坑槽。这种情况的长期存在,既影响停车安全,又影响路肩的排水功能,并且会使路面水渗入基层或底层,进而影响路基。

因此,要及时地对停车带上的坑迹和腐蚀处进行处理,确保路肩表面平整、横坡适度、边缘顺直。这些坑迹和腐蚀处的处理,既可参照沥青路面坑槽处理办法进行,也可在修补路面坑槽时一起进行。

2)护栏、路肩边缘的杂草修剪、清理。应经常进行护栏、路肩边缘的杂草修剪、清理工作,主要清理路面与硬路肩接缝、硬路肩与土路肩接缝、硬路肩与桥台搭板接缝之间的杂草。杂草清理后应及时用M7.5砂浆或沥青灌缝料予以灌注,防止雨水渗入。

3)路肩与路面边缘裂缝的修补。清理裂缝,保持裂缝干净无杂物,并用M7.5砂浆或沥青灌缝料进行灌注,防止雨水渗入。

4)硬路肩病害的维修。硬路肩如出现沉陷、缺口、车辙、坑槽、横坡不够等病害,应尽快组织维修。高速公路的路肩应根据设计要求铺沥青混凝土或水泥混凝土面层,并铺砌路肩边缘带,此时路肩的养护工作将转变成同类型路面的养护工作。

5)路肩水的处理。路肩松软,多因水的作用,所以路肩养护与维修工作的重点是减少或消除水对路肩的危害。路面范围的地表水通过路肩排出,因此,必须经常保持路肩的横坡平整顺适。高速公路的路肩与路面横坡相同,当路肩过高妨碍路面排水时,应将其铣刨整平,达到规定要求。

对于因路肩湿软而经常发生"啃边"病害的路段,可在路肩内缘铺设排水盲沟,以及时排除由路肩下渗的积水。盲沟的构造可采用无纺布包裹双壁波纹塑管的形式,这种盲沟施工便捷、造价低。

陡坡路段的路肩易被暴雨冲成纵横沟槽,甚至冲坏路堤边坡,为此,可采取下列防护措施。

①设置截水明槽。自纵坡坡顶起,每隔15～20 m在两侧交叉设置宽度为30～50 cm的斜向截水明槽,并用碎(砾)石填平,同时在路肩边缘处设置高为10 cm、顶宽为10 cm、底宽为20 cm的拦水土埂,在每条截水明槽处留一淌水缺口,其下边的边坡用草皮或砌石加固,使雨水集中在截水明槽内排出,如图2.1所示。

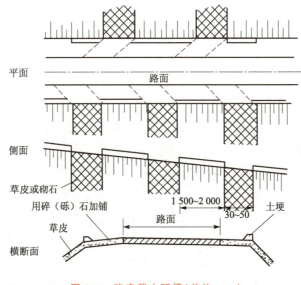

图 2.1 路肩截水明槽(单位:cm)

②用粒料加固土路肩或有计划地铺筑硬路肩。

③在陡坡路段的路肩和边坡的全部范围内人工植草。

6)路肩的硬化。对实施GBM的公路的路肩应根据设计要求进行硬化,并应砌筑路肩边缘带。

对铺筑硬路肩有困难的路线或路段,可种植草皮或利用天然草来加固路肩。种植草皮应选择适宜当地土质、易于成活和生长的草种,草种成活生长后应定期进行维护和修剪,草高不得超过规定值(15 cm),并随时清除杂草和草丛中积存的泥沙杂物,以利于排水,保持路容美观。

2.边坡的日常养护与维修

边坡是指为保证路基稳定,在路基两侧做成的具有一定坡度的坡面。

边坡包括路堑边坡和路堤边坡。其主要作用是保证路基稳定、行车安全及景观的舒适。

边坡坡度对边坡的稳定十分重要,确保路基边坡保持一个合理的坡度是路基设计和养护的重要内容之一。

边坡坡度的大小取决于边坡的土质、岩石的性质及水文地质条件等自然因素和边坡的高度。在陡坡或填挖较大的路段，边坡的稳定不仅影响土石方工程量的大小和施工的难易程度，而且是保证路基整体稳定性的关键因素。

影响路堤边坡坡度的因素有填料种类、边坡高度及路堤的类型。影响路堑边坡稳定的因素较为复杂，除路堑深度和坡体土石的性质外，地质构造特征、岩石的风化和破碎程度、土层的成因类型、地面水和地下水的影响、坡面的朝向及当地的气候条件等都会影响路堑边坡的稳定性。对土质（包括粗粒土）路堑边坡，则应考虑边坡高度、土的密实程度、地下水和地面水的情况、土的成因及生成时代等因素。

(1) 养护要求。

1) 边坡坡面应保持平顺、坚实、无裂缝。

2) 经常注意观察路堑高边坡，发现问题及时处理。

3) 及时清理边坡滑塌部分，避免堵塞路面、边沟。

4) 对边坡加固的各种设施，应经常检查、维护，以保证其完整性良好。

5) 严禁在边坡上及路堤坡脚、护坡顶上挖土取料、种植农作物或修建其他建筑物。

6) 当土质边坡出现裂缝时，可用密实性土填塞捣实，以防止表层水渗入路基体。如出现潜流涌水，可开沟截断水源，将潜水引向路基外排出。

7) 对路堤边坡进行处理时，应先将原坡面挖成阶梯形，然后分层填筑夯实，并应与原坡面衔接平顺。

(2) 日常养护作业。

1) 边坡的清理和修整。

①边坡清理工作，包括清理边坡的可视垃圾、路堑边坡上倾倒的高大树木等。

②边坡垃圾的清理工作应经常进行。清理的垃圾应集中收集并运往指定的地点，禁止焚烧。

③路堑边坡上的高大树木因雨水冲刷、台风等原因倒在路面上，影响行车安全，故应根据实际情况及时砍伐，砍伐时可只砍伐树干，保留树根；如因折倒或砍伐而在边坡上形成空洞，应及时培土夯实并植草。

④高出路堑边坡的土体利用人工铲平，并与周围的边坡坡度协调，铲平后喷撒草籽或铺草皮进行绿化。

2) 边坡裂缝的修补。

①当路基上的边坡、碎落台、坡顶、坡脚等出现宽度小于 0.5 cm 的裂缝时，应及时用土进行填塞，填塞时应采用钢钎等细长工具分次进行。

②当路基上的边坡、碎落台、坡顶、坡脚等出现的裂缝宽度超过 0.85 cm 时，应及时进行处理，以防止雨水渗入。处理时先沿裂缝挖宽、挖深，宽度以人工、机械操作方便为限，深度以挖到看不见裂缝为止。如裂缝较深，则应至少挖深 1.0 m，开挖的沟槽两侧须坚实、平整。回填时须采用黏土分层夯实，每层的松铺厚度不超过 25 cm，并在顶部做成鱼背形。

3. 排水设施的日常养护与维修

路基排水的主要作用是将路基范围内的土基湿度降低到一定限度以内，保持路基常年处于干燥状态,确保路面具有足够的强度和稳定性。

路基排水设施可分为地面排水设施和地下排水设施。地面排水设施通常有边沟、截水沟、排水沟、跌水及急流槽、拦水带等;地下排水设施有明沟、暗沟、盲沟、管式渗沟、洞式渗沟及防水隔离层等。

路基排水系统能否正常工作,直接影响路基的稳定性。因此,加强对各排水设施的日常养护与维修,确保其功能完好、排水顺畅是路基稳定的关键环节。同时要根据实际使用情况不断改善路基的排水条件。

(1)养护要求。

1)各种排水设施应设置合理、功能完好。

2)在汛前,应对各种排水设施进行全面的检查和疏浚,对发现的病害及时进行维修。雨天必须上路巡查,及时排除堵塞,保持水流通畅,以防止水流集中而冲坏路基。

3)当下暴雨时,应专门对新建公路的排水设施进行检查,检查进、出水口是否平顺,排水是否畅顺,有无冲刷,排水设施是否完善,功能能否满足要求等。

4)暴雨后,应对排水设施重点检查,如有冲刷、损坏,应及时修复加固;如有堵塞应立即清除。

5)排水设施的进、出水口应保持畅通完好。

6)拦水带的设置应合理,以保证路面雨水及时排出;对出水口设置不合理或排水不畅的拦水带,应及时进行改造。

(2)日常养护作业。

1)地表排水设施的清理和疏通养护。

①每年应安排在雨期前对地表排水设施进行一次全面清理,雨期后对堵塞、淤塞的地表排水设施进行一次清理,将清理的淤泥、杂草运至指定的地点进行堆放,如在水沟边缘堆放时,应距离水沟边缘 1.0 m 以外,且不能影响排水及景观功能,并保证四周码放整齐、表面平整,每隔 1~2 m 留 50~100 cm 的间隙。对清理的垃圾物品应集中后运往指定的地点堆放,严禁抛撒或现场焚烧垃圾物品,以免造成环境污染,影响行车安全或造成火灾。

②进行地面排水设施清理时,应对松动的石块进行固定,并安排处理。

③对土质边沟,应经常保持设计断面满足排水要求,并要特别注意排水方向等的设置和排水畅通。沟底应保持不小于 0.5% 的纵坡,对平原地区排水有困难的路段,不宜小于 0.2%。

边沟内不能种庄稼,更不能利用边沟做排灌渠道。边沟外边坡也应保持一定的坡度,以防坍塌,阻塞边沟。

2)地下排水设施的清理和疏通养护。

①每年应安排对地下排水设施进行一次全面的清理和疏通。

②在清理、疏通地下排水设施时,应对沟内的杂草进行清除。当沟口堵塞时,可用水进行冲洗或剔除较小颗粒的砂石,补充大颗粒碎(砾)石,以保持空隙,便于排水。

3)中央分隔带排水设施的清理和疏通。

①应经常进行检查,雨期前应进行清理,雨期应加强巡查,如发现损坏,应及时进行修补。

②如排水不及时、位置设置不当,则应根据情况进行改善或另行修建。

4)排水设施的悬空处理。

①排水设施由于冲刷、基础沉降等原因出现悬空时,如不及时处理,会造成排水设施的损坏。

②处理时应先将冲刷面清理成规则断面,以便于机械或人工施工;如果悬空深度较高,则应分段进行清理和回填,必要时须采取临时支撑。

③清理完成后,用黏土分层回填夯实,对沟底不能垂直夯实的部分可从侧面分层夯实。夯实时,避免振动过大或直接对排水设施造成冲击。回填完成后,应使流水坡面与水沟连接平顺,排水顺畅,并及时补种、绿化,以防止水土流失。

5)拦水带的日常养护。

①拦水带的出水口应经常保持平顺,对出水口处的泥沙、杂草应及时清理。对拦水带的裂缝、变形、损坏应及时进行维修。拦水带的出水口与急流槽相接处如出现裂缝,应及时用水泥砂浆封堵。

②如出水口附近坡度不顺,雨后经常积水,应对出水口进行维修。如路肩原因造成积水或出水口设置不当,则应对路肩进行维修,如重新布置出水口,同时设置急流槽。

在养护工作中,要针对现有排水系统不完善的部分逐步进行改进和完善,充分发挥各种排水设施的功能。对有积水的边沟,应将水引至附近低洼处;对疏松土质的沟渠,须结合地形、地质、纵坡、流速等实际情况综合考虑,进行加固。

4. 防护工程的日常养护与维修

路基防护与加固工程,按其作用的不同可分为坡面防护、冲刷防护和支挡结构物防护三类。

(1)养护要求。

1)防护工程主要是指用于防止路基被冲刷和风化,起隔离作用的设施;加固工程是指为防止路基或山体因重力作用而滑塌,主要起支撑作用的支挡结构物。在日常检查和定期检查过程中,应根据防护工程与加固工程的特点进行检查。

2)在反常气候、地震或重型车辆通过等特殊情况发生后,应及时进行检查,对发现的裂缝、断缝、倾斜、鼓肚、滑动、下沉或表面风化、泄水孔堵塞、墙后积水、周围地基错台、空隙等情况应查明原因,并观察其发展情况,采取相应的处理、加固等措施。

3)对检查和处理加固等情况,应做好记录,建立技术档案。

(2)日常养护作业。

1)种草、铺草皮和植树等植物的日常养护。

①灌溉。灌溉可以改善植物的生长环境,补充植物的水分,是草正常生长的保证。鉴于草在生长季节内,与环境处于不断地变化中,不同地区、不同植物存在着差异,水又是

调节土壤湿度和改善小气候的重要环节，因此，浇灌不能按照某个固定的模式实施，而应根据气候、植物特性等技术要点进行。

②施肥。草坪施肥的种类主要是氮肥，它能促进草坪叶色嫩绿、生长繁茂，同时减少开花结籽。寒季型草种的追肥时间最好是早春和秋季，第一次在返青后，第二次在仲春；天气转热后应停止施肥；秋季施肥可于9月、11月进行。暖季型草种的施肥时间是晚春，在生长季节一般应每月或每两个月施肥一次。

③修剪。修剪是草坪和低矮灌木养护的重点，修剪能控制它们的高度，去除衰弱的垫层（由衰老死亡叶片长期累积而成的软绵层），促进分蘖，增加叶片密度，抑制杂草生长，使草坪保持美观。一般的草坪和低矮灌木一年最少修剪4次。修剪时保留的高度越低，要求修剪的次数就越多，草的叶片密度与覆盖度也将随修剪次数的增加而增加，因此，应根据草的剪留高度进行有规律的修剪，当草的高度达到规定高度的1.5~2倍时，就要进行修剪。

④除杂草。杂草的入侵会严重影响植物的质量，使植物失去均匀、整齐的外观，同时，杂草与植物争水、争肥、争夺阳光，造成植物长势减弱，因此，除杂草是植物养护的重要一环。除杂草最根本的方法是合理的水肥管理，促进目的草的长势，增强与杂草的竞争能力，并通过多次修剪抑制杂草的生长。一旦发生杂草侵害，除采用人工"挑除"外，也可用化学除草剂进行清除。

⑤病虫害防治。及时做好病虫害的防治工作，以预防为主，精心管养，使植物增强抗病虫能力，经常检查，早发现、早治理。采取综合防治、化学防治、物理人工防治和生物防治等方法，防止病虫害的蔓延和对植物生长的影响。尽量采用生物防治的办法，以减少对环境的污染。用化学方法进行防治时，一般在晚上进行，药物、用量及对环境的影响，要符合环保的有关要求和标准。最严重的病虫危害率应控制在5%以下。

⑥垃圾清理。绿化养护作业人员应每天至少对草坪内飘落或撒落的纸屑、塑料袋、果皮、落叶等进行一次彻底清理；在绿化作业当天收工前，应对绿化修剪物等进行清理。

2）框格防护。

①当出现裂缝、断裂等病害时应及时维修。对局部悬空、边缘冲沟应及时填补，并根据冲刷情况完善排水设施。

②对框格内出现的冲沟进行填补后，再进行绿化。

3）抹面与捶面的养护。

①抹面或捶面出现裂缝、开裂或脱落后，应及时灌浆修补或清除损坏部分后重新抹面或捶面。

②抹面或捶面工程的周边与未防护坡面的衔接处应严格封闭。

③抹面或捶面防护的泄水孔、伸缩缝的功能应完好，如有损坏应及时维修。

4）勾缝与灌浆。

①清除松动填料，将缝内冲洗干净。

②缝宽不大时，可用1:4或1:5（质量比）的水泥砂浆捣插密实，有条件时可采用压浆机灌注。

③缝宽大且深时，宜用水泥混凝土灌注，可按体积比为1：3：6或1：4：5配料，灌注捣实。

5) 干砌片石、浆砌片(块)石、混凝土预制块护坡。

①应经常检查勾缝有无脱落，沉降缝、泄水孔的功能是否完好，如有损坏应及时修复。

②砌石是否有风化、松动、开裂等情况，如有损坏应及时维修。

③坡顶如有水渗入护坡后面，应及时采用封水措施，防止护坡滑塌。

6) 挡土墙的养护。挡土墙是用来支撑天然边坡或人工填土边坡以保持土体稳定的建筑物。在公路工程中，它广泛应用于支撑路堤或路堑边坡、隧道洞口、桥梁及河流岸壁等。

①对挡土墙除要进行日常检查外，还应在每年的春秋两季各进行一次定期检查。另外，在反常气候、地震或重车通过等异常情况下，应进行特种检查，对发现的裂缝、断缝、倾斜、鼓肚、滑动、下沉、或表面风化、泄水孔不通、墙后积水、周围地基错台或空隙等情况应查明原因，并观察其发展情况，采取合理的修理加固措施。

②砌筑工程或混凝土挡土墙的裂缝、断缝，如已停止发展，则应立即进行修理、加固。其方法是将裂缝缝隙凿毛，用水泥砂浆填塞。对混凝土挡土墙的裂缝可采用环氧树脂胶结。

③挡土墙的泄水孔应保持畅通，如有堵塞，应加以疏通。如疏通困难，则应针对地下水的情况增设泄水孔，或加做墙后排水设施，严防因墙后积水而引起土压力增加，挤倒、挤裂墙身。墙后回填土必须分层夯实。

④砖、石、混凝土或钢筋混凝土挡土墙的表面如出现风化剥落，则应将风化表层铲除，喷涂水泥砂浆保护层，防止剥落风化。

7) 丁坝与顺坝的养护。

①严禁在坝的上、下游河流200 m范围内采砂、采石，以免引起河床冲刷，造成基底悬空。

②定期检查坝与连接地层及其他防护设施的嵌接情况，如有变形、损坏时应及时维修。

③坝体如有勾缝脱落、石块松动、撞击损坏等，应及时维修。

(3) 防护工程常见的养护作业注意点。

1) 防护工程的坡面清理。防护与加固工程的坡面应经常保持清洁，除专门种植的攀岩植物外，应对坡面的杂草、垃圾进行经常的清理。清理时不能对已种植的攀岩植物造成损害，并对清理所造成的孔洞用水泥砂浆进行填塞。清理杂草、垃圾时，应做好安全防护措施，并将清理的杂草、垃圾集中收集且运至指定的地点。

2) 伸缩缝、沉降缝的处理。防护工程的伸缩缝、沉降缝应整齐垂直，上下贯通，嵌缝材料牢固不脱落。如防护工程的沉降缝上下不贯通引起周边片石松动，则应及时进行沉降缝的清理使之贯通。如嵌缝材料部分脱落，则应及时用填缝材料(沥青麻絮、沥青木板或聚合物合成材料等)予以修补。对防护工程的伸缩缝、沉降缝的日常保养应做好安全防护工作。

3) 周围地基错台、空隙的修复。当发现墙体由于沉降与周围地基错台或墙体不均匀沉降导致错台，墙体基础由于冲刷形成空隙时，应立即进行填塞、修补。修复时应整理修复部位，开挖成规则断面，便于机械或人工操作，回填时应分层夯实。回填完成后，应根据现场情况选择绿化或水泥砂浆抹面。

4) 小范围处理防护塌方、空洞。当路基防护工程因边坡坍塌、水流冲刷等造成小范围的塌方、空洞等时，应分析原因及时进行处理。处理时先对塌方、空洞等部位进行清理，并将清理的废弃物运到指定的地点进行堆放。如利用原有的片石，则须清洗干净，整齐堆放。当坡面需要回填时，可根据坡面缺损的情况选用防护材料回填或用土回填。采用土回填时，应先开挖台阶，分层回填夯实，然后采用与原防护工程相同的材料、形式对塌方、空洞部位进行修复，要求新、老结构应结合紧密，坡面协调一致。

5) 防护工程裂缝的处理。浆砌或混凝土防护工程出现裂缝或断缝后，应加强观察，当裂缝停止发展时应立即进行处理。处理时，先将裂缝的缝隙凿毛，清除裂缝中的杂物，然后用高强度等级的水泥砂浆(在水泥砂浆中可加入适量的膨胀剂)从下向上填塞充实，填塞完成后进行养生。

5. 弯道、陡坡的日常养护与维修

(1) 弯道的养护与维修。公路的弯道是根据路线通过的地形条件，按一定的半径修筑起来的圆弧线，为了行车的顺畅，在养护和维修方面必须做到以下3点。

1) 经常保持原有的弯度，保持边缘及设计的超高加宽标准。

2) 高路堤和路线经过河流、坑塘、深沟的弯道，应在路肩边缘设立护栏等安全设施，并保持其完好无缺，以便行车安全。

3) 对弯道内侧有碍行车视距的树木、料堆、建筑物应予以清除。

(2) 陡坡的养护与维修。陡坡常见于山岭、重丘区，平原较少，陡坡养护和维修的好坏与车辆的行驶效率关系很大，必须做到以下3点。

1) 保持坡道符合规定的坡度，坡面平顺。

2) 雨水顺坡道下流时，容易冲坏坡道的路面、路肩，故应及时填铺修理。

3) 冬期要及时扫除陡坡上的积雪，在高寒地区不易扫除时，可暂把积雪压实，并撒铺防滑材料。南方的雨期，坡道行车易打滑，应以细粒料养护防滑，以保证行车安全。

■ 2.1.4 路基典型病害的防治

路基的各种病害及破损都是由路基的强度和稳定性不足引起的。影响路基强度和稳定性的因素有两个方面：一方面是自然因素与地质条件，其中最主要的影响因素是温度和湿度；另一方面是人为因素，包括设计、施工和养护。路基工程一经完成，路基的质量主要取决于路基的养护水平。

(1) 路基病害的共同原因。路基病害的原因是多方面的，各种病害既有各自的特点，又往往具有共同的原因，主要可归纳为以下3个方面。

1) 不良的工程地质与水文地质条件。如地质构造复杂，岩层走向及倾角不利，岩性松软，风化严重，土质差，地下水水位较高及其他特殊不良地质等。

2) 设计不合理。如断面尺寸不符合要求，包括边坡值不当、挖填布置不符合要求、路

基低于临界高度,以及排水、防护与加固不妥等。

3)施工不符合规定。如填筑顺序不当,土基压实不足,盲目采用大型爆破及不按设计要求进行施工,工程质量不符合标准等。

(2)路基病害处置的一般措施。路基病害的防治应贯彻"预防为主,综合治理"的原则。

病害一旦出现,路基的稳定性就开始丧失,而自然因素是每时每刻都对路基产生影响的,这就势必加剧病害的扩大与发展,形成恶性循环。了解清楚发生病害的原因是治理病害的起点,而同一病害在不同的时间、地点发生时,其原因往往不尽相同。因此,深入现场,综合分析,才能因地制宜地采取根治的措施。

1)调查路线所经过地区的自然地理条件,如气候、水文、工程地质、水文地质等,尤其要了解它们的变化规律,为防治路基病害提供第一手资料。

2)认真选线,精心设计,严格施工,杜绝发生路基病害的人为因素,也是预防病害的积极措施。

3)充分注意路基排水,各种路基病害都有水这个不利因素的作用。水的作用越强烈,病害越严重,因此,治水是防治路基病害的关键。在公路的设计、施工和养护工作中,路基排水均应放在重要的位置,在自然地理条件较差的地段更应予以高度重视。

4)加强养护、及时治理,以预防或减轻路基病害,并能及早发现病害征兆,有利于及时采取治理措施。

5)综合分析、积极根治。路基病害的原因是多方面的,因此,除做好路基工程自身的病害防治外,还应考虑各种外部因素的影响,如绿化、农田水利建设、土地开发等,只有这样才能达到根治路基病害的目的。

下面从路基沉陷、边坡病害等方面来阐述路基常见的各种病害现象的形成原因及防治措施。

1. 路基沉陷的防治

路基沉陷是指路基表面在垂直方向上产生较大的沉落。路基沉陷有路堤的沉落和地基的沉陷两种。

(1)产生的原因。

1)路堤的沉落。由于路堤填料选择不当,填筑方法不合理,压实度不足,在荷载、水和温度的综合作用下发生堤身沉陷。

2)地基的沉陷。原地面为软弱土层,如泥沼、流沙或垃圾堆积等,填筑前未经换土、地基处理或压实不足,产生地基下沉,侧面剪裂凸起,引起路堤下陷。

(2)防治方法。

1)注意选用良好的填料,严禁使用腐殖土或有草根的土块;应分层填筑、分层夯实,并及时排除流向路基的地面水或处理好地下水。

2)填石路堤从下而上,应用由大到小的石块进行填筑,并用石渣或石屑填充空隙。

3)当原地面为软弱土层,路堤高度较低且可中断行车时,应挖除软弱土并换上良好的填料,然后按原高度填平夯实;当路基高度较高,且又不能中断行车时,可采用打砂桩、混凝土桩或松木桩等方法。

(3)处理方法。路基施工和工程完工后在自然环境的影响与重复荷载的作用下,产生了整体或局部的下滑和边坡坍滑,从而影响公路的正常使用,降低公路的使用等级。对填方路基出现的这种严重病害,必须采取行之有效的处理方法,以保证路基处于正常的使用状态。下面介绍几种处置措施,供处理病害时参考。

1)换填土层法。适用于填筑土质不符合要求,路基出现下沉但面积不大且深度不深的情况。此法是将原路基出现病害部分的土挖去,换以强度大、稳定性好的砂砾、卵石、碎石、石灰土、素土等回填,并分层压实,压实度要求以高出原路基压实度1%～2%为宜。回填时,及时排除流向路基的地面水或处理好地下水。挖补面积要扩大,且逐层挖成台阶状,由下往上,逐层填筑。

2)反压护道法。当路堤下沉、两侧或路堤下坡一侧隆起时,可在路堤两侧或一侧做适当高度与宽度的护道,在护道的重力作用下,使路堤两侧或单侧有隆起的趋势得以平衡,保证路堤的稳定。

3)粉喷桩法。对于10 m以内路基下沉病害的处理,采用粉喷桩加固技术是较为理想的一种方法。粉喷桩处理软基土是通过专门的机械将粉体固化剂喷出后在地基深处与软土强制搅拌,利用固化剂和软土之间发生的一系列物理、化学反应在原地基中形成强度、刚度较大的桩体;同时,也使桩周围土体的性质得到改善,桩体与桩间土体形成复合地基共同承担外荷载。

使用粉喷桩加固路基时应认真调查研究路基病害的情况,并应认真做好粉喷桩施工设计(包括桩径、桩距、固化剂掺入量、桩的强度等),施工中严格掌握固化剂掺入量、龄期、土样含水率,混合料搅拌的均匀性。施工中着重抓好以下两个环节。

①严格按照粉喷桩施工规范施工,严格掌握钻机的就位、钻进、停钻、提升、停喷、重复的工艺流程。

②做好桩的质量控制。粉喷桩处理软土地基属于隐蔽工程,且通常是昼夜连续施工,因此必须做好粉喷桩的质量控制,内容包括桩距、桩位的检查,逐桩控制喷粉量、桩长等。

4)灌浆法。灌浆法是利用液压、气压或电化学原理,通过注浆管将浆液均匀地注入地层,浆液以充填、渗透和挤密等方式占据土粒间或岩石裂缝中的空间,经人工控制一定时间后,浆液将原松散的土粒或裂缝胶结成一个整体,形成一个结构新、强度大、防水性能高和化学稳定性良好的"结晶体"。灌浆法已在煤炭、水电、冶金、建筑、交通和铁路等部门被广泛使用,并取得了良好的效果。高填方路基是山区高速公路的一大特点,而填料多取自路基附近的挖方段,但当填料及压实较难达到规范要求时,将影响路基的稳定性,继而影响行车安全。用灌浆法使水泥浆液在适当的压力下充分填充路基孔隙,形成新的"结晶体",这对于提高路基的强度将起到很好的作用。

①布孔原则及方法应根据路基的强度要求,并结合固结灌浆的特点、路基变形等因素考虑,遵循既要充分发挥灌浆孔的效率,又能保证浆液留在路基有效范围以内的原则。布

孔时还应视路基的实际情况而定，若为全幅灌浆，则应采用等距离梅花形方格网布孔，中间孔较浅，边缘孔较深，孔间距以 2 m 为宜。

②钻孔必须是干法钻孔，钻进时绝对不允许加水，因此，应尽量选用小型潜孔钻机成孔，其优点是进度快、易搬动、操作简单、钻孔成本低。

a. 注浆花管。注浆花管应根据钻机钻孔的孔径与孔深而定，并根据简单易行的方法选用。一般来说，注浆结束后注浆花管很难拔出，如果强行拔出，则会破坏路基。因此，注浆结束后，应将注浆花管作为非预应力锚杆留在路基内，这样不仅可以起到骨架的作用，而且对于提高路基的强度也有很大的好处，对高填路堤边坡效果更佳。

b. 灌浆施工。灌浆施工主要包括控制灌浆的压力、浆液浓度、灌浆量、灌浆程序等内容。如何选择与控制灌浆压力和灌浆浓度等因素，是灌浆施工中首要解决的问题。灌浆压力是保证灌浆质量的重要因素之一。如果压力小，浆液流不到预计的范围，则扩散范围小，易形成空白区；如果压力过大，则会破坏路基的原结构，抬升路面或冲垮边坡，还会使浆液沿路基的薄弱部位冲出路基，达不到灌浆的目的。因此，在大范围灌注前应做试验，根据注浆段的路基类型，结合单孔注浆量选择合适的注浆压力。浆液浓度通常采用水胶比 1∶1 较为合适。在密实度较好的黏土路基中，可适当增大水量，使稀浆更容易充分地进入黏土路基。

2. 滑坡的防治

(1)产生的原因。产生滑坡病害的原因很多，主要有地质和水文两个方面的原因。

1)地质原因。

①山坡表层为渗水的土或破碎岩层，下层为不透水的土或岩层，且层理向路基倾斜。在这种情况下，当有地面水渗入或有地下水活动时，就可使表层土或岩层滑动造成滑坡。

②山坡岩层软硬交错，且其软弱面向路基倾斜，由于风化程度不同或地下水侵蚀等原因，使岩层可能沿某一软弱面向下滑动。

③边坡较陡，上部有堆积物或松散层，或上边坡为岩层交错的断开地带，在自重或外界因素的影响下容易产生滑坡。

2)水文因素。

①边坡上有灌溉渠道或水田，没有进行适当处理，渗漏严重或有大量雨水渗入滑坡体，使土体潮湿软化，增加土体自重，降低土的强度，促进滑坡的产生。

②地下水是引起滑坡的主要条件之一，地下水量增加，浸湿滑坡面，降低了滑坡面的抗滑能力，从而加速滑坡的形成。

③截水沟漏水或设置不合理。例如，在渗水性强的边坡上设置截水沟，沟内没有铺设防水层，当地面水集中流入天沟时，水分会大量渗入土体内部，以致产生滑坡。

④沿溪路堤受河水水位涨落或河水冲刷滑坡坡脚的影响，支撑力减弱，导致坡体下滑。

(2)防治措施。公路滑坡大多产生于路基挖方段，因为修路破坏了自然平衡状态，所以，防治滑坡除应以排水疏导为主外，还应有必要的支挡建筑物。

1)地面排水。滑坡体以外的地面水,应予拦截引离;滑坡体上的地面水要注意防渗,并尽快汇集引出。各种地面排水措施的适用条件及布置、设计与施工原则见表2.5。

表2.5 滑坡的地面排水措施

名称	适用条件	布置、设计与施工原则
环形截水沟	滑体外	截水沟应设在滑坡可能发展的边界5 m以外,根据需要可以设置数条分段拦截地表水,向一侧或两侧的自然沟系排出。在坡度为1:1的山坡上,常采用陡坡排水槽来拦截山坡上方的坡面径流。沟槽断面以满足排泄滑坡面径流为准,如土质渗水性强,则应采用劲性土、石灰三合土或浆砌片石铺砌防渗层
树状排水系统	滑体内	结合地形条件,充分利用自然沟系作为排水工程的渠道,汇集并旁引坡面径流于滑坡体外排出,排水沟的布置应尽量避免横切滑体,主沟宜与滑移方向一致。支沟与主沟斜交30°~45°。如土质松软,可将土夯成沟形,上铺劲性土或石灰三合土加固。通过裂缝处,可采用搭叠式木质水槽或陶管、混凝土、钢筋混凝土槽,以防山坡变形拉断水沟,使坡面水集中下渗
明沟与渗沟相配合的引水工程	滑体内的泉水或湿地	目的在于排除山坡上层滞水和疏干边坡土体含水,埋入地下部分类似集水渗沟,露出地面部分是排水明沟
平整夯实自然山坡坡面	滑体内	如山坡土质疏松,则坡面水易于阻滞下渗,故应对坡面进行整平夯实;填塞裂缝,防止坡面径流汇集下渗
绿化工程(植物、铺种草皮)	山坡滑体内	绿化工程是配合表面排水的一项有效措施,特别是对渗水严重的劲性土滑坡和浅层滑坡效果显著。在滑坡面种植灌木和阔叶果树,可疏干滑坡体内的水分,其根系起加固坡面土层的作用。铺种草皮可滞缓坡面径流流速,防止冲刷,减少下渗,避免坡面泥土淤塞沟槽

2)地下排水。在排除滑坡地下水的工程措施中应用较多的是各式渗沟。

①支撑渗沟。支撑渗沟用于支撑不稳定的滑坡体,兼起排除和疏干滑坡体内地下水的作用,适用深度(高度)为2~10 m。

支撑渗沟有主干和分支两种。主干平行于滑动方向,布置在地下水露头处或由土中水形成坍塌的地方,支沟应根据坡面汇水情况合理布置,可与滑坡的移动方向成30°~45°交角,并可伸展到滑坡范围以外,以起拦截地下水的作用。

②边坡渗沟。当滑坡前缘的路基边坡有地下水均匀分布或坡面大片潮湿时,可修建边坡渗沟,以疏干和支撑边坡;同时,也能起到截阻坡面径流和减轻坡面冲刷的作用。

边坡渗沟的平面形状有垂直的、分支的及拱形的。其中,分支渗沟的主沟主要起支撑作用,而支沟起疏干作用,分支渗沟可以互相连接成网状布置。

③截水渗沟。当有丰富的深层地下水进入滑坡体时,可在垂直于地下水水流的方向上设置截水渗沟,以拦截地下水并排出滑坡体(图2.2)。

图 2.2 截水渗沟

3)减重。减重是在滑坡体后缘挖除一定数量滑坡体面使滑坡稳定下来。这种措施适用于推动式滑坡,一般滑动面不深、滑床上陡下缓、滑坡后壁或两侧有岩层外露或土体稳定不可能再发展的滑坡。减重主要是减小滑体的下滑力,不能改变其下滑趋势,因此,减重常与其他整治措施配合使用。

4)支挡工程。支挡工程可分为以下几类。

①抗滑垛。抗滑垛一般用于滑体不大、自然坡度平缓、滑动面位于路基附近或坡脚下部较浅处的滑坡。抗滑垛是主要依靠片石垛的自重,以增加抗滑力的一种简易抗滑措施。片石垛可用片石干砌或石笼堆成。图 2.3 所示为用于路堤滑坡的干砌片石抗滑垛。

②抗滑挡土墙。在滑坡下部修建抗滑挡土墙,是整治滑坡常用的有效措施之一。对于大型滑坡,抗滑挡土墙常作为排水、减重等综合措施的一部分;对于中、小型滑坡,抗滑挡土墙常与支撑渗沟联合使用。其优点是山体破坏少、稳定滑坡的收效快。抗滑挡土墙一般多采用重力式结构,其尺寸应经计算确定。

③抗滑桩。抗滑桩是一种用桩的支撑作用稳定滑坡的有效抗滑措施,一般适用于非塑性体层和中厚度滑坡前缘,以及使用重力式支撑建筑物砌筑工程量过大、施工困难的场合。抗滑桩按制作材料分,有混凝土桩、钢筋混凝土桩;按施工方法分,有打入法、钻孔法、挖孔法等,如图 2.4 所示。

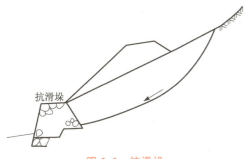
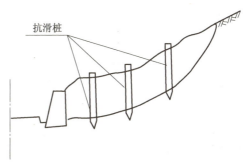

图 2.3 抗滑垛　　　　　　　　图 2.4 抗滑桩示意

5)种植。滑坡区应种植草皮或灌木覆盖,因为植物根系既可固结土壤,防止水土流失,又能吸收大量水分,起到稳定边坡的作用。

6)改线。在采用上述办法难以奏效或很不经济时,应进行局部改线,避开危险地段。

3. 崩塌的防治

崩塌是岩体突然而猛烈地从陡峻的斜坡上崩离翻滚跳跃而下的现象。崩塌可发生在高峻的自然山坡上,也可发生在高陡的人工路堑边坡上。发生崩塌的物体一般为岩石,但某些土坡也会发生崩塌。

崩塌的规模有大有小,由于岩体风化、破碎比较严重,边坡上经常发生小块岩石的坠落,这种现象称为碎落;一些较大岩块的零星崩落称为落石,规模巨大的崩塌也称为山崩。

崩塌与滑坡有明显区别:崩塌发生急促,破坏体散开,并有倾倒、翻滚现象;滑坡体一般总是沿着固定滑动面(或带)整体地、缓慢地向下滑动。

公路路堑开挖过深、边坡过陡,或切坡使软弱结构面暴露,都会使边坡上的岩体失去支撑,在水流冲刷或地震的作用下发生崩塌。

防治崩塌的措施主要有以下几种。

(1)对路基上方的危岩应及时检查、清除,特别在雨期前要细致检查。如有威胁行车安全的路段,可根据地形和岩层情况,采用嵌补、支顶的方法予以加固。

(2)在小型崩塌或落石地段,应尽量采用全部清除的办法;如由于基岩破坏严重,崩塌、落石的物质来源丰富,则宜修建落石平台、落石槽等拦截结构物。

(3)对由于存在软弱结构面而易发生崩塌的高边坡,可根据情况采取支挡墙或支护墙等措施,以支撑边坡,并防止软弱结构面的张开或扩大。

(4)对边坡坡脚因受河水冲刷而易发生崩塌者,河岸要做防护工程。

(5)在可能发生崩塌的地段,必须做好地面排水设施。

2.1.5 路基防护与支挡工程的养护

1. 坡面防护工程的养护

(1)植物防护。植物防护的方法有种草、铺草皮和植树。采用植物覆盖的方法对坡面进行防护,工序简单、效果较好。它可以减缓地面水流的速度,调节表层水温状况,植物根系深入土层,在一定程度上对表层土起到固结作用。植物防护适用具有适宜植物生长的土质边坡。

1)种草。对土质路堤、路堑有利于草类生长的边坡,或河面较宽、主流固定、流速小、路线与水流接近平行、路堤边坡段受季节性浸水或轻微冲刷、土质适合草类生长的,均可种草。

坡面上的土质如不宜种草时,可铺一层 5~10 cm 厚的种植土,然后种草。经常浸水或长期浸水的路堤边坡,不宜采用种草防护的方法。当边坡上的防护种草已扎根时,可以允许暂时性的、缓慢流水(0.4~0.6 m/s)的短时冲刷。

2)铺草皮。当坡度不陡于 1:1.5,且浸水时水流速度在 0.6 m/s 以下时,可用平铺草皮护坡；当坡度陡于 1:1.5，且浸水时水流速度在 1.5 m/s 以下时，可用叠铺草皮护坡。

铺草皮前，应将边坡表层土挖松整平。在不适合草类生长的土质边坡上，应先铺一层 6~10 cm 厚的种植土，然后铺设草皮。铺草皮的工作宜在春、秋两季或雨期进行，不宜在冬期施工。如在气候干燥的季节铺草皮，则在草皮铺设完成后，应及时浇水至草皮扎根为止。当边坡有地下水出露时，应注意使铺设的草皮不阻塞地下水的出口，以免影响边坡稳定。

3) 植树。在路基斜坡上和沿河堤之外的河漫滩上植树，能加固路基和河岸，并使水流速度降低，防止和减少水流对路基或河岸的冲刷。林带不仅可以防风、防沙和防雪，还可以美化路容，调节气候。

植树的形式，既可以是带状或条形的，也可以是连续的，即将树种满整个防护区域。选择树种时，宜选用适合当地土质、气候、生长迅速、根系发达、枝叶茂盛、成活率高的乔木类或不怕水淹的灌木类。植树的时间，宜在春、秋两季或雨期进行，如在干燥季节植树，要经常浇水，直至树成活为止，并应检查其成活的情况，如有缺株需及时补种。

(2) 坡面处置。对常受自然条件的影响发生剥落而破坏的易风化的软质岩石或破碎岩石路堑边坡，用植物防护有困难时，可选用抹面、喷浆、勾缝、灌浆、嵌补和锚固等方法进行处置，以保证路基的稳定。

1) 抹面。抹面防护适用于易风化但表面较完整、尚未剥落的岩石边坡，选用混合材料涂抹坡面，可防止表层岩石风化的进一步发展。但必须注意，抹面仅起到防护层的作用，不能承受荷载，故边坡必须是稳定的。施工时要注意：抹面前，对被处置坡面进行清理，并应将坡面上的坑洼用小石块嵌补填平，然后用水洒湿坡面，使灰浆与坡面结合良好；抹面应均匀，待灰浆稍干即进行夯拍，直至表面出浆为止，并应进行洒水养护。

2) 喷浆。喷浆(喷射混凝土)适用于边坡易风化、裂隙和节理发育、坡面平整的岩石路堑边坡，且边坡较干燥、无流水侵入的地方。对于高而陡的边坡，当需大面积防护时，采用此类方法更为经济。

喷浆防护边坡常用机械喷护法。将配制好的砂浆(混凝土)使用喷射机(或水泥枪)喷射于坡面上，由于喷射产生了一定的压力，所以提高了保护层与坡面之间的黏聚力及保护层的强度。喷射混凝土的厚度不宜小于 80 mm，应根据厚度分 2~3 层喷射。喷浆厚度不宜小于 50 mm，施工作业前应通过试喷，选择合适的水胶比，以保证喷射坡面的质量。喷浆水胶比过小时，灰体表面灰暗，出现干裂，回弹量大，粉尘飞扬；水胶比过大时，灰体表面起皱、拉毛、滑动，甚至流淌；水胶比合适时，灰体呈黏糊状，表面光滑平整，回弹量小。喷浆施工严禁在结冰季节或大雨中进行。

3) 勾缝。勾缝适用较坚硬的、不易风化的、节理裂缝多而细的岩石路堑边坡，用以防止雨水沿裂缝浸入岩层内部造成病害。

4) 灌浆。灌浆适用较坚硬的、裂缝较大且较深的岩石路堑边坡，借砂浆的黏结力将裂开的岩石黏结为一体，维护边坡的稳定。

5)嵌补。嵌补防护可用浆砌石块或水泥混凝土嵌补,适用于补平岩石坡面中较深的局部凹坑,以防坡面继续破损碎落,维护边坡的稳定。

6)锚固。锚固防护适用于岩石边坡的层理或构造面倾向于路基,并有可能顺层面下滑的情况。这种方法是垂直于岩石坡面钻洞,将钢筋直穿至稳定基岩,然后向洞内灌入水泥砂浆,使钢筋串联岩层,阻止岩层下滑。

(3)护面墙。护面墙适用于边坡较陡(边坡坡度为1:0.3~1:1)的情况,在软质岩层节理裂缝较发育、易于风化的路堑边坡上设置。护面墙一般不承受墙后土体的侧压力,所防护的岩面边坡应无滑动或滑坍现象,路堑应符合边坡稳定的要求。护面墙的厚度随边坡轮廓而变化,其底厚要稍大于顶宽,并应设伸缩缝与泄水孔。顶部需用厚土夯实或砂浆抹平,以防水浸入。

2. 冲刷防护工程的养护

沿河路基与桥头引道直接受到水流的冲刷和掏空,为了维护路基的坚固、稳定,必须采取措施予以防护。冲刷防护有两种类型:一种是直接防护,以加固岸坡为主要措施;另一种是间接防护,以改变水流方向、降低流速为主要措施。

直接防护,除植物防护、坡面防护外,还有砌石、抛石、石笼、浸水挡土墙等防护方法;间接防护,包括各种导流与调治构造物,如丁坝、顺坝及拦河坝等,也可以将河沟改道,引导水流排至路基以外。

(1)砌石护坡。砌石护坡主要有干砌片石、浆砌片石、钢筋混凝土预制挂板等。

(2)抛石防护。抛石防护主要用于防护水下部分的边坡和坡脚,避免或减少水流对护坡的冲刷及淘刷,也可用于防止河床冲刷,对于经常浸水且水较深地段的路基边坡防护及洪水季节防洪抢险更为常用。为了在洪水退降后使路基本身迅速干燥,不使路基土被淘刷冲走,应在抛石垛后设置反滤层。抛石的粒径大小与水流速度、水深、浪高及边坡坡度有关,抛石的粒径及质量以不被水冲走和淘刷为宜。

(3)石笼防护。石笼防护用于防护河岸或路边坡,同时,也可作为加陡边坡、减小路基占地宽度,以及加固河床、减少淘刷的措施。在缺少大块石料时,用较小石块(5~20 cm)填塞于钢丝笼或竹木笼内,一般可用于流速为4~5 m/s的水流,体积大的可抵抗5~6 m/s的流速。有漂石冲击的河流不宜采用石笼防护,因为钢丝易被磨坏。只有在水流含有大量泥沙及基底地质良好的条件下,才宜采用石笼防护。当用于防止冲刷淘底时,一般在河底上将石笼平铺并与坡脚线垂直,同时固定坡脚处的尾端,靠河中心一端不必固定,以便淘底时向下沉落。当石笼用以防止岸坡受冲刷时,可用垒码或平铺于坡面的形式。

3. 支挡建筑物的养护

挡土墙是用来支撑天然边坡或人工填土边坡以保持土体稳定的建筑物。在公路工程中,它广泛应用于支撑路堤或路堑边坡、隧道洞口、桥梁台后填方及河流岸壁等。

在进行挡土墙的维护时,除应经常检查其有无损坏外,还应在每年的春、秋两季各进行一次定期检查,在北方冰冻严重的地区尤应注意,主要检查挡土墙在冰冻融化后墙身及基础的变化情况,以及在冰冻前所采取的防护措施的效果。另外,在反常气候、地震或重型车辆通过等特殊情况下，应进行及时检查，发现裂缝、断裂、倾斜、鼓肚、滑动、下沉或表面风化、泄水孔堵塞、墙后积水、周围地基错台、空隙等情况，应查明原因，并观察其发展情况，采取相应的修理、加固等措施。对检查和修理加固的情况，应做好工作记录，设立技术档案备查。

砌筑工程或混凝土挡土墙发生裂缝、断裂并且已停止发展的，可将缝隙凿毛、清除碎渣和杂物，然后用水泥砂浆堵塞。水泥混凝土或钢筋混凝土挡土墙的裂缝也可用环氧树脂黏合。

当挡土墙发生倾斜、鼓肚、滑动或下沉时，可选用下列加固措施。

(1)锚固法。锚固法适用于水泥混凝土或钢筋混凝土挡土墙。采用高强度钢筋做锚杆，穿入预先钻好的孔内，灌入水泥砂浆，固定锚杆，待砂浆达到一定强度后对锚杆进行张拉，并固紧锚头，以此来分担土压力，如图2.5所示。

(2)套墙加固法。用混凝土在原墙外侧加宽基础、加厚墙身，如图2.6所示。

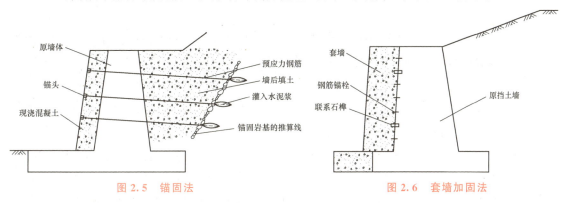

图 2.5　锚固法　　　　　　　图 2.6　套墙加固法

(3)支撑加固法。在挡土墙外侧，每隔一定的间距增建支撑墙。支撑墙的基础埋置深度、尺寸和间距应通过计算确定，如图2.7所示。

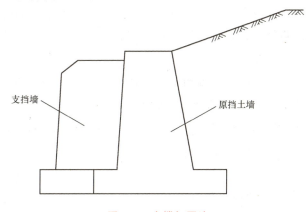

图 2.7　支撑加固法

(4)拆除重建。当原挡土墙损坏严重，采用以上加固方法不能达到设计强度要求时，应考虑将损坏部分拆除重建。为防止不均匀沉降，新、旧挡土墙之间应设置沉降缝，并应注意新、旧挡土墙接头协调。

挡土墙的泄水孔应保持畅通，如有堵塞，应及时疏通；疏通困难时，应视墙后地下水情况选择适当位置增设泄水孔，或在墙背后沿挡土墙增设墙后排水设施，一般可通过增设盲沟将水引出路基，以防止墙后积水引起土压力的增加或冻胀的发生。

当挡土墙的表面出现风化剥落时，应将风化表层凿除，露出新槎，再喷涂水泥砂浆保护层。当风化剥落严重时，应将风化部分拆除重砌。

对于锚杆式及加筋土挡土墙，如发现有墙身变形、倾斜或肋柱、挡板损坏、断裂等情况，应及时修理、加固或更换。对暴露的锚头、螺母、垫圈应定期涂刷防锈漆，锚头、螺母如有松动、脱落应及时紧固和补充。

对于浸水挡土墙，除平时经常检查其是否损坏外，还应在洪水期前后进行详细的观察和检查。汛前检查的目的是确定其作用、效果和是否完整稳定，能否承受洪水的袭击、是否需采取防护、加固措施；汛后检查的目的是观察其是否有损坏，如有损坏，应及时修理和加固。

当浸水挡土墙受洪水冲刷出现基础被淘空，但未危及挡土墙本身的情况时，可采用抛石加固或用块(片)石将淘空部分塞实并灌浆的方法。当挡土墙本身出现损坏时，如松动、下沉、倒塌、开裂等，应按原样进行修复。

4. 路基各部分的加固

(1) 路肩的加固和改善。

1) 路肩一般采用种植草皮加固，如果为了防止雨中会车时的泥泞陷车，则可用粒料加固，即用砾石、风化石、炉渣、碎砖等(按就地取材原则选用)粒料掺拌于黏土中，铺筑加固层，其厚度不小于15 cm。铺筑时应尽量采用挖槽铺压；也可在雨后路肩湿软时，直接将粒料(不加黏土)撒铺到路肩上，并进行碾压，分期将粒料铺压进路肩土中加固。使用此法时应注意路肩与路面交界处保持平顺，并保持适当的横坡度。有的路肩加固层与路面同厚，相当于拓宽了路面，这对于提高公路的使用质量和通过能力有很大的作用。

2) 在公路和乡村道路交叉处，应进行粒料加固，也可用砖块、石块或条石等在顺大车道口的路肩上铺设一定宽度的行车道。

3) 在坡度较大的坡道上，雨水顺坡而下，流速较大，易把路肩冲成顺路向的沟槽，此时应从坡顶至坡脚每隔10～20 m在路肩上挖出向下倾斜的浅沟，填以碎(砾)石，并掺土夯实，以防止冲刷，并利于排水。同时，在路肩边缘再修起小土埂(高度为5～10 cm，宽度为10～15 cm)，每遇斜沟填石处留一出水口，在出水口处的边坡上种草皮加固，使雨水分别集中到各出水口，安全排出。

(2) 边坡的加固和改善。路基边坡的加固方法有以下几种。

1) 如果边坡时常坍塌，则可予以刷坡；如果路堤很高，则也可以在边坡的半腰上修护坡道。

2) 当边坡表面易被雨水等冲刷损坏时，可在坡面种草皮、棉柳和荆条等灌木。铺草有全铺或网格式两种铺法。灌木应栽在路肩边缘50 cm以下(以免妨碍行车视线)，株距和行距应因地制宜,一般为1 m,并应栽成"品"字形。

3)河岸边的路基边坡,因经常受到水流的冲刷,故要进行加固。一般可在坡脚栽柳树、芦苇等来保护坡脚,或在常被水淹没的边坡上,铺砌护坡。

(3)边沟的加固和改善。

1)山岭或丘陵区的边沟,有的段落沟底纵坡陡、水流急,常因沟底及边坡脚被冲刷而出现边坡坍塌,所以这些地段的边沟必须加固。一般可以采用以下3种加固方法。

①草皮加固边沟。在沟底和高水位以下的沟壁全铺草皮,以防止冲刷。此法仅适用于水流不太急的情况。

②设置拦水坝缓和流速,防止冲刷。根据沟底纵坡的大小,每隔一定距离设置一个石砌拦水坝,在坝的上游填铺一层片石。

③在流速较大的边沟,以采用砖、石加固边沟为宜。其做法为先在底下铺设厚度为10 cm左右的砾石垫层,上面再铺设厚度为20 cm的砖、石层。

2)对于边沟和附近河流、湖塘底接头的地方,如沟底比河塘底高很多,可在沟与河塘底接头的地方修"台阶式跌水",平原地区可用砖(石)修"水簸箕"。

(4)急弯陡坡的改善。路线上的急弯和陡坡,对行车安全和行驶速度的影响最大,故应根据轻重缓急通过逐步放大急弯的平曲线半径予以改善。对于曲折严重的连续弯道,也应尽早地进行裁弯取直;对于陡坡路段,可适当降低坡度。降坡施工时,应注意先降半边路基,另半边维持通车。

(5)路基的加宽与加高。随着交通量的发展,当原路基的宽度不能适应需要时,应按需要的公路等级标准予以加宽。加宽时,应先将老路基边坡挖成台阶,而后用与原路基相同的土壤夯填。

常被洪水淹没的低洼路段需要加高。施工时,应先把老路表面拉毛,并应洒水润湿,再分层填土压实。

2.1.6 排水设施的养护

水是造成路基及沿线设施发生病害以致破坏的一项重要因素。对路基有危害的水,可分为地表水与地下水两大类。

地表水主要是由降水(包括雨水、雪水)形成的地面径流及大小河沟、溪水等。地表水是路基排水的主要方面,也是对路基造成危害的主要水源。同时,路面上的水如果不能及时排出,会给行车带来很大的安全隐患。

地下水包括上层滞水、潜水及层间水等。暴雨径流、冰雪融水、上层滞水、潜水、泉水及路旁积水,它们均能软化、冲刷甚至毁坏路基,造成路基边坡滑塌、道路翻浆等危害。在公路养护过程中,要想保持路基排水设施完好无缺,应根据实际情况补充完善排水设施,并与沿线桥涵配合形成良好的排水系统,以保证路基的强度及边坡的稳定。

路基排水的主要作用是将路基范围内的土基湿度降低到一定限度以内,保持路基常年处于干燥状态,确保路面具有足够的强度和稳定性。路基排水设施可分为地面排水设施和地下排水设施。

路基排水系统能否正常工作直接影响路基的稳定性,因此,必须对排水设施进行经常性的、预防性的养护和维修,确保其功能完好、排水顺畅。同时,应根据实际使用情况不断改善路基的排水条件。

对各种排水设施,在春融前,特别是汛期前,应进行全面的检查和疏通。雨天必须上路巡查,及时排除堵塞,保持水流畅通,防止水流集中冲坏路基。暴雨后应重点检查,如有冲刷、损坏,需及时修复加固;如有堵塞,应及时清除。

1. 地面排水设施的构造与养护

边沟设置在挖方路基的路肩外侧,或低路堤的坡脚外侧,主要用来汇集和排除路基范围内与流向路基的少量地面水。

(1)边沟。边沟的养护措施有以下几个。

1)当沟底纵坡大于3%时,沟底应用片石铺砌加固。

2)在冰冻较轻地区也可用三合土或四合土加固边沟,中、重冻地区的高等级公路不宜采用矩形暗沟式边沟,土质边沟地面和侧面宜采用浆砌体铺筑。

3)凡是路线通过乡镇的,沟底宜尽量用片石铺砌加固或采用预制钢筋混凝土边沟。

(2)截水沟。截水沟一般设置在挖方路基边坡坡顶以外,或山坡路堤上方适当的地点,用以拦截路基上方流向路基的地面径流,防止冲刷与侵蚀挖方边坡和路堤坡脚,减轻边沟水流的泄水负担,保护挖方边坡和填方边坡不受水流的冲刷。

对截水沟的维护,主要是在春融前,特别是汛前,应仔细、全面地进行检查和疏浚;大雨中应及时排除堵塞物,疏导水流,保持水流畅通,防止水流集中冲坏路基;暴雨后,应重点检查截水沟,如有冲刷和损坏,必须及时修补加固。

(3)排水沟。排水沟在平丘区且当原有地面的沟渠蜿蜒曲折,影响路基稳定时,或为了减少涵洞数量,用于合并沟渠时设置。其作用是将路基范围内的各种水源的水流,引至路基范围以外的指定地点。排水沟不宜过长,以免流量过大造成漫流。

排水沟的维护工作主要是在雨期加强检查、疏浚沟中的堵塞物,保持水流畅通,防止水流集中而冲坏路基;大雨后,应重点检查有危险的地点,如有被冲刷、损坏的现象,应及时修理或加固。

(4)跌水与急流槽。一般在重丘、山岭地区,地形险峻、排水沟渠纵坡较陡、水流急、冲刷力强的地段,为接引水流、降低流速、消减能量,以防止水流对路基及桥涵造成冲刷,多采用跌水或急流槽。

跌水和急流槽的维护工作主要是在大雨前进行仔细、全面的检查,防止出现因多方面原因而阻塞水流的情况,如发现问题应及时疏通,以确保暴雨时能畅通无阻;大雨后也要重点检查一些地方,如发现有被水冲刷及损坏的地方,应该组织人员及时修复。

2. 地下排水设施的构造与养护

具有截断、降低、汇集或排除路基范围内地下水功能的结构物称为地下排水结构物。

其作用是减少地下水对路基的影响，保证路基的强度与稳定性。公路上常用的地下排水结构物有暗沟、渗沟、渗井等。

(1)暗沟。暗沟是设置在地面以下引导水流的沟渠，用来把路基范围内的泉水或地下集中水流排到路基范围以外，无渗水和汇水的作用。

对暗沟的维护，主要是经常进行检查，如发现堵塞、淤积等现象，应及时进行清除和冲洗，尤其在雨期，应保证流水畅通无阻。

(2)渗沟。渗沟是在地面以下汇集流向路基的地下水，通过沟底通道将水排至路基范围以外。渗沟可分为盲沟、管式渗沟、洞式渗沟三种形式。

1)如在检查中发现沟口长草、堵塞，应及时清理和冲洗，确保渗沟的畅通。

2)如发现碎(砾)石层淤塞而不通，应及时组织人员进行翻修，并剔出其中颗粒较小的砂石，保证其翻修质量。

3)如认为渗沟所在位置不妥，不能将地下水全部排至路基外，则应根据具体情况另行修建渗沟。

(3)渗井。渗井是将离地面不深处含水层中的地下水汇集起来，通过不透水层中的竖井流入下层透水层中以疏干路基。

对于渗井的维护，应经常检查路基周围有无渗漏现象，仔细检查渗井内有无淤泥并及时排除。如发现渗井的位置不妥时，可以考虑改修渗井。

3. 排水设施的增设与加固

排水沟渠的增设与加固措施，应结合当地的地形、地质、纵坡和流速条件，因地制宜，就地取材，且应简便易行，经济实用。

(1)增设排水设施。排水设施的破坏会引起土质松软、强度降低、边坡坍塌、堤身沉陷或滑动及产生冻害等，也会对沿线结构物造成极大的危害。在维护过程中，要及时发现，及时进行修复加固或改移重建。

1)增设边沟。

①边沟应按图纸规定施工，并应符合现场的地质、地形条件；边沟和涵洞的接合处应与涵洞洞口建筑配合，以保证水流可以通畅地进入涵洞。

②在进行平曲线处的边沟施工时，沟底纵坡应与曲线前后沟底纵坡平顺衔接，不允许曲线内侧有积水或外溢现象发生。曲线外侧的边沟应适当加深，其增加值等于超高值，但曲线在坡顶时可不加深边沟。

③边沟的尺寸应符合规定。对于土质地段，当沟底纵坡大于3%时，边沟必须采取加固措施。采用干砌片石对边沟进行铺砌时，应选用有平整面的片石，各砌缝要用小石子嵌紧；采用浆砌片石铺砌时，砌缝砂浆应饱满，沟身不漏水；沟底采用抹面时，抹面应平整压光。

2)增设截水沟。

①截水沟应按规定施工。截水沟的位置：在无弃土的情况下，截水沟的边缘离开挖方路基坡顶的距离视土质而定，以不影响边坡稳定为原则。如为一般土质，则至少应离开坡顶 5 m。截水沟挖出的土，应及时平整夯实，使沟两侧形成平顺的斜面。

当路基上方有弃土堆时，截水沟应离开弃土堆坡脚 1~5 m，弃土堆坡脚离开路基挖方坡顶不应小于 10 m，弃土堆顶部应设 2% 的坡度倾向截水沟的横坡。

②山坡上路堤的截水沟距离路堤坡脚至少 2 m，并用挖截水沟的土填于路堤与截水沟之间，修筑向沟倾斜坡度为 2% 的护坡道或土台，使路堤内侧的地面水流入截水沟排出。

③当截水沟的长度超过 250 m 时，应选择适当的地点设出水口，将水引至山坡侧的自然沟中或桥涵进水口；截水沟必须有牢靠的出水口，必要时需设置排水沟、跌水或急流槽；截水沟的出水口必须与其他排水设施平顺衔接。

④为防止水流下渗和冲刷，应对截水沟进行严密的防渗和加固处理。对地质不良地段和土质松软、透水性较大或裂隙较多的岩石路段，以及沟底纵坡较大的土质截水沟和截水沟的出水口等，均应采取加固措施来防止渗漏和冲刷沟底及沟壁。

3）增设排水沟。

①排水沟的线形要求平顺，尽可能采用直线，转弯处宜做成弧形，其半径不宜小于 10 m。排水沟的长度应根据实际需要而定，通常不宜超过 500 m。

②排水沟沿路线布设时，应离路基尽可能远一些，距路基坡脚不宜小于 3 m。

③当排水沟、截水沟、边沟因纵坡过大导致水流速度大于沟底、沟壁土的容许冲刷流速时，应采取边沟表面加固措施。

4）增设跌水与急流槽。

①跌水与急流槽必须采用浆砌砌体结构。跌水的台阶高度可根据地形、地质等条件决定，多级台阶的各级高度可以不同，其高度和长度之比应与原地面的坡度相适应。

②急流槽的纵坡应按规定进行施工，一般不宜超过 1∶1.5，同时应与天然地面坡度相配合。对于较长的急流槽，槽底可设几个纵坡，一般是上段较陡，向下逐渐放缓。

③当急流槽较长时，应分段砌筑，每段不宜超过 10 m，接头用防水材料填塞，要求密实无空隙。

④急流槽的砌筑应使自然水流与涵洞进、出口之间形成一个过渡段，基础应嵌入地面，其底部应按图纸要求砌筑抗滑平台并设置端护墙。路堤边坡急流槽的修筑应能为水流入排水沟提供一个顺畅通道，路缘石开口及流水进入路堤边坡急流槽的过渡段应连接圆顺，采用喇叭口接入。

⑤在边沟、急流槽接入涵洞的进口处应加设消力池。当急流槽水流量大且流速较大时，为防止溅水上路基，宜在急流槽下部槽口上加设盖板。

(2)排水设施的加固。

1）土沟表面夯实。

①适用范围。一般适用于土质边沟和排水沟，不适用于堑顶截水沟或堑顶排水沟，沟内的平均流速不大于 0.8 m/s。

②施工。

a. 开挖水沟时，沟底及沟壁部分均少挖 0.05 m。

b. 将沟底、沟壁夯拍密实，使土的干密度不小于 1.66 kg/m³，土层厚度不小于 0.05 m。

c. 沟渠开挖时，应随开挖随夯实，以免土中水分消失，不易夯拍坚实。

d. 施工中如发现沟底、沟壁有洞穴，应用原土补填夯实。

2)用三合土或四合土捶面的方法加固。

①适用范围。

a. 一般适用无冻害及无地下水段的水沟。

b. 沟内的平均流速为 1.0～2.5 m/s。

c. 在常有流水的水沟表面，可加抹 1 cm 厚的 M7.5 水泥砂浆。

d. 混合土的厚度为 0.1～0.25 m，视沟内平均流速或沟底纵坡大小而定。

②材料的配合比。

a. 三合土。水泥：砂：炉渣＝1：5：1.5(质量比)。无炉渣地区可使用石灰：黄土：砂石＝1：3.3：2.3(体积比)的配合比。

b. 四合土。水泥：石灰：砂：炉渣＝1：3：6：2.4(质量比)。

c. 水泥可采用低强度等级的；炉渣需用高温烧化且含碳量不超过 5％，其粒径不超过 5 mm。

③施工。

a. 施工前两周将石灰水化，使用前 1～3 d 将黄土或炉渣掺入拌匀，使用前将卵(碎)石或水泥与砂反复拌和均匀。

b. 沟渠开挖后趁土质潮湿时立即加固。如土质干燥，则宜洒水湿润后再加固。

c. 沟渠铺混合土后，应先拍打提浆，然后抹水泥砂浆保护层；待稍干后，用大卵石将表面压紧磨光；最后用麻袋或草席覆盖，并洒水养生 3～5 d。

d. 施工季节以春、秋季为宜，不宜在冬期，以免混合土尚未干燥即发生冻胀。

e. 养护时如发现裂缝或表面剥落现象，应及时修补。

3)浆砌片石加固。

①适用范围。

a. 一般用于沟内水流速度较大且防渗要求较高的地方。

b. 在有地下水及冻害地段，沟壁及沟底外侧应加设反滤层(或垫层)，并在沟壁上预留泄水孔。

②施工。

a. 沟渠开挖后应整平夯实，如土质干燥应洒水湿润，遇有洞穴应堵塞夯实。

b. 水泥砂浆随砌随拌，砌筑完成后应注意养生。

4)混凝土预制板加固。

①适用范围。

a. 一般在缺乏砂、石的地段，用混凝土预制板施工较为方便。

b. 填方地段采用混凝土预制板，比安装模板现浇混凝土更为合适。

c. 垫层可用砂砾材料，或用 8％石灰剂量的石灰土，夯打坚实平整。

d. 混凝土预制板的板厚为 5～10 cm，无冻胀破坏地区可采用 4～8 cm 的板厚。

e. 混凝土预制板一般采用 C15 混凝土制成。

②伸缩缝。

a. 对于温度变化引起的混凝土板的伸缩及基础不均匀沉陷等，需设置伸缩缝。纵向缝一般设置在边坡与沟底连接处；当沟底宽度超过 6 m 时，可在渠底中部设置纵缝。

b. 混凝土预制板采用 M5 水泥砂浆砌缝时，横向缝间距与现浇混凝土板相同。

c. 采用预制板加固时，沟底与边坡的伸缩缝间距须一致。

d. 伸缩缝的宽度取决于伸缩缝间距、湿度变幅、干缩系数、线膨胀系数、填料伸缩性能、黏结力、施工要求等，一般采用 1~4 cm。

e. 伸缩缝填料的性能是决定衬砌效果和寿命的主要因素，要求：高温不流淌，低温不冻裂、剥落，伸胀时不挤出，收缩时不裂缝，黏结力强；负温下仍能黏着不脱离，耐久性好。目前采用的填料有沥青混合物、聚氯乙烯胶泥和沥青油毡板等。

③防冻胀措施。在地下水水位高、天气寒冷、有冻胀影响的地区，为避免加固板影响沟渠混凝土板的平整度，砂砾垫层的厚度可按最大冻深的 70% 考虑。

④施工与养护中的注意事项。加固板的接缝除按照操作规程进行选料和施工外，在沟渠的使用中应密切注意接缝料，如有脱落或裂隙，应随时修补，修补时应将原接缝料清理干净。混凝土板损坏后，应及时更换。

2.1.7 路基翻浆的防治

春融期间，由于土基含水过多，强度急剧下降，再加上重复行车的作用，路基发生的弹簧、鼓包、裂缝、冒浆、车辙等现象，称为翻浆。

1. 翻浆的发展过程及其影响因素

(1)翻浆的发展过程。秋季由于降水或灌溉的影响，地面水下渗、地下水水位升高，使路基水分增多，为冬季水分积聚提供了必要条件。

冬季气温下降，路基上部的土开始冻结，此时，土孔隙内的自由水在 0 ℃ 时首先冻结，形成冰晶体。当温度继续下降时，与冰晶体接触的土颗粒表面的薄膜水（弱结合水在 $-10\ ℃\sim-0.1\ ℃$ 时冻结）受冰的结晶力的作用，移动到冰晶体上面冻结。因此，该部分土粒表面的水膜变薄，破坏了原来的吸附平衡状态，产生了剩余分子引力，从而将吸取邻近土粒的薄膜水。

同时，当水膜变薄时，薄膜水内的离子浓度增加，产生渗透压力差。在土粒分子引力和渗透压力差的共同作用下，薄膜水就从水膜较厚处向水膜较薄处移动，并逐层向下传递。在温度为 $-3\ ℃\sim0\ ℃$ 的条件下，当未冻区有充足的水源供给时，水分会发生连续移动，使路基上部大量聚冰。

如果冻结线在某一深度的停留时间较长，则水分有充分的聚结时间，当水源供给充足时，便在冻结线附近形成聚冰层。它通常只出现在路基上部的某一深度范围内，一般有 5~30 cm 厚。聚冰层可能有一层或多层。凡聚冰层所在之处即路基土含水率最大之处。

尤其在沥青路面上，因为路面材料的导热系数远大于路肩土，所以路面下的土首先冻结，于是不仅是路基下部的水分，连同路肩、边坡下尚未冻结的土中水分都向路面下已冻结区的土中聚集。因此，路面下聚集的水分特别多，加速了聚冰层的形成。

春季解冻时，由于路面结构层的吸热和导温性较强，路面下的路基土先于路肩下的路基土融化，于是路基下残余未化的冻土形成凹槽，使化冻后的水分难以排出，而路基上部处于过湿状态。当融化至聚冰层时，路基湿度更大，有时甚至超过液限。这样，路基在解冻过程中的强度显著降低，以致丧失承载能力，在行车荷载的作用下发生弹簧、开裂、鼓包、车辙，严重时泥浆外冒，路面大面积破坏，形成翻浆。

(2) 影响翻浆的因素。影响公路翻浆的主要因素有土质、温度、水、路面、行车荷载、人为因素等。其中土质、温度、水是形成翻浆的3个自然因素。

1) 土质。粉性土是最容易翻浆的土，这种土的毛细水上升较高，在负温度的作用下水分聚流严重，而且土中的水分增多时强度降低的幅度大而快，容易丧失稳定性。粉性土的毛细水上升虽高，但上升速度慢，因此，只有在水源供给充足，并且在土基冻结速度缓慢的情况下，才能形成比较严重的翻浆。当粉性土和黏性土含有大量腐殖质和易溶盐时，更易形成翻浆。砂土在一般情况下不会发生翻浆，这种土毛细水上升高度小，在冻结过程中水分聚流现象很弱，同时，这种土即使含有大量水分，也能保持一定的强度。

2) 温度。一定的冻结深度和一定的冷量(冬季各月负气温的总和)是形成翻浆的重要条件。在同样的冻结深度和冷量的条件下，冬季负气温作用的特点和冻结速度的大小对翻浆形成的影响也是很大的。例如，当初冻的时候气温较高或冷暖交替出现时，温度在0℃～－3℃(－5℃～0℃)停留时间较长，冻结线长期停留在路面下较浅处，会使大量水分聚流到距离路面很近的地方，产生严重的翻浆；反之，如果冬季一开始就很冷，冻结线很快下降到距路面较深的地方，则土基上部因聚冰少就不易出现翻浆。除此之外，春季气温的特点和解冻速度对翻浆也是有影响的，如春季解冻时，天气骤暖，土基急速融化，则会加重翻浆的程度。

3) 水。翻浆的过程，就是水在路基土中转移、变化的过程。路基附近的地表积水及浅层的地下水能提供充足的水源，是形成翻浆的重要条件。秋雨及灌溉会使路基土的含水率增加，使地下水水位升高，加剧翻浆的程度。

4) 路面。路面的结构与类型对翻浆也有一定的影响，如在比较潮湿的土基上铺筑沥青路面后，由于沥青面层的透气性较差，路基土中的水分不能通畅地从表面蒸发，而使水分滞积于土基顶部与基层，导致路面失稳变形，以致出现翻浆。

5) 行车荷载。公路翻浆是通过行车荷载的作用形成和暴露出来的，当其他条件相同时，在翻浆季节，交通量越大，车辆轴载越大，则翻浆越严重。

6) 人为因素。出现下列情况时，都将加剧翻浆的形成。

① 设计时对翻浆的因素考虑不周。路基设计高度不够，特别在低洼地带，路线没有避开不利的水文地质地带，缺乏防治翻浆的措施，以及路面结构不当、厚度偏薄等。

② 施工质量有问题。填筑方案不合理，不同土质填料混杂填筑，或采用大量的粉质土、

腐殖土、盐渍土、大块冻土等劣质填料，或分层填筑时压实度不足。

③养护不当。排水设施堵塞，路拱有反向坡，路面、路肩积水，对翻浆估计不足，且无适当的抢防措施。

2. 防治翻浆的措施

防治翻浆的基本途径：防止地面水、地下水或其他水分在冻结前或冻结过程中进入路基上部，可将聚冰层中的水分及时排除或暂时蓄积在透水性好的路面结构层中；改善土基及路面结构；采用综合措施防治。具体措施如下。

(1)做好路基排水，提高路基高度。良好的路基排水可以防止地面水或地下水浸入路基，使路基土体保持干燥，从而减少冻结时水分聚流的来源，这是预防和处理地表水类与地下水类翻浆的首要措施。

提高路基高度是一种效果显著、简便易行、比较经济的常用措施。增大路基边缘至地下水或地面水位间的距离，使路基上部土层保持干燥，在冻结过程中不致因过分聚冰而失稳。

在重冰冻地区及粉性土地段，在提高路基时还要与其他措施配合使用。

(2)铺设隔离层。隔离层设置在路基顶面下 0.5～0.8 m 处，其目的是阻断毛细水的上升通道，保持上部土基干燥，防止翻浆发生。当地下水水位或地面水水位较高，又不宜提高路基时，可铺设隔离层。隔离层按使用材料可分为以下两类。

1)透水性隔离层。透水性隔离层采用碎石、砾石、粗砂或炉渣等做成。其厚度一般为 10～20 cm。为了防止淤塞，应在隔离层的上面和下面铺设 1～2 cm 的泥炭、草皮或炉渣、石屑、针刺无纺布等透水性材料的防淤层。隔离层底部应高出地面水 20 cm 以上，并向路基两侧做成 3‰～4‰的横坡。与边坡接头的地方，要用大块碎(砾)石铺进 50 cm，如图 2.8 所示。

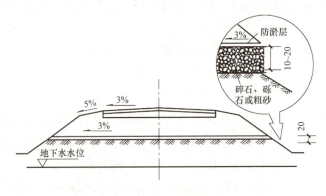

图 2.8 粗粒料透水隔离层(单位：cm)

2)不透水隔离层。不透水隔离层可分为不封闭式和封闭式两种。前者适用于一般路段，用以隔断毛细水；后者适用于地面排水有困难或地下水水位高的路段，用以隔断毛细水和横向渗水。

不透水隔离层所用的材料如下。

①直接喷洒厚度为 2~5 mm 的沥青。

②沥青含量为 8%~10% 的沥青土或沥青含量为 6%~8% 的沥青砂,厚度一般为 2.5~3 cm。

③2~3 层油毡或塑料薄膜(在盐渍土地区不能使用)。

④复合土工膜,一布一膜或两布一膜。

隔离层的适用条件及注意事项如下。

①隔离层对新、旧路线翻浆均可采用,特别适用于新路线。

②不透水隔离层适用于不透水路基,在透水路面下只能设透水隔离层。

(3)设置路肩盲沟或排水渗沟。

1)路肩盲沟。为及时排除春融期间路基中的自由水,达到疏干路基上部土体的目的,可在路肩上设置横向盲沟。其适用于路基土透水性较好的地下水类翻浆路段。

盲沟布置时应与路中心线垂直。当路段纵坡大于 1% 时,则宜与路中心线成 60°~75° 的交角(顺下坡方向),两边交错排列,一般 5~6 m 设置一道,深度为 20~40 cm,宽度为 40 cm 左右。盲沟应用渗水性良好的碎(砾)石填充,沟底宜做成 4%~5% 的坡度。盲沟的出水口应高出边沟水面 30 cm,出口按一般盲沟处理。

2)排水渗沟。为了降低路基的地下水水位,可在边沟下设置盲沟或有管渗沟。为了拦截并排除流向路基的层间水,可采用截水渗沟。

近年来,开发了一种新型的加筋软式透水管。透水管内经磷酸防腐处理并涂敷 PVC 高强度弹簧硬钢丝,在钢圈外紧接纺织三层高强度尼龙和特殊纤维制成的滤布与透水层。这种透水管坚固耐用、施工方便,尤其适合复杂地形使用,替代传统的盲沟和渗沟施工可取得较好的效果。

(4)换土。对因土质不良造成翻浆的路段,可在路基上部换填水稳定性好、冰冻稳定性好、强度高的粗颗粒土,以提高土的强度和稳定性。

一般可根据地区情况、道路等级、行车要求、换填材料等因素确定换土厚度,一般在路基土层换填 40~60 cm 厚的砂性土,路基即可基本稳定。

(5)改善路面结构层。

1)铺设砂(砾)垫层。砂(砾)垫层是用砂砾、粗砂或中砂做成的垫层。它具有较大的空隙,能隔断毛细水的上升;化冻时能蓄水、排水;在冻融过程中体积变化小,可减小路面的冻胀和沉陷。它还具有一定的强度,能将荷载进一步扩散,从而减小路基的应力和应变。

2)铺设水泥稳定类、石灰稳定类或石灰工业废渣类基(垫)层,以增强路面的板体性、水稳性和冻稳定性,提高路面的力学强度,起到减缓和防止路基冻胀与翻浆的作用。但在重冰冻地区的潮湿路段,不宜直接采用石灰土,须与其他措施配合使用,如在石灰土下铺设砂垫层等。

3)设置防冻层。高级和次高级路面结构层的总厚度,除满足强度要求外,还应满足防冻层的厚度要求,以避免路基内出现较厚的聚冰带,从而防止产生导致路面开裂的不均匀冻胀。防冻层的厚度可分别按相应路面设计规范的有关规定确定。

3. 道路翻浆的养护

翻浆现象是一年四季都在发生变化的。秋季，水分开始聚积；冬季，水分在路基中重分布；春季，水分使路基上部过分潮湿；夏季，水分蒸发、下渗，路基处于干燥状态。因此，在各个季节里，应根据各自不同的现象，采取适当的养护措施，加强预防性的防治工作，以防止或减轻翻浆病害的发生。

(1) 秋季养护。秋季养护的主要工作是排水，尽量防止水分进入路基，保持路基处于干燥状态，以减少冬季冻结过程中由于温差作用向路面下土层聚流的水分，因此，秋季养护要做好下列工作。

1) 随时整修路面、路肩、边坡。路面应维护好路拱和平整度，及时处理裂纹、松散、车辙、坑槽、搓板、纵向冲沟等病害，避免积水。路肩应保持规定的排水横坡，尤其应在雨后夯压密实，保持路肩坚实平整。边坡要保持规定坡度，要拍压密实，防止冲刷和坍塌阻塞边沟，造成积水。

2) 修整地面排水设施，保证地面排水通畅。

3) 检查地下排水设施，保证地下水能及时排出。

(2) 冬季养护。冬季养护的主要工作是采取措施减轻路基水分在温差作用下向路基上层聚积的程度，同时要防止水分渗入路基。因此，冬季养护要做好下列工作。

1) 及时清除翻浆路段的积雪。

2) 经常上路检查，及时修补路面出现的裂缝、坑槽等，及时排除融化雪水。

3) 在往年发现有翻浆而尚未根治的路段及发现翻浆苗头的路段，应在翻浆前做好准备工作，包括准备好抢防的用料。

(3) 春季养护。春季是翻浆的暴露时期，在天气转暖的情况下翻浆发展很快，养护的主要工作是抢防。

当路面出现潮湿斑点、松散、龟裂时，表明翻浆已开始出现，对鼓包、车辙或大片裂缝，行车颠簸，路基发软等现象，应采取以下抢防措施。

1) 在两边路肩上，每隔 $3\sim 5$ m 交错开挖横沟，沟宽一般为 $30\sim 40$ cm，沟深按解冻情况逐渐加深，直到路面底层以下，沟的外口应高于边沟沟底。

2) 对路面坑洼严重的路段，除横向外，还应顺路面边线加修纵向小盲沟或渗水井。井的大小以直径不超过 40 cm 为宜，井与井的间距应根据实际情况确定，沟或渗水井的深度应至路面底层以下。如交通量不大，也可挖成明沟。

3) 在条件许可的情况下，应尽量绕道行车或限制重车通过，避免行车碾压加剧路面的破坏。

4) 在交通量较小的县乡公路上，可以先用木料、树枝等做成柴排铺在翻浆路段上，然后在上面再铺上碎石、砂土，以临时维持翻浆期间的通车，防止将路面压坏。

(4) 夏季养护。夏季是翻浆的恢复期，养护的主要工作是修复翻浆破坏的路基、路面，采取根治翻浆的措施。首先要查明翻浆的原因，对损坏路段的长度、起讫时间、气温变化、表面特征、养护情况等进行调查分析，做出记录，确定治理方法和措施。

【拓展阅读】

中国"一带一路"建设

道路交通基础设施既是经济社会发展的重要命脉，也是一个地区文明程度的重要标尺和对外形象的集中展示。"一带一路"的关键是交通节点的打造和交通服务的一体化。中国与周边国家在运输服务一体化上的当务之急是促进互联互通和推动通关便利化，这样才能大力开拓共建"一带一路"国家的市场，积极发展运输服务贸易。因此，陆路通、水路通等是"一带一路"的首要和当前重点。

1."一带一路"建设，公路项目建设成果显著

据不完全统计，自"一带一路"倡议提出以来，已有100多个国家和组织参与其中，我国同沿线许多国家签署了共建合作协议，开展了国际产能合作，涌现出一批令世人瞩目的标志性项目，通达城市、契合期盼、带活经济，"一带一路"上的公路项目成为当地源源不断的活力供给。

2. 工程案例详解（中巴经济走廊——道路交通建设）

巴基斯坦是古丝绸之路的必经之地。张骞策马、玄奘西行，丝路辉煌连接着中巴。2015年，习近平主席访问巴基斯坦，两国确定以中巴经济走廊建设为中心，以瓜达尔港、交通基础设施、能源、产业合作为重点的"1＋4"开展合作布局，双方对接共建"一带一路"倡议与巴基斯坦"2025愿景"。

3."一带一路"中道路建设的作用

中国企业在参与项目建设中，不仅树立了企业形象和品牌，还开拓了当地市场。这些都大大提升了中国企业在当地的知名度，也大大提升了睦邻友好、负责任的中国国际形象。

2.2　特殊地区的路基养护

相关知识

2.2.1　盐渍土地区路基养护

当地表1 m内含有容易溶解的盐类超过0.3%时，该地表土为盐渍土，土中易溶盐大多为氯化盐、硫酸盐、碳酸盐等。我国西北、东北等气候干旱地区及沿海平原地区分布着大面积的盐渍土，其含盐量通常是5%～20%，有的高达60%～70%。土中含有易溶盐，使土的物理、力学性质发生了变化，导致了许多路基病害的发生。盐渍土在干旱季节和干旱地区，因盐类的胶结和吸湿作用而有利于路基稳定。但其一旦受到雨水、冰雪融化的淋溶，含水率将急增，会出现湿化坍塌、溶陷、路基发软的情况，致使盐渍土的强度降低，丧失稳定，甚至失去承载力。由于盐渍土的含盐类型、含盐量及含硝量与其他因素的不同，故对路基的破坏各异，因此，应针对产生病害的原因，采取相应的措施进行处置。

对盐渍土地区路基病害的防治主要应采取完善排水、加固结构、去除盐分等措施。

(1)完善排水。排水沟要保持0.5%~1.0%的纵坡。在低矮平坦、排水困难的地段，应加宽、加深边沟或在边沟外增设横向排水沟，其间距不宜大于500 m，沟底应有向外倾斜2%~3%的横坡。

加宽、加深边沟的弃土，可堆筑在边沟外缘，形成护堤，以保持路基不被水淹；还可采用水分隔断措施，隔断毛细水的上升，防止水分和盐分进入路基上部，从而避免路基或路面遭受破坏；还可采用提高路基及设置隔离层的措施，如提高路基、采用不透水材料等。

(2)加固结构。加固结构的方法有很多，如强夯法、浸水预溶加强夯法、半刚性基层、挤密桩加固地基等方法。在有些地区，除对地基进行加固外，还应对路肩和边坡进行加固。

(3)去除盐分。盐分是导致盐渍土具有盐胀、湿陷、腐蚀和加重翻浆等特性的根源，因此，如果能去除盐分，或者把有害的盐分转化为无害或危害较小的盐分，则同样可以达到处置盐渍土道路路基病害的目的。

去除盐分的方法包括换填法、浸水预溶法、化学处理法等。其中，化学处理法所使用添加剂中效果明显的有 $BaCl_2$、$CaCl_2$ 两种。由于施工较复杂，费用也较高，因此，化学处理法在公路上目前尚处于试验阶段。

(4)治理措施。秋末冬初季节或春融时期，由于雨水及融雪水较多，路基容易出现坍塌、溶陷，因此，可采取下列防护及治理措施。

1)加密排水沟，使沟底保持0.5%~1.0%的纵坡；对于路基填土低、排水困难的路段，应加宽、加深边沟或在边沟外增设横向排水沟，其间距不宜大于500 m，沟底应有向外倾斜2%~3%的横坡，如图2.9所示。

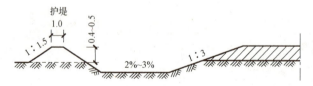

图2.9 加大排水沟及护堤(单位：m)

2)换填厚度为30~50 cm的风积沙或矿料，以保持正常通车。

3)打石灰桩或砂桩，深度达冰冻线以下，梅花状排列。

2.2.2 黄土地区的路基养护

黄土是在干燥气候条件下形成的具有多孔性并有垂直节理的黄色粉性土。黄土具有湿陷性，即受水浸湿后会产生较大的沉陷，属于低液限黏土，$w_l<40\%$。其主要特征：颜色以黄色为主，有灰黄、褐黄等色；含有大量粉粒(粉粒含量一般大于55%)；具有肉眼可见的大孔隙，孔隙比一般为1，富含碳酸钙成分及其结核，无层理，导致黄土地区的路基容易产生各种特有的工程地质问题和病害。

黄土是一种分布较广的特殊土,在我国的分布面积约有 $6.4\times10^5\,\mathrm{km}^2$,广泛分布于黄河中游的河南西部、山西、陕西和甘肃大部分地区,以及青海、宁夏、内蒙古的部分地区,其中以黄土高原的黄土分布最为集中。这些地区的黄土分布厚度大,地层全面而连续,发育也较典型。此外,黄土在河北、山东、新疆及东北三省也有分布。黄土具有疏松、湿陷、遇水崩解、膨胀等特性。常见的病害有以下几种。

(1)路堤沉陷。

(2)路缘石周围渗水。

(3)路肩和边坡在多次干湿循环后,出现裂缝、小块剥落、小型塌方、沟槽、陷穴、滑塌或在地下水及地面水的综合作用下形成泥流,使路肩、边坡受到破坏。

(4)边沟被水冲深、蚀宽,导致路肩、边坡脚受到破坏。

对于病害的治理,应针对不同的情况采取下列加固措施。

(1)当公路通过纵向、横向沟壑时,对边坡病害的治理可采取下列措施。

1)对沟壑边坡的疏松土层,可采用挖台阶的办法予以清除。台阶宽度不小于 1 m,如图 2.10 所示。

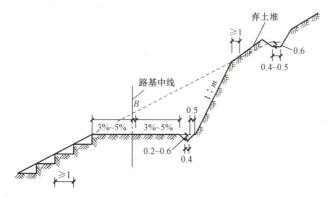

图 2.10 边坡疏松土层的清除(单位:m)

2)对疏松的坡面,要拍打密实或用轻碾自坡顶沿坡面碾实;如坡度缓于 1:1,且雨量适宜草类生长,可用种草、铺草皮等方法加固。

3)对雨量较小、冲刷不严重的坡面,可采用黏土掺拌杂草进行抹面,并每隔 30~40 cm 打入木楔,增强草泥与坡面的结合。

4)在雨、雪量较大的地区,应用石灰、黄土、细砂三合土或加炉渣的四合土进行抹面加固。

5)高路堤边坡的防护加固方法:植物护坡,选用根系发达、茎干低矮、枝叶旺盛、生长力强、多年生植物;葵花拱式浆砌铺块,材料可采用混凝土块或块片石等,在上面播种草籽和种植小灌木,如图 2.11 所示。

(2)对路基出现的陷穴,要查清水的来源、水量、发展情况等,先做好导水或排水设施,将水排除到路基以外,然后灌砂、灌泥浆填塞或挖开填塞孔道后再回填夯实。

(3)地表水侵蚀使路肩上出现坑凹时,可采取下列措施。

1)用、土混合料改善表层。

图 2.11　葵花拱式浆砌边坡

2)路肩硬化采用无机结合料稳定类半刚性基层、沥青表面处置层，或其他硬化结构。

3)在路肩未硬化地段，为防止地表水渗入路面底层，每隔 20~30 cm 设盲沟一处。盲沟口与边坡急流槽相接，盲沟与盲沟之间铺设塑料薄膜防水层，如图 2.12 所示。

(4)在高路堤(大于 12 m)地段，为防止路基下沉，应在垫层下铺设塑料薄膜防水层(塑料薄膜的厚度不小于 0.14 mm)，并设置盲沟。路面采用水泥混凝土预制块铺砌。

(5)通过沟壑时，如未设置防护工程，则应先在上游一侧路基边坡的底部铺设塑料薄膜或其他隔水材料，然后在隔水层上铺砌浆砌片石坡脚，铺砌高度 h 高于常水位 20~50 cm，如图 2.12 所示。

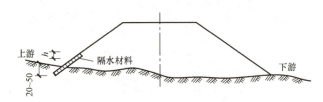

图 2.12　坡脚铺设塑料薄膜及片石铺砌(单位：cm)

(6)设置拦水埝及急流槽，按《公路养护技术规范》(JTG H10—2009)的规定办理。

2.2.3　膨胀土地区的路基养护

1. 膨胀土的特点及工程危害

膨胀土中的黏粒主要由亲水性矿物组成，是具有显著的吸水膨胀和失水收缩开裂两种变形特性的黏性土。膨胀土的分布十分广泛，在世界的 40 多个国家都有分布。在我国的广西、云南、湖北、安徽、四川、河南、山东等 20 多个省(区)180 多个市县已发现了膨胀土的分布。

影响膨胀土胀缩特性的内在因素，主要是矿物成分及微观结构两个方面。试验证明，膨胀土中含有大量的活性黏土矿物，如蒙脱石和伊利石，尤其是蒙脱石，其比表面积大，在低含水率时对水有巨大的吸力，膨胀土中蒙脱石含量的多少直接决定着膨胀土的胀缩性质。除矿物成分因素外，这些矿物成分在空间上的连接状态也影响其胀缩性质。经过对大量不同地点的膨胀土扫描电镜分析得知，面-面连接的叠聚体是膨胀土的一种普遍的结构形式，这种结构比团粒结构具有更大的吸水膨胀和失水收缩的能力。

影响膨胀土胀缩特性的外界因素则是水对膨胀土的作用，或者更确切地说，水分的迁移是控制土胀缩特性的关键外在因素。因为只有土中存在着可能产生水分迁移的梯度和进行水分迁移的途径，才有可能引起土的膨胀或收缩。

在自然条件下，膨胀土一般呈黄、褐、棕及灰绿、灰白等颜色，土体发育有各种特定形态的裂隙，常见光滑面和擦痕，裂缝随气候变化张开和闭合，并具有反复胀缩的特性；膨胀土多出现于二级及二级以上的阶地、山前丘陵和盆地边缘，一般地形平缓、无明显自然陡坎、具有典型的垄岗式地貌。

膨胀土对公路工程的危害形式是多样的，而且变形破坏具有多次反复性。膨胀土地区的路基边坡常大量出现塌方、滑坡，有"逢堑必滑，无堤不坍"之说。我国过去修建的公路等级一般较低，由膨胀土引起的工程问题不太突出。然而，随着近年来兴建的高等级公路越来越多，不少膨胀土地区都遇到严重的路基病害，造成了重大的经济损失。因此，在有条件时不要轻易使用规范规定的自由膨胀率为40%以下的弱膨胀土，以减少疑似质量病害的发生。

2. 膨胀土路基的养护要点

(1) 保持排水良好。完善路基排水设施对于膨胀土路基的稳定具有特殊、重要的意义。如能防水保湿，则可消除膨胀土湿胀干缩的有害影响。为此，应注意以下几点。

1) 对所有排水设施均应进行日常养护，以使危害路基稳定的地面水、地下水能顺畅排走；防止积水浸泡路基，地下水浸入路基。

2) 对所有地面排水沟渠，特别是近路沟渠，均应铺砌和加固，以防冲、防渗；如有砂浆脱落应及时进行养护。

3) 边沟应较一般地区适当加宽、加深。在路堑边沟外侧应设置平台，以保护坡脚免遭水浸，并防止剥落物堵塞边沟。

4) 堑顶设截水沟，以防水流冲蚀坡面和渗入坡体。堑顶截水沟应距离堑缘10～15 m。截水沟纵坡宜以岗脊为顶点向两侧排水。

5) 对台阶式高边坡，应在每一级平台内侧设置截水沟，以拦截并排除上部坡面水，并宜在截水沟与坡脚之间设一定宽度的平台，以利于坡脚稳定。

(2) 路面采用不透水面层。一般公路应尽可能采用柔软的面层和较厚的粒料基层；高速公路宜采用厚层石灰土底基层。

(3) 路基面横坡尽可能大一些。路肩尽可能宽一些，不小于2.0 m，横坡要尽可能大一些。路肩全宽用与路面基层相同的结构层铺砌，并铺设较薄的不透水面层或做防渗处置。

(4) 路基压实。国外修筑膨胀土路基时通常遵循"较高含水率、较低密度"的原则，即在比轻型压实标准最佳含水率略高的含水率下压实到较低的干密度。国内一些公路部门在进行公路养护时，综合考虑路基的强度要求、压缩变形、胀缩变形、施工可能性等因素，认为压实含水率的控制以平衡含水率为基础，建议取$(0.8\sim0.9)w_p$，或稠度为1.1～1.3时的含水率压实，压实度不低于轻型压实标准的95%。

(5)土基加固。如不得已需用膨胀土填筑土基，则应采用石灰、水泥等无机结合料对膨胀土进行改良和加固，以使土基稳固。

■ 2.2.4 沙漠地区的路基养护

我国沙漠地区主要分布在北方干旱、半干旱地区。由于这些地方的气候比较干燥，雨量稀少，风沙大，故地表植被均较稀疏、低矮，边坡或路肩容易被风蚀，或整个路基被风积沙掩埋等。因此，应备足防护材料，做好路基的防护工作。

1. 风沙对公路路基的危害

沙漠地区虽然雨量稀少，但一般降水均为暴雨，易造成水毁病害；我国的沙漠地区大多同时有盐渍土分布，路基往往也遭受盐胀等病害的威胁；高纬度沙漠地区因气温低，路基易发生冻胀翻浆病害，风沙对公路的主要危害是沙埋和风蚀。

2. 沙漠地区路基的防护措施

"固、阻、输、导，综合治理"是沙漠地区筑路的基本方针。公路养护也应遵循此方针。当公路两侧所设置的沙障、石笼、风力加速堤或用黏土砂砾覆盖的设施、防沙栅栏及为防沙设置的一切设施有被掩埋、倾倒、损坏和失效的情况发生时，应及时拔高、扶正或修复补充；及时修理、填补卵（片）石护坡或草格防沙设施的塌落、破坏及边坡上出现的风蚀、空洞、坍塌。对无防护措施的边坡，根据使用情况增做护坡，以保持路基完好。

植树造林能起到固沙、防沙，保护公路的作用。因此，对公路两侧现有的植物应加强管理和维护，并有计划地种植防沙植物，使它们沿公路形成防护林带，并做到勤检查、勤浇灌、勤培土、勤修整，保证植被的完整与繁衍。路肩上严禁堆置任何材料或杂物，以免造成沙丘。对公路上的积沙，应及时清除并运到路基下风侧 20 m 以外的地形宽阔处，摊撒平顺，严禁随意放置。

■ 2.2.5 多年冻土地区的路基养护

在年平均气温低于 0 ℃的情况下，地下形成一层能长期保持冻结状态的土，这种土为多年冻土。在我国的兴安岭和青藏高原的高寒地区分布有成片的多年冻土，天山、阿尔泰山及祁连山等地也有零星分布。低温地带的多年冻土往往含有大量水分或夹有冰层，并有一些不良的地质现象，导致路基产生病害。路基主要病害有路堑边坡坍塌；路基底发生不均匀沉陷；由于水分向路基上部集聚而引起冻胀、翻浆、路基底的冰丘、冰堆往往使路基鼓胀，引起路基、路面的开裂与变形，而融化后，又会发生不均匀沉陷。因此，多年冻土地区的路基养护应遵循"保护冻土"的原则，做到"宜填不宜挖"，尽量避免扰动冻土。

对多年冻土地区的路基养护可以采取以下措施。

(1)维护路基。

1)在多年冻土地区填土路基坡脚 20 m 范围内不得破坏原地貌。

2)多年冻土地区的地面水无法下渗，容易形成地表潮湿或积水，故应将积水引向路基以外排出，以避免危害路基。

3)疏浚边沟、排水沟,防止破坏冻层。若冻土发生融化,则会发生边坡坍塌。养路所用的土或砂石材料,宜在路堤坡脚或路堑坡顶 20 m 以内采集,防止破坏冰土,影响路基稳定;采集时,应分点采集。

(2)采取导温措施。

1)基床保温措施。在基底铺设隔温层,既可以补偿路堤基底的表层植被及泥炭压缩变薄及压实所导致的热传导性能增加,也可减少填土蓄热对基底的散热影响,起到保温效果。关于隔温材料的种类,国外有采用泡沫塑料隔热板材的,但其造价较。而我国东北大、小兴安岭地表生长的塔头草及泥炭层是良好的保温材料,可就地取材,造价低且施工简便,一般铺设厚度为 0.4~0.6 m,上铺 0.2 m 厚的黏土层作为保护层。当用夯填泥炭、草皮或夯填黏土、草皮铺砌坡面时,边坡坡度一般为 1:1.5~1:2.0;当用叠砌草皮、反扣塔头铺砌坡面时,边坡坡度一般为 1:1.0~1:1.5。基底铺设泥炭层的多年冻土路堤在基底泥炭隔温层及两侧设置的保温护道的共同作用下,基底人为上限上升明显,更换底层土为一定厚度的保温材料,如炉渣等,可以调整路基冻结深度,减少路基上冻土的水分聚流现象,同时,炉渣具有吸收薄膜水和较好排水的性能,可以保证融化期路基的干燥。炉渣保温层的厚度可通过冻渗理论计算,一般不小于 0.4 m。

2)导温盲沟。导温盲沟也称为冷暖盲沟,是一种由炉渣横向暖沟与卵石纵向冷沟联合组成的导温方案。其原理是通过先在轨道下基床间设置的横向暖沟使土基冻结滞,再在路基两侧设置纵向冷沟。其填料的温度传导系数大且通风良好,使其周围的路基土先行冻结,因此,路基土中的水分必然向冷沟附近的冷却区聚集。春融时,冷沟附近的冻土及冻体先行融化,土中的水由纵向盲沟排出。这样,整个基床土将分期融冻、分期冻结,路基湿度将大大降低,提高了路基的整体承载力。实践中采用包裹有土工布的 40~200 mm 洗净的卵石代替反滤层,效果较好。

3)设置保温护道。多年冻土路堤的另一个保温措施是设置保温护道,用以减少及削弱因热传导作用对多年冻土的影响,以黏性土填筑的保温护道可以阻挡和减少路堤坡脚处地表水渗入基底,防止基底冻土融化,保证路堤稳定。护道材料宜根据"就地取材、方便施工"的原则,并应结合防水综合选择,采用泥炭草皮或细粒土均可。在需要加强防水的地段以土护道为宜。

4)土工布、EPS 导温垫床。土工布具有隔离、渗滤、排水、加固和强化土体的作用,在整治一般翻浆中已得到广泛应用。EPS(聚苯乙烯塑料)是一种新型防冻土聚合材料,呈泡沫状,经可发性聚苯乙烯存储、预发泡、成熟处理及模制过程加工而成。试验证明,密度为 45 kg/m³ 的 EPS 材料,吸水率小、含气量高、导温系数小,在受水浸湿时仍有较好的隔热效果,且能满足动荷载为 200 kPa 的强度和变形要求,近几年已在寒冷地区整治路基冻害中多处使用。实践证明,采用密度为 45 kg/m³、外形尺寸(厚×长×宽)为 5 cm×150 cm×75 cm 的 EPS 板,效果良好。

(3)提高路堤,保证路堤的最小高度。在多年冻土上修筑路堤,满足最小高度(遵循"保护冻土"原则设计路堤时,能使基底人为上限维持在原天然上限位置的最小高度)并采取综合的保温措施，一般人为上限最终均能较天然上限有所上升，或保持在天然上限的位置。因此，为了保持路堤稳定，防止基底人为上限的下降，需要确定路堤的最小高度。

确定路堤的最小高度，需要考虑多种因素。它既与区域气候密切相关，又与填料类别、地表下泥炭层厚度及以下的冻土介质特性和采取的保温措施有关，但最主要因素是区域气候。

(4)治理路堑段。对细颗粒土和多年冻土地段的路堑，由于开挖引起冻土融化，黏性土呈可塑状态，砂性土呈潮湿状态，这种情况一般不会影响基底稳定，可不用换填，只需适当地加深黏性土基底的边沟及加大其纵坡。为防止冻土融化而发生边坡滑坍，路堑边坡应适当放缓至1∶1.5～1∶2.0，或考虑用草皮加固。对于富冰冻土地段的路堑，除放缓边坡外，基底还应换填不小于0.5 m厚度的渗水性土。

在路堑的坡顶避免设置截水沟，宜修挡水墙并使其与坡顶距离不小于6.0 m。对冰冻土及地下冰地段的路堑，为避免冻土融化发生边坡滑坍及基底松软，应采取边坡保温及基底换填的措施。

(5)治理涎流冰等冰害路段。涎流冰是指在寒冷气候条件下，地下水或地面水漫溢到地面或路面上，自下而上逐层冻结，形成涎流冰，东北地区常称为"冰湖"。《公路养护技术规范》(JTG H10—2009)规定：对有涎流冰产生的路段，应适当提高路基高度，保持路基高于涎流冰最大壅冰高度加0.5 m。具体可参考以下措施。

1)因受地形或纵坡限制，不能提高路基时，可在临水一侧路外缘点，或在路侧溪流初结冰后，从中凿开一道沟，用树枝杂草覆盖加铺土或雪保温，使水沿水沟流动，避免溢流上路；也可将溪流改至远离公路的地方通过。

2)将路基上侧的泉水，夹层、透水层的渗水，从保温暗沟导流出路外。若含水层尚有不冻结的下层含水层，可将上层水导入下层含水层排出。

3)当路基处于有涎流冰的山坡时，可在路基上侧边沟外增设聚冰坑和挡冰墙；也可在公路边沟外侧上方1.0～1.5 m处开挖与路线平行的深沟，以截断活动层泉流，使冬季涎流冰聚集在距离公路较远处，保证公路不受涎流冰的影响。

4)根据涎流冰的数量，在公路外侧修筑储水池，使涎流冰不上路。

2.2.6 泥石流地区的路基养护

在山岭地区，暴雨或融雪水夹带大量土、石等固体物质汇入沟谷，形成突然的、短暂的、间歇的破坏性水流，称为泥石流。泥石流按其物质组成和运动特性可分为黏性泥石流、稀性泥石流和泥流三种。

泥石流是在坡面土体疏松、植被稀少、边坡陡峻(30°～35°)、细沟微谷发育的条件下，在大强度暴雨或融雪水的作用下形成的。

泥石流对路基的危害主要通过堵塞、淤埋、冲刷、撞击等造成；也可以通过压缩、堵塞河道使水位上升，以致淹没上游沿河路基，或迫使主河槽改道、冲刷，造成间接水毁。我国的泥石流主要分布在西北、西南及华北山区，在华南、台湾岛及海南岛等地的山区也有零星分布。对于泥石流病害，应通过访问、测绘、观测等获得的第一手资料，掌握其活动规律，采取综合治理措施，可采取下列方法处置。

(1)降低水位。当在路基两侧开挖沟渠的工程量不大时，可加深路堤两侧边沟，以降低水位，促进路基土渗透固结，达到稳固路基的效果。

(2)置换法。对软土路基沉降等病害可采用换填土层法，即将路基一定深度范围内的湿软土层挖去，换以强度较大的砂、碎(砾)石、灰土或素土，以及其他性能稳定、无侵蚀性的土类，并予以压实，填至路基设计标高。

(3)抛石挤淤。抛石挤淤为强迫换土的一种形式，适用于软土液性指数大、厚度小于4 m、排水困难、片石能沉达下卧硬层者。抛石挤淤宜采用不易风化的、直径一般不小于30 cm 的大片(块)石，具体做法：先将病害路段路堤挖到软土层，抛石自路堤中部开始，逐步向两侧展开，使淤泥挤出，在片(块)石抛至一定高度后(一般应露出淹没水面)，用压路机碾压，然后在其上铺设反滤层，再填土至路基原有高度。

(4)挡土墙、木排桩反压护道法。当路堤下沉、两侧或路堤下坡一侧隆起时，可在路堤两侧或一侧填筑适当高度与宽度的护道，在护道的重力作用下使路堤下的淤泥或泥炭向两侧(或单侧)被挤出隆起的趋势得以平衡，以保证路堤稳定。

(5)侧向压缩。在路堤坡脚处修筑块(片)石挡土墙、板桩、木排桩、钢筋混凝土桩、片石齿墙等纵向结构，限制基底软土的侧向挤出，从而保证基底的稳定。

(6)挤密法。在软土路基中采用冲击或振动等方法造成一定直径的钻孔，在孔中灌以砂、石、灰土或石灰等材料，捣实而成直径较大的桩体，利用横向挤紧作用使路基土粒彼此靠紧，孔隙减少，而且孔被填满和压紧，形成桩体。桩体具有较高的承载能力，群桩的面积约占松散土加固面积的20%，以致桩和原土组成复合地基，达到加固的作用。

(7)土工布法。土工布在高压下具有较大的孔隙率，透水性能好，有较强的垂直、水平排水能力，很高的抗拉强度及隔水作用。土工布能提高路基的整体强度，重新分布土基压力，增强路基的稳定性。目前，合成纤维已具有较高的化学稳定性，已能制出不霉、不烂、耐酸、耐碱和良好耐热性、抗冻性能好的土工布。

(8)塑料排水板法。塑料排水板法是一种利用塑料板排水，达到加固软土地基和防止公路翻浆等效果的新型防治方法。塑料排水板法可以代替常用的砂井法，应用插板机将塑料排水板插到土中，然后在上面加载预压，土中的水即可沿塑料通道溢出，使地基得以加固。排水板具有一定的强度和延伸度，适应地基变形的能力强，材料截面尺寸不大，插放时对路基扰动小，并能保持排水板条竖立，施工效率高，材料质量小，运输方便，插板质量也容易被控制和检查。

【拓展阅读】

中国院士解决世界级工程难题

膨胀土问题是一项世界级的科技难题，世界上膨胀土分布十分广泛，据报道迄今已经发现存在膨胀土的国家有40余个，遍及六大洲，修筑在典型膨胀土分布区的公路、铁路常常是"逢堑必滑、有堤必坍"，而且这种破坏作用具有多次反复性和长期潜在危害性。因此，有人称它为"工程中的癌症"。如何治理膨胀土，确保工程安全与质量的问题一直困扰着工程界，是世界公认的重大技术难题。

沙庆林院士曾说："我觉得为国奉献永远是我的天职，路永远走下去，让它在我的脚下不断地延伸，延伸。"他带领科研团队，不畏艰险，勇于奉献，听党指挥，援助苏丹膨胀土科研攻关修建高速公路项目。

通过沙庆林院士的工作事迹，提高面对困难解决困难的能力，找到道路工程中治理病害的方法。

思考与练习

一、填空题

1. 路基维护的目的是保持或恢复路基各部分_____和_____，确保路基处于_____状态；对原来达不到技术要求的部分进行_____，弥补_____，完善和提高路基_____功能。

2. 造成路肩病害的主要因素是_____，因此，路肩养护与维修工作的重点就是_____对路肩的危害。

3. 路基排水的主要作用是将路基范围内的土基_____降低到一定限度以内，保持路基常年处于_____状态，确保路面具有足够的_____和_____。

4. 路基沉陷的处理方法有_____法、_____法、_____法、_____法。

5. 翻浆是_____地区，_____时路基或路面基层含水率过大，强度急剧降低，在行车作用下造成_____、_____、_____等的现象。

6. 影响公路翻浆的主要因素有_____、_____、_____、_____、_____、_____等。其中，_____、_____、_____是形成翻浆的三个自然因素。

7. 挡土墙发生倾斜、鼓肚、滑动或下沉时，可选用的加固措施有_____法、_____法、_____法。

8. 黄土指的是在_____条件下形成的_____性具有_____的黄色粉性土，湿陷性黄土受水浸湿后会产生较大的_____。

9. 对盐渍土地区路基病害的防治主要采取_____、_____、_____等措施。

10. 软土是指以水下沉积的饱水的_____或_____为主的地层，有时也夹有少量的腐泥或泥炭层。

二、选择题

1. 路基养护作业内容包括( )。

    A. 维修路面   B. 疏通边沟

    C. 修剪行道树   D. 维修护栏

2. 为保证沟渠迅速排水，应经常疏通，使沟底保持不小于（ ）的纵坡，在平原地区排水有困难的地段，也不宜小于0.2%。

A．0.2%　　　　　B．0.5%　　　　　C．0.8%　　　　　D．1.0%

3. 公路管理所准备对所管养的一段沟底纵坡为7.5%土质边沟实施加固，适宜的加固类型是（ ）。

A．简易加固　　　　　　　　　　B．干砌

C．浆砌　　　　　　　　　　　　D．不加固

4. 路肩的作用包括（ ）。

A．堆放养护材料　　　　　　　　B．保护边沟

C．保护路面　　　　　　　　　　D．使路容美观

5. 对挡土墙裂缝的修补，应在（ ）进行。

A．发生裂缝时　　　　　　　　　B．未出现裂缝时

C．裂缝已停止发展后　　　　　　D．墙体破坏后

6. 某段公路路面出现了大片裂纹，经现场查看分析是由于路基翻浆造成，该路段路基翻浆等级是（ ）。

A．中　　　　　　　　　　　　　B．重

C．轻　　　　　　　　　　　　　D．不能判断

7. 更换填料修复桥头跳车时，换填厚度宜控制为（ ）m。

A．5.00～8.00　　　　　　　　　B．0.20～0.50

C．0.80～1.50　　　　　　　　　D．0.50～0.80

8. 盐渍土地区公路路基出现坍塌或溶陷的原因是（ ）。

A．水　　　　B．土质　　　　C．风　　　　D．雪

9. 黄土地区防止路基沉陷病害的首要措施就是（ ）。

A．防冻胀　　　　　　　　　　　B．防、排水

C．边坡防护　　　　　　　　　　D．植树绿化

10. 为防止软弱地基产生剪切、滑移，保证路基稳定，在路堤两侧或者一侧填筑的起反压作用的具有一定宽度和厚度的土体，称为（ ）。

A．挡土墙　　　　B．路肩墙　　　　C．反压护道　　　　D．护坡道

三、简答题

1. 路基养护工作的内容是什么？
2. 排水设施的养护要求是什么？
3. 挡土墙的加固措施主要有哪些？
4. 什么是翻浆？翻浆的影响因素有哪些？
5. 简述翻浆路段的养护措施。
6. 防止崩塌的措施有哪些？
7. 防治泥石流的措施有哪些？

项目3　公路沥青路面预防养护技术

知识目标

1. 熟悉路况评价的一般规定；
2. 掌握养护工程路况调查与评价；
3. 掌握封层技术及其相关知识；
4. 掌握封层预防养护技术具体施工要点；
5. 掌握功能性罩面技术定义、分类；
6. 掌握超薄罩面、薄层罩面、罩面适用条件、材料选择及技术要点等；
7. 掌握再生利用技术分类及应用；
8. 掌握厂拌冷再生、就地冷再生、厂拌热再生施工、就地复拌热再生施工技术特点及适用范围；
9. 了解沥青路面实施预防养护工程应满足的要求；
10. 掌握质量控制的要点。

公路沥青路面
预防养护技术

技能目标

1. 能够进行养护工程路况调查和评级；
2. 能够运用路况评价结果指导日常生产活动；
3. 能够运用含砂雾封层、稀浆封层、微表处、碎石封层、纤维封层、复合封层等施工技术从事具体养护施工；
4. 能够运用超薄罩面、薄层罩面、罩面技术进行养护施工；
5. 能够运用SBS改性沥青混凝土铣刨加铺罩面施工；
6. 能够制定预防性养护的安全措施；
7. 能够制定预防性养护的环保措施。

任务描述

1. 学习封层及其技术要点，以微表处技术为例，进行施工实例讲述。

××高速公路自通车以来随着交通量的增加和超重车辆的作用，部分路面产生不同程度的车辙,部分车辙深度甚至达到 25 mm。现对车辙为 15 mm 的左右路段、部分车辙超过 25 mm 的 K9+000—K9+500 进行了微表处车辙修复。

作为预防养护措施,封层适用于有轻微病害、存在病害隐患或尚未出现病害,路面技术状况优良以上且结构强度满足要求的沥青路面。封层包括含砂雾封层、稀浆封层、微表处、碎石封层、纤维封层、复合封层等措施,具体措施应根据路面技术状况及损坏类型、交通量大小及组成、气候条件、外观质量要求、工程经验等因素合理确定。各等级公路适用的封层预防养护措施可按表 3.1 选用。

表 3.1 各等级公路适用的封层预防养护措施

公路等级	含砂雾封层	稀浆封层	微表处	碎石封层	纤维封层	复合封层
高速公路	√	×	√	×	×	√
一级公路	√	×	√	△	△	√
二级公路	√	√	√	√	√	√
三级公路	√	√	△	√	√	√
四级公路	√	√	△	√	√	√

注:√——推荐,△——可选,×——不推荐。

2. 学习功能性罩面技术及其技术要点,并以沥青混凝土铣刨加铺罩面为例,进行施工实例讲述。

××高速公路是××省内一条重要的交通干线,应用了 SBS 改性沥青混凝土铣刨加铺罩面施工,完成××高速公路专项处置路面坑槽,改善路容路貌、提高路面的行驶性能,取得了良好的效果。××高速公路沥青路面 SBS 改性沥青混凝土铣刨加铺罩面施工效果如图 3.1 和图 3.2 所示。

图 3.1 处理前

图 3.2 处理后

3.1 路况调查与评价

相关知识

沥青路面路况调查与评价包括破损调查、技术状况检测和技术状况评价，应定期进行技术状况检测与评价，及时更新公路路面技术状况数据信息。

3.1.1 一般规定

(1)每年应组织一次公路网级沥青路面技术状况指数(PQI)的调查与评定。

(2)每季度应组织一次用于指导日常养护的沥青路面损坏状况指数(PCI)的调查与评价，遇特殊气候、突发灾害等情况，应加大调查频率。

(3)对计划实施养护工程的路段，应在PQI调查与评价基础上，补充专项数据调查，并应进行详细的技术状况评价。

(4)沥青路面损坏可分为裂缝、变形及其他3类共11种，其分类标准与计算方法应符合《公路技术状况评定标准》(JTG 5210—2018)的有关规定。

(5)沥青路面技术状况用 PQI 及其分项指标表示，PQI 及其分项指标的值域为 0~100。

(6)沥青路面技术状况可分为"优、良、中、次、差"5个等级，沥青路面技术状况等级划分标准应符合《公路技术状况评定标准》(JTG 5210—2018)的有关规定。

3.1.2 公路网级路况调查与评定

(1)公路网级沥青路面技术状况调查与检测应按上行方向、下行方向或上下行一个方向，以连续桩号1 000 m路段为一个基本单元，不足1 000 m按一个基本单元计。

(2)公路网级沥青路面技术状况评定应以 1 000 m 路段为一个基本单元，不足 1 000 m 按一个基本单元计，同路况调查与检测的基本单元划分。

(3)公路网级沥青路面技术状况调查与评定方法应按现行《公路技术状况评定标准》(JTG 5210—2018)的有关规定执行。

■ 3.1.3　养护工程路况调查与评价

(1)养护工程设计的沥青路面技术状况调查与评价基本单元应根据实际需要细化。

(2)养护工程设计的沥青路面路况数据调查与检测应按现行《公路沥青路面养护设计规范》(JTG 5421—2018)的有关规定执行。

(3)沥青路面各类损坏调查与检测数据应进行分类汇总与统计分析，其结果作为养护工程设计和现场病害处治的依据。

(4)养护工程设计的沥青路面技术状况评价方法应按现行《公路技术状况评定标准》(JTG 5210—2018)的有关规定执行。

■ 3.1.4　路况评价结果应用

(1)公路网级沥青路面养护规划与年度计划应根据公路网级 PQI 的评定结果进行编制。

(2)具体路段的沥青路面日常养护生产计划应根据 PCI 的调查与评价结果进行制定。

(3)养护工程计划及养护对策应根据 PQI 各分项指标的调查与评价结果进行制定。

(4)对 PQI 及其各分项指标均评价为"优、良"的路段，可进行日常养护、预防养护或修复，任一分项指标评价为"中"及"中"以下的路段，应安排修复养护。

(5)根据 PQI 及其各分项指标的评价结果，宜进行长期使用性能跟踪观测，研究使用性能变化规律，合理制订现场病害处治和养护工程技术方案。

(6)对影响通行安全的沥青路面损坏应及时采取养护工程措施，应设置交通安全设施，需要中断交通的应采取分流措施。

3.2　封层及其技术要点

相关知识

■ 3.2.1　含砂雾封层

采用专用高压喷洒设备将由乳化沥青基或煤焦油基材料、陶土、聚合物添加剂、细砂组合而成的混合料，喷洒在沥青路面上形成的封层。含砂雾封层适用于表面有松散麻面、渗水、沥青老化且抗滑性能较好的沥青路面，但不适用于由酸性岩石、鹅卵石等破碎集料铺筑的沥青路面。其适用的各等级公路路况水平应符合表 3.2 的规定。

表 3.2　含砂雾封层适用的各等级公路路况水平

路况指数	高速公路	一级及二级公路	三级及四级公路
PCI、RQI、RDI	≥90	≥88	≥85
SRI	≥75	≥70	—

1. 材料选择

(1)含砂雾封层胶结料可采用乳化沥青基或煤焦油基,并掺加聚合物、矿物等成分的黏结性材料,具有良好的还原、渗透和抗老化性能,且具有与砂良好的黏附性(应符合表 3.3 的规定)。

表 3.3　含砂雾封层胶结料技术要求

检测指标	技术要求	试验方法
残留物含量/%	≥56	残留物含量试验
干燥时间/h	≤2(60 ℃)/6(20 ℃)	干燥时间试验
黏结强度/mPa	≥0.15	黏结强度试验
布氏黏度(25 ℃)/(Pa·s)	≥2.5	沥青布氏旋转黏度试验

(2)含砂雾封层细粒砂可采用石英砂、金刚砂或机制砂,机制砂宜采用专用的制砂机制造,并选用优质的玄武岩生产,细粒砂的细度应为 30～50 目。

(3)含砂雾封层施工时可掺入一定比例的水,并符合三类及三类以上水质标准。

(4)含砂雾封层可掺入具有路面夏季降温、冬季融冰功能的添加材料,其掺入不应对含砂雾封层材料性能产生不利影响,未经试验验证的添加材料不得使用。

2. 技术要点

(1)表面致密、轻微渗水、轻度松散麻面的路面,可减少含砂雾封层混合料的洒布量,并采用单层洒布,其洒布量应为 0.9～1.2 kg/m²;表面粗糙、较重渗水、空隙率较大、重度松散麻面且贫油的路面,应增加含砂雾封层混合料的洒布量,并采用双层洒布,其洒布量应为 1.2～1.8 kg/m²,其中第一层洒布量为 0.7～1.0 kg/m²,第二层洒布量为 0.5～0.8 kg/m²。

(2)洒布设备的喷嘴应适合喷洒材料的稠度,确保成雾状,与洒油管保持 15°～25°的夹角,洒油管的高度应使同一地点接受 2～3 个喷油嘴的喷洒,不得出现花白条或条状,也不得有堆积。喷洒不足的应补洒,喷洒过量处应予清除。洒布车不易到达的部位,可采用人工喷洒。

(3)含砂雾封层喷洒的起点和终点位置宜预铺油毛毡,保证边缘整齐。为避免污染标线,应在施工前对道路人工构造物、路缘石、标线等外露部分作防污染遮盖,不得在气温低于 10 ℃、雨天、路面潮湿情况下施工。

(4)在含砂雾封层施工中应对其混合料和现场质量进行抽样检测,检测项目、检测频率、质量要求及检测方法应符合表 3.4 的规定。

表 3.4　含砂雾封层施工过程控制要求

检测项目	检测频率	质量要求或允许偏差	检测方法
稳定性/%	1次/车	≤15	稳定性试验
耐磨性/(g·m^{-2})	1次/3个工作日	≤600	耐磨性试验
外观	全线连续	表面喷洒均匀，无积聚	目测
洒布量/(kg·m^{-2})	1次/工作日	±0.1	喷洒法施工沥青用量测试方法(T0982)

（5）含砂雾封层施工的工程验收标准应符合表 3.5 的规定。

表 3.5　含砂雾封层施工的工程验收标准

检测项目		检测频率	质量要求或允许偏差	检测方法
渗水系数/(mL·min^{-1})		5个点/km	≤10	沥青路面渗水系数测试(T0971)
抗滑性能	摆值 F_b/BPN	5个点/km	不低于原路面	摆式仪测定路面摩擦系数方法（T0964）
	构造深度/TD	5个点/km	（TD$_{施工前}$－TD$_{施工后}$/TD$_{施工前}$）≤20%	手工铺砂法测定路面构造深度试验（T0961）
宽度		5个点/km	不小于设计值	钢卷尺法

■ 3.2.2　微表处

采用专用设备将改性乳化沥青、粗细集料、填料、水和添加剂等，按设计配合比拌和成稀浆混合料摊铺到沥青路面上，并形成很快开放交通的具有高抗滑和耐久性能的封层。微表处适用于二级及二级以上公路、需要改善抗滑等使用性能的沥青路面。其适用的各等级公路路况水平应符合表 3.6 的规定。

表 3.6　微表处适用的各等级公路路况水平

路况指数	高速公路	一级或二级公路
PCI、RQI	≥85	≥80

1. 材料选择

（1）微表处材料应符合下列规定。

1）微表处应采用阳离子型改性乳化沥青，改性剂剂量（改性剂有效成分占纯沥青的质量百分比）不宜小于3%。其技术指标应符合表 3.7 的规定。

表 3.7　微表处改性乳化沥青技术要求

检测指标	单位	BCR	试验方法
筛上剩余量(1.18 mm筛)	%	≤0.1	乳化沥青筛上剩余量试验
电荷	—	阳离子正电(+)	乳化沥青微粒离子电荷试验
恩格拉黏度 E_{25}	—	2～30	沥青恩格拉黏度试验
沥青标准黏度 $C_{25,3}^a$	s	12～60	沥青标准黏度试验
蒸发残留物含量	%	≥60	乳化沥青蒸发残留含量试验

续表

	检测指标	单位	BCR	试验方法
蒸发残留物性质	针入度(100 g, 25 ℃, 5 s)	0.1 mm	40～100	沥青针入度试验
	软化点	℃	≥53[b]	沥青软化点试验
	延度(15 ℃)	cm	≥20	沥青延度试验
	溶解度(三氯乙烯)	%	≥97.5	沥青溶解度试验
储存稳定性[c]	1 d	%	≤1	乳化沥青存储稳定性试验
	5 d	%	≤5	

a. 改性乳化沥青黏度以恩格拉黏度为准,条件不具备也可采用沥青标准黏度。

b. 南方炎热地区、重载交通道路及用于填补车辙时,蒸发残留物的软化点应不低于57 ℃。

c. 储存稳定性根据施工实际情况选择试验天数,通常采用5 d,改性乳化沥青生产后能在第二天使用完时也可选用1 d。个别情况下改性乳化沥青5 d的储存稳定性难以满足要求,如果经搅拌后能够达到均匀一致并不影响正常使用,此时要求改性乳化沥青运至工地后应存放在附有循环或搅拌装置的储存罐内并进行循环或搅拌,否则不准使用。

2)微表处矿料可采用不同规格的粗细集料、矿粉等掺配而成,粗集料应选择坚硬、粗糙、耐磨、洁净的集料,细集料宜采用碱性石料生产的机制砂。其技术指标应满足表3.8的规定。

表3.8 微表处用矿料质量要求

材料名称	检测指标	单位	质量要求	试验方法	备注
粗集料	石料压碎值,不大于	%	26	粗集料压碎值试验	—
	洛杉矶磨耗损失,不大于	%	28	洛杉矶法	—
	石料磨光值,不大于	BPN	42	粗集料磨光值试验	—
	坚固性,不大于	%	12	粗集料坚固性试验	—
	针片状颗粒含量,不大于	%	15	粗集料针片状颗粒含量试验(游标卡尺法)	—
细集料	坚固性,不大于	%	12	细集料坚固性试验	>0.3 mm 部分
	砂当量,不大于	%	65	细集料砂当量试验	合成矿料中<4.74 mm 部分

3)微表处填料可采用矿粉、水泥、消石灰等,应干燥、疏松,无结团,并符合《公路沥青路面施工技术规范》(JTG F40—2004)的有关规定。

4)微表处添加剂可用无机盐类添加剂、有机类添加剂等,添加剂的掺加不得对混合料性能产生不利影响,未经试验验证的添加剂不得在施工中采用。

5)掺入微表处的纤维类型可选用玻璃纤维、聚酯纤维、矿物纤维或玄武岩纤维,状态为卷轴式纤维盘,长度为6 mm、8 mm或12 mm。

6)同步微表处黏层材料应采用符合《公路沥青路面施工技术规范》(JTG F40—2004)规定的改性乳化沥青,其蒸发残留物含量不应小于62%。

7)微表处施工时可掺入一定比例的水,并应符合三类及三类以上水质标准。

(2)按矿料粒径的不同，微表处混合料可分为 MS-3 型和 MS-2 型。MS-3 型微表处适用于高速公路及一级公路沥青路面预防养护；MS-2 型微表处适用于中等交通量高速公路、一级及二级公路沥青路面预防养护。微表处混合料的矿料级配范围应符合表 3.9 的规定。

表 3.9 微表处混合料的矿料级配范围

级配类型	通过下列筛孔(mm)的质量百分率/%							
	9.5	4.75	2.36	1.18	0.6	0.3	0.15	0.075
MS-2	100	90～100	65～90	45～70	30～50	18～30	10～21	5～15
MS-3	100	70～90	45～70	28～50	19～34	12～25	7～18	5～15
波动范围	—	±5	±5	±5	±5	±4	±3	±2
注：填料计入矿料级配。								

(3)用于车辙填充的微表处混合料配合比设计，其矿料级配宜在 MS-3 型级配范围的中值和下限之间，并应符合表 3.10 的规定。

表 3.10 微表处车辙填补的矿料级配范围

级配类型	通过下列筛孔(mm)的质量百分率/%							
	9.5	4.75	2.36	1.18	0.6	0.3	0.15	0.075
车辙填补	100	70～80	45～58	28～39	19～27	12～19	7～13	5～8
波动范围	—	±5	±5	±5	±5	±4	±3	±2

(4)微表处混合料的使用性能应符合表 3.11 的规定，微表处施工前应由具有丰富设计经验的试验室进行验证性复核，并出具复核报告。

表 3.11 微表处混合料的使用性能要求

检测指标	单位	使用性能要求	试验方法
可拌合时间(25 ℃)，不小于	s	—	稀浆混合料拌合试验
黏聚力试验，不小于 30 min(初凝时间) 60 min(开放交通时间)	N·m	1.2 2.0[a]	乳化沥青稀浆封层混合料固化时间试验
负荷车轮黏附砂量，不大于	g/m²	450[b]	乳化沥青稀浆封层混合料碾压试验
浸水 1 h 湿轮磨耗，不大于 浸水 6 d 湿轮磨耗，不大于	g/m² g/m²	540 800	稀浆混合料湿轮磨耗试验(T0752)
轮辙变形试验的宽度变化率[c]，不大于	%	5	稀浆混合料车辙变形试验
配伍性等级值[d]，不小于	—	11	稀浆混合料配伍性等级试验

a 至少为初级成型。
b 用于轻交通量公路沥青路面预防养护时，可不做黏附砂量指标的要求。
c 不用于车辙填充的微表处混合料，不作轮辙变形试验的要求。
d 配伍性等级指标作为参考指标使用。

(5)微表处混合料可掺入其质量1‰~3‰的纤维,经微表处混合料的配合比试验确定纤维掺量。

2. 施工要点

(1)微表处应采用专用摊铺机摊铺,微表处摊铺机的拌合箱应为大功率双轴强制搅拌式,箱内应带有两排布料器,摊铺机应具有精确计量系统并可记录或显示矿料、改性乳化沥青等的用量。

(2)掺入纤维的微表处应采用同步微表处摊铺机进行黏层喷洒、纤维切割添加和微表处摊铺的同步施工方法。原路面表面光滑时,宜采用同步微表处摊铺机进行黏层喷洒微表处摊铺的同步施工方法,过于光滑的原路面表面可采用拉毛处理,保证微表处与原路面黏结良好而不脱落。

(3)微表处施工环境要求及拌和、摊铺、供料、人工找补、纵横缝搭接、养生等工艺同稀浆封层的有关规定。

(4)深度不大于15 mm的不规则车辙或轻度车辙,可按要求一次全宽刮平摊铺;深度为15~30 mm的车辙填补应采用专用的V形摊铺箱,并按两层进行摊铺,宜在第一层摊铺完开放交通24 h后进行第二层摊铺。

(5)在微表处施工中应对稀浆混合料和现场质量进行抽样检测,检测项目、检测频率、质量要求及检测方法应符合表3.12的规定。

表3.12 微表处施工过程控制要求

检测项目	检测频率	质量要求	检测方法
稠度	1次/(100 m)	适中	经验法
沥青用量	1次/工作日	施工配合比的沥青用量±0.2%	沥青含量试验(总量检验法)
矿料级配	1次/工作日	满足施工配合比的矿料级配要求[a]	沥青混合料的矿料级配检验方法(总量检验法)
浸水1 h湿轮磨耗	1次/7个工作日	≤540 g/m²	T0752
外观	全线连续	表面平整、均匀,无离析,无划痕	目测
横向接缝	每条	对接,平顺	目测
边线	全线连续	任一30 m长度范围内的水平波动不得超过±50 mm	目测或用尺量法

[a] 矿料级配满足施工配合比的矿料级配要求,是指矿料级配不超出相应级配类型要求的各筛孔通过率的上下限,且满足施工配合比的矿料级配为基准,实际级配中各筛孔通过率不超表3.9和表3.10规定的允许波动范围。

(6)微表处施工的工程验收标准应符合表 3.13 的规定。

表 3.13 微表处施工的工程验收标准

检测项目		检测频率	质量要求或允许偏差	检测方法
厚度/mm	均值	5 个断面/km	不小于设计值	挖坑及钻芯法测定路面厚度试验
	合格值		设计厚度－10%	(T0912)，每个断面挖坑 3 点
渗水系数/(mL·min^{-1})		5 个点/km	≤10	T0971
纵向接缝高差·mm		全线连续	≤6	3 m 直尺法
抗滑性能	摆值 F_b/BPN	5 个点/km	≥45	T0964
	横向力系数^a	连续检测	≥54	T096 或 T0967
	构造深度/mm	5 个点/km	≥0.6	T0961
宽度/mm		5 个点/km	不小于设计值	钢卷尺法

a 抗滑性能仅针对高速公路及一级公路要求，横向力系数由建设单位确定是否检测。

3.2.3 纤维封层

采用专用设备在沥青路面上同步洒（撒）布一些改性乳化沥青、纤维和一层改性乳化沥青，之后撒布碎石形成的封层。纤维封层适用二级及二级以下公路、需要改善抗滑等使用性能的沥青路面。其适用的各等级公路路况水平应符合表 3.14 的规定；也可用作各等级公路加铺功能性罩面、结构性补强、桥隧沥青铺装、水泥混凝土路面沥青铺装等需要起到应力吸收作用的黏结防水层。

表 3.14 纤维封层适用的各等级公路路况水平

路况指数	二级公路	三级或四级公路
PCI、RQI、RDI	≥80	≥75

1. 材料选择

纤维封层材料应符合下列规定。

(1)纤维封层胶结料应采用改性乳化沥青，其蒸发残留物含量不应小于 60%，其他指标应符合《公路沥青路面施工技术规范》(JTG F40—2004)的有关规定。

(2)纤维封层用纤维应具有高抗拉性能和高弹性模量，其类型可采用玻璃纤维、矿物纤维或玄武岩纤维，纤维长度宜为 6 cm，状态宜为卷轴式纤维盘。

(3)纤维封层应选择坚硬耐磨的玄武岩、辉绿岩等岩石破碎而成的单一粒径碎石，并进行碎石预裹覆。

2. 施工要点

(1)纤维封层施工前，应彻底清除原路面的泥土、杂物并保持相对干燥，坑槽、裂缝等严重病害的路面应进行修补，路面整体强度不足时应进行补强。

(2)纤维封层专用设备洒布改性乳化沥青施工后,紧接着撒布碎石层,碎石撒布完成后应及时使用胶轮压路机进行碾压,压路机的行驶速度不宜超过 3 km/h。

(3)纤维封层应待改性乳化沥青破乳、水分蒸发并基本成型后方可通车,并做好纤维封层的初期养生,在通车初期应设置限速设施控制行车,限制行车速度不得超过20 km/h。

(4)纤维封层施工中应对其现场质量进行抽样检测,检测项目、检测频率、质量要求及检测方法应符合表3.15的规定。

表 3.15 纤维封层施工过程控制要求

检测项目	检测频率	质量要求	检测方法
外观	全线连续	改性乳化沥青无明显囤积、流淌或漏洒;纤维无明显囤积、交错与搭接均匀;碎石无明显囤积、漏撒	目测
胶结料洒布量/(kg·m^{-2})	1次/工作日	设计值±0.2	T0982、总量检验法
纤维料洒布温度	1次/工作日	设计值±5	总量检验法
碎石撒布量/(kg·m^{-2})	1次/工作日	设计值±0.5	T0982、总量检验法

(5)纤维封层施工的工程验收标准应符合表3.16的规定。

表 3.16 纤维封层施工的工程验收标准

检测项目	检测频率	质量要求或允许偏差	检测方法
碎石剥落率 P	5个点/km	≤10%	剥落率试验
碎石覆盖率 Q	5个点/km	90%±10%(预防养护) 80%±10%(黏结防水层)	覆盖率试验
构造深度/mm	5个点/km	≥0.80	T0961
宽度/mm	5个点/km	不小于设计值	钢卷尺法

3.2.4 复合封层

由碎石封层或纤维封层加微表处,或由碎石封层加稀浆封层组合而成的封层。复合封层适用于各等级公路、需要改善抗滑等使用性能的沥青路面。碎石封层或纤维封层加微表处适用于二级及二级以上公路,碎石封层加稀浆封层适用二级及二级以下公路。其适用的各等级公路路况水平应符合表3.17规定。

表 3.17 复合封层适用的各等级公路路况水平

路况指数	高速公路	一级及二级公路	三级或四级公路
PCI、RQI、RDI	≥80	≥75	≥70

1. 材料选择

复合封层的原材料技术要求应符合《公路沥青路面养护技术规范》(JTG 5142—2019)的有关规定。

2. 施工要点

复合封层的施工与质量检验应分别符合纤维封层、微表处等有关规定。复合封层施工的工程验收标准应符合表 3.18 的规定。

表 3.18　复合封层施工的工程验收标准

检测项目		检测频率	质量要求或允许偏差	检测方法
厚度 /mm	均值	5 个断面/km	不小于设计值	T0912，每个断面挖坑 3 点
	合格值		设计厚度－10%	
渗水系数/(mL·min)		5 个点/km	≤10	T0971
纵向接缝高差/mm		全线连续	≤6	3 m 直尺法
抗滑性能	摆值 F_b/BPN	5 个点/km	符合设计要求	T0964
	横向力系数[a]			单轮轴或双轮式横向力系数测试系统测定路面摩擦系数试验（T0965 或 T0967）
	构造深度/mm			T0961
宽度/mm		5 个点/km	不小于设计值	钢卷尺法
a 横向力系数由建设单位确定是否检测。				

3.2.5　施工工艺流程及其要点

1. 施工工艺流程

原材料选择、配合比设计及机械的准备及调试→施工路段封闭、清扫、放线→试验段摊铺→配合比调整→施工路段的摊铺→养生、开放交通。

2. 原材料选择

微表处车辙填补的原材料有改性乳化沥青、矿料、填料、水及添加剂。

（1）改性乳化沥青。改性乳化沥青是微表处施工中的黏结材料，是影响施工质量的核心因素，须选用阳离子型聚合物改性的乳化沥青，选用的改性乳化沥青应符合表 3.7 的规定。

（2）矿料。微表处填补车辙所用矿料可采用不同规格的粗细集料、矿粉等掺配而成。矿料起骨架支撑作用，其表面须洁净、粗糙、耐磨，且与改性乳化沥青黏结良好，保证填补后的路面整体性和黏结性。对受热易变质的集料，宜采用经拌合机烘干后的集料进行检验。所用集料的技术指标应满足表 3.8 的规定。

（3）填料。微表处填补车辙可采用矿粉、水泥、消石灰等填料，填料应满足《公路沥青路面施工技术规范》(JTG F40—2004) 的有关规定。

（4）水。水中不得含有有害性盐类、能引起化学反应的物质和其他污染物，符合三类及三类以上水质标准。

（5）添加剂。添加剂的主要作用是调节稀浆混合料可拌合时间、破乳速度、开放交通时间等施工性能，并在一定程度上改善混合料的路用性能。

3. 配合比设计

（1）微表处的配合比设计按下列步骤进行。

1）根据选择的级配类型，按表3.9确定矿料的级配范围。计算各种集料的配合比例，使合成级配在要求的级配范围内。

2）根据以往的经验初选改性乳化沥青、填料、水和添加剂的用量，进行拌合试验和黏聚力试验。拌合时间试验温度应考虑最高施工温度，黏聚力试验的试验温度应考虑施工中可能遇到的最低温度。

3）根据上述试验结果和稀浆混合料的外观状态，选择3个左右认为合理的混合料配方，按表3.11的规定试验稀浆混合料的性能，如不符合要求，适当调整各种材料的配合比再试验，直至符合要求为止。

4）根据以往经验及配合比设计试验结果，在充分考虑原路面状况、气候及交通因素等的基础上综合确定混合料配方。

（2）通过混合料设计，提出混合料设计报告。报告的内容如下。

1）改性乳化沥青技术指标；

2）集料技术指标、矿料配合比和矿料设计级配；

3）稀浆混合料配合比和技术指标。

4. 机械准备及调试

（1）微表处必须采用专用机械施工。微表处摊铺机、拌合箱必须为大功率双轴强制搅拌式，摊铺槽用V形摊铺槽，摊铺机必须具有精确计量系统可记录或显示矿料、改性乳化沥青等的用量。具体的设备配备见表3.19。

表 3.19 机械设备配备表

序号	名称	备注
1	清扫设备（强力清刷机）	图3.3
2	铣刨机	图3.4
3	乳化沥青车间	图3.5
4	矿料级配筛分机	图3.6
5	微表处摊铺机	图3.7
6	V形摊铺槽	图3.8
7	工具车	—
8	装载机	—

具备以下要求：
①钢刷的长度要符合要求
②转向机构要灵活轻便

图 3.3 强力清刷机

具备以下要求：
①铣刨刀头硬度符合要求
②铣刨深度可精确控制

图 3.4 手扶铣刨机

图 3.5　乳化沥青车间

具备以下要求：
①能够精确控制乳化沥青的沥青含量
②胶体磨的研磨性能良好

图 3.6　矿料级配筛分机

具备以下要求：
①筛孔尺寸符合要求
②有较高的安全系数

图 3.7　微表处摊铺机

具备以下要求：
①具备精准的计量系统
②摊铺符合规范要求

图 3.8　V 形摊铺槽

具备以下要求：
①摊铺厚度可以调整
②具备二次搅拌的能力

(2)设备检查。施工前应对摊铺机的性能、标定和设定及辅助施工车辆配套情况、性能等进行检查。

当改性乳化沥青蒸发残留物含量和矿物含水量发生变化时，必须调整摊铺机的设定，确认材料配合比符合设计配合比后才可施工。

5. 施工路段封闭、清扫、放线

微表处施工前应进行交通管制。为保证安全、顺利的施工，要和当地交警及路政等交通执法部门协商，确定交通管制方案。

对于整幅摊铺，热塑性路面标志等需要进行铣刨，对于分车道摊铺时应注意标线的保护。清理所有工作面上的泥浆、油污等杂物，必要时使用高压水或风机进行清理。

根据路幅宽度调整摊铺槽宽度，沿摊铺方向画出控制线。也可以直接以车道线、路缘石等为参照，保证控制线顺直、美观。

纵向接缝尽量设计在标线或靠近标线地方。

6. 试验段摊铺

(1)将装好料的摊铺车开至施工起点，安装摊铺槽，对准控制线，放下摊铺槽，调整摊铺槽与周边贴紧。

(2)按生产配合比和现场矿料含水率情况，同时按配合比输出矿料、填料、水、添加剂和乳液，进行拌和。

(3)在拌和好的混合料流入摊铺槽适量时，开动摊铺车、匀速前进，同时打开摊铺车下边的喷水管，喷水湿润路面，摊铺速度以保持混合料摊铺量与搅拌量基本保持一致为宜。

(4)摊铺时应调整摊铺厚度，使填充层横断面的中部隆起 3～5 mm，形成冠状，辙槽上方预留松铺量、形成一定的预留拱度，如图 3.9 所示。

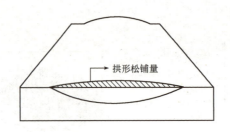

图 3.9 横断面预留拱度示意

(5)施工中,摊铺车走线要顺直,使外观线条整齐美观,操作手应灵活应对突发情况,及时调整,确保工程的质量。

(6)填补局部施工缺陷采用手工作业,摊铺后的局部缺陷应及时使用橡胶耙等工具进行人工找平,重点是个别超大粒径矿料产生的纵向刮痕,横、纵向接缝等。

(7)当摊铺车内材料快使用完成时,应立即关闭所有输送材料的控制开关,尽快完成搅拌器中的混合料搅拌,并送入摊铺槽。

(8)铺筑完毕,摊铺车立即停止前进,提起摊铺槽,并将摊铺车移出摊铺点。清洗摊铺槽时,不得丢弃废物。

(9)车辙深度大于 20 mm 时,宜进行多层摊铺。

7. 配合比调整

在配合比设计的过程中应综合考虑路面的使用状况、气候状况、交通量等条件,设计出满足施工现场需求的配合比。但由于施工条件不断变化,设计配合比不能满足施工要求,在设计配合比的基础上做动态调整,确保稀浆混合料具有较好的施工性能和路用性能。

(1)级配的调整要求。生产配合比的矿料级配应符合表 3.10 的规定。当生产配合比的矿料级配的波动范围超出规定时,必须重新进行混合料设计。

(2)沥青用量的调整要求。

1)原路面状况:若原路面贫油则加大沥青用量,若原路面泛油则减小沥青用量,沥青用量的变化范围根据实际情况而定。

2)交通量:若交通量较大则应该适当减小沥青用量,若某些路段重载车辆较多,则行车道沥青用量应相应减小。

3)气候条件:若施工地区炎热则减小沥青用量;若施工地区寒冷则增大沥青用量。

4)施工季节:在炎热季节施工,沥青用量应适当减小;在低温季节施工,沥青用量应适当增大。

5)超车道和行车道:超车道摊铺时沥青用量应比行车道增加 0.2%~0.3%。

6)根据试验段的摊铺情况,在设计配合比的基础上调整生产配合比,生产配合比的沥青用量调整不应超出设计沥青用量的 −0.3%~+0.2% 范围,否则应重新进行混合料的配合比设计。

8. 施工路段的摊铺

施工路段的摊铺过程同试验段摊铺。

9. 养生、开放交通

(1)稀浆混合料在铺筑后、开放交通前禁止一切车辆和行人通行。

(2)混合料应满足开放交通的要求后尽快开放交通。

3.3 功能性罩面技术及施工要点

相关知识

功能性罩面适用于各等级公路预防或修复病害、需要改善抗滑等使用性能且结构强度满足使用要求的沥青路面,铺筑厚度小于 40 mm 的功能性罩面可作为预防养护措施。功能性罩面主要有超薄罩面、薄层罩面、罩面三种形式。

功能性罩面可采用铺筑厚度小于 25 mm 的超薄罩面、不小于 25 mm 且小于 40 mm 的薄层罩面和不小于 40 mm 且小于 60 mm 的罩面类型,应根据路面技术状况、主导损坏类型、交通量大小及组成、气候条件、工程经验等因素,合理确定功能性罩面措施。功能性罩面沥青胶结料可采用热沥青、温拌或冷拌改性沥青,应根据路面损坏状况、改善使用功能、施工条件、工程经验等因素进行选用。沥青路面部分车道进行功能性罩面时,应做好横坡顺接,保障排水顺畅。功能性罩面应采用机械化作业方式,施工前彻底清除原路面的泥土、杂物,保证原路面干净、干燥。

功能性罩面施工应按《公路沥青路面施工技术规范》(JTG F40—2004)的有关规定执行,并应符合下列规定:功能性罩面与原路面层间应设置具有应力吸收作用的黏结防水层,可对原路面进行拉毛处理,保证功能性罩面与原路面层间黏结良好而不脱落;功能性罩面不应铺筑在逐年加铺的软沥青层上,也不应铺在与原路面黏结不良、即将脱皮的沥青薄层上,应先将其铲除与整平,再进行功能性罩面。

3.3.1 超薄罩面

1. 适用条件

超薄罩面是指在原沥青路面上加铺 30 mm±5 mm 以下厚度的沥青混凝土路面,适用预防或部分修复病害、需要改善抗滑等使用性能的沥青路面。其适用的各等级公路路况水平应符合表 3.20 的规定。

表 3.20 超薄罩面适用的各等级公路路况水平

路况指数	高速公路	一级或二级公路	三级或四级公路
PCI、RQI	≥85	≥80	≥75
RDI	≥80	≥75	≥70

2. 材料选择

超薄罩面宜采用热拌沥青混凝土，也可采用温拌或冷拌沥青混合料进行铺筑。其材料应符合下列规定。

（1）沥青胶结料可采用高黏度改性沥青、橡胶改性沥青、温拌或冷拌改性沥青。

（2）粗集料、细集料和填料技术指标应符合《公路沥青路面施工技术规范》（JTG F40—2004）的有关规定。粗集料应采用质地坚硬、表面粗糙、形状接近立方体的玄武岩或辉绿岩加工而成，具有良好的耐磨耗与磨光性能；细集料应采用石灰岩或岩浆岩中的强基性岩石经制砂机破碎得到的机制砂，与沥青有良好的黏结能力；填料应采用石灰岩或岩浆岩中的强基性岩石经磨细得到的矿粉、保证清净、干燥，能自由地从矿粉仓中流出。

超薄罩面铺筑前，应在原路面表面喷洒一层黏层，其材料可采用高黏度改性乳化沥青或不粘轮改性乳化沥青，具有良好的黏结性能和抗水损特性。其矿料级配类型及组成结构可采用骨架—空隙型级配、骨架—密实型级配和密实—悬浮型级配。超薄罩面沥青混合料配合比设计宜按目标配合比、生产配合比和试拌试铺验证三个阶段进行，确定其矿料级配及最佳沥青用量。

3. 施工要点

超薄罩面施工工艺可分为同步超薄罩面和异步超薄罩面。超薄罩面的施工工艺、设备要求与质量控制应按《公路沥青路面施工技术规范》（JTG F40—2004）的有关规定执行，同步超薄罩面还应符合下列规定。

（1）间歇式拌合机每盘的生产周期应适当延长5～10 s，沥青混合料的储存时间不宜超过6 h。

（2）黏层改性乳化沥青喷洒温度应为50 ℃～80 ℃，同步施工黏层改性乳化沥青喷洒温度不应小于80 ℃，热沥青混合料摊铺在改性乳化沥青喷洒的表面上。

（3）碾压应在沥青混合料温度下降至90 ℃之前完成。在碾压过程中使用11～13 t双钢轮压路机静压2～3遍，严禁使用轮胎压路机。

（4）纵向接缝宜为冷接缝，摊铺宽度宜为一个车道，纵向接缝宜位于标线处。

同步超薄罩面应采用专用同步洒布摊铺设备进行铺筑，施工设备应包含受料斗、传送带、带加热功能的乳化沥青储罐、智能喷洒系统、宽度可调节的振动熨平板等部分，可一次同步实施乳化沥青喷洒、混合料摊铺及熨平，乳化沥青喷洒与混合料摊铺时间间隔不应超过5 s。

3.3.2　薄层罩面

1. 适用条件

薄层罩面是一种超薄沥青混凝土磨耗层技术，主要用于高等级沥青或水泥路面的预防性养护和轻微病害的矫正性养护，适用于预防或修复病害、需要改善抗滑等使用性能的沥青路面。其适用的各等级公路路况水平应符合表3.21的规定。

表 3.21　薄层罩面适用的各等级公路路况水平

路况指数	高速公路	一级或二级公路	三级或四级公路
PCI、RQI	≥80	≥75	≥70
RDI	≥75	≥70	≥65

2. 材料选择

薄层罩面宜采用热拌沥青混凝土，也可采用温拌或冷拌沥青混合料进行铺筑，沥青胶结料应采用高黏度改性沥青、SBS改性沥青、橡胶改性沥青或温拌改性沥青。粗集料应采用质地坚硬、表面粗糙、形状接近立方体的玄武岩或辉绿岩加工而成，具有良好的耐磨耗与磨光性能；细集料应采用石灰岩或岩浆岩中的强基性岩石经制砂机破碎得到的机制砂，与沥青有良好的黏结能力；填料应采用石灰岩或岩浆岩中的强基性岩石经磨细得到的矿粉、保证清净、干燥，能自由地从矿粉仓中流出。

薄层罩面铺筑前，可在原路面表面喷洒一层黏层，也可在原路面表面铺筑碎石封层或纤维封层。薄层罩面沥青混合料配合比设计宜按照目标配合比、生产配合比和试拌试铺验证三个阶段进行，确定其矿料级配及最佳沥青用量，并应符合下列规定。

(1)沥青混合料配合比设计宜采用马歇尔成型方法；

(2)其他矿料级配类型的沥青混合料应按《公路沥青路面施工技术规范》(JTG F40—2004)的有关规定进行性能试验验证。

宜根据所在路段的公路等级、路面技术状况、交通量、使用功能等因素，设计碎石封层或纤维封层＋薄层罩面结构组合与厚度，并应符合表 3.22 的规定。

表 3.22　碎石封层或纤维封层加薄层罩面结构组合与厚度

使用条件	碎石封层或纤维封层厚度/cm	薄层罩面厚度/cm
路面技术状况指数、行驶质量指数在中、良等级，交通量较大、重型车较多的路段	1.2～1.5	2.5～3.5
路面技术状况指数、行驶质量指数在中、良等级，中等交通量的路段	0.7～1.2	2.5～3.0
路面技术状况指数、行驶质量指数在中、良等级，交通量小、重型车少的路段	0.5～0.8	2.5～3.0

3. 施工要点

薄层罩面施工工艺可分为同步薄层罩面和异步薄层罩面。BPA-10/13 矿料级配类型宜采用同步薄层罩面施工工艺，保证黏层与薄层罩面层采用同一台施工设备同步喷洒和摊铺，也可采用异步薄层罩面施工工艺；对于其他矿料级配类型，可采用同步薄层罩面或异步薄层罩面施工工艺。采用铺筑碎石封层或纤维封层应力吸收层时，应采用异步薄层罩面施工工艺。

层间黏层材料可采用高黏度改性乳化沥青或不粘轮改性乳化沥青；层间应力吸收层可采用碎石封层或纤维封层；薄层罩面的施工工艺、设备要求与质量控制应按《公路沥青路面施工技术规范》(JTG F40—2004)的有关规定执行。

3.3.3 罩面

1. 适用条件

罩面是在原沥青路面满足结构强度要求的情况下，为修复路面轻微病害、改善使用功能，铺筑厚度小于 6 cm 加铺层的养护措施，适用于修复病多、需要改善抗滑等使用性能的沥青路面，可分为直接罩面和沥青表面层铣刨后罩面。其适用的各等级公路路况水平应符合表 3.23 的规定。

表 3.23 罩面适用的各等级公路路况水平

路况指数	高速公路	一级或二级公路	三级或四级公路
PCI、RQI	≥80	≥75	≥70

2. 材料选择

罩面宜采用热拌或温拌沥青混凝土进行铺筑，其材料应符合现行规范的有关规定。罩面铺筑前，可在原路面或沥青表面层铣刨后下承层表面喷洒一层黏层油，也可在原路面或沥青表面层铣刨后下承层表面铺筑碎石封层或纤维封层。层间黏层油可采用改性乳化沥青；层间应力吸收层可采用碎石封层或纤维封层。

宜根据所在路段的公路等级、路面技术状况、交通量、使用功能等因素，设计碎石封层或纤维封层＋罩面结构组合与厚度，并应符合表 3.24 的规定。

表 3.24 碎石封层或纤维封层＋罩面结构组合与厚度

使用条件	碎石封层或纤维封层厚度/cm	罩面厚度/cm
路面破损、平整度、抗滑三项指标都在中等以下，要求恢复到优、良等级，且交通量较大、重型车较多的路段	1.2~1.5	4.0~5.5
路面破损、平整度、抗滑三项指标都在中等以下，要求恢复到优、良等级，且中等交通量路段	0.7~1.2	4.0~5.0
路面破损、平整度、抗滑三项指标都在中等以下，要求恢复到优、良等级，且交通量小、重型车少路段	0.5~0.8	4.0~5.0

3. 施工要点

罩面的施工工艺、设备要求与质量控制应符合《公路沥青路面施工技术规范》(JTG F40—2004)的有关规定。

■ 3.3.4　验收标准

超薄罩面施工的工程验收标准应符合表 3.25 的规定。

表 3.25　超薄罩面施工的工程验收标准

检测项目		检测频率	质量要求或允许偏差		检测方法
			高速及一级路	其他等级路	
平整度	σ/mm	连续检测	≤1.5	≤2.5	连续式或车载式激光平整度仪测试平整度方法
	IRI/(m·km^{-1})		≤2.5	≤4.2	
厚度/mm	均值	5 个断面/km	不小于设计值		T0912，每个断面挖坑 3 点
	合格值		设计厚度-10%		
渗水系数/(mL·min^{-1})		5 个点/km	符合设计要求		T0971
抗滑性能	摆值 F_b/BPN	5 个点/km	≥45	符合设计要求	T0964
	横向力系数^a		≥54		T0965 或 T0967
	构造深度/mm		≥0.6		T0961
宽度/mm		5 个点/km	不小于设计值		钢卷尺法

a 任选一个平整度检测指标，且横向力系数指标均由建设单位确定是否检测。

■ 3.3.5　施工工艺流程及其要点

1. 施工工艺流程

原材料与设备的准备→SBS 改性沥青混凝土配合比设计→施工路段交通封闭、路况调查、铣刨及病害处置→SBS 改性沥青混合料摊铺前准备工作→SBS 改性沥青混合料拌制、运输及摊铺→接缝处理及开放交通。

2. 原材料与设备准备

集料与填料必须分料堆放、立牌标识(注明产地和规格)、搭棚遮盖。同时，应保证每日进料量满足 3 d 连续施工的需要。

SBS 改性沥青的贮存时间不宜过长，必须在施工前一天生产或购进。当天未使用完毕应加热至 160 ℃～165 ℃ 存储，沥青储存罐应配有搅拌设备，每 3 h 搅拌一次，每次 20 min；黏层用的 SBR 改性乳化沥青宜日产日用，存储时不得与其他沥青混用储存罐；施工采用的 SBS 改性沥青、SBR 改性乳化沥青、粗细集料、填料等原材料进场前应进行质量检测，符合要求方可使用。

(1)粗集料。粗集料应洁净、干燥、无风化、无有害杂质，且具有一定硬度和强度，宜采用碎石或碎砾石，同时具有良好的颗粒形状，其粒径规格和质量要求均应符合《公路沥青路面施工技术规范》(JTG F40—2004)的技术要求。

(2)细集料。高等级沥青路面面层宜采用人工砂作为细集料。细集料应洁净、干燥、无风化、无有害杂质，有适当的颗粒组成，并与改性沥青有良好的黏附性。其规格和质量要求均应符合《公路沥青路面施工技术规范》的技术要求。

(3)填料。用于改性沥青混合料面层的填料应洁净、干燥。填料宜采用强基性岩石(石灰岩、岩浆岩)等憎水性石料经磨细得到的矿粉,矿粉要求干燥、洁净,不宜使用干法除尘的回收粉。采用水泥、消石灰粉做填料时,其用量不宜超过矿料总量的2%,其质量应符合《公路沥青路面施工技术规范》(JTG F40—2004)的技术要求。

(4)改性沥青。SBS改性沥青是在原有基质沥青的基础上,掺加不同剂量的SBS改性后的沥青,修复车辙所用基质沥青必须为A级道路石油沥青。与原沥青相比,改性沥青高温黏度增大,软化点升高。在良好的设计配合比和施工条件下,沥青路面的耐久性和高温稳定性明显提高,抗车辙能力也大大提高。SBS改性沥青应符合《公路沥青路面施工技术规范》(JTG F40—2004)的技术要求。

(5)设备。设备的选择和组合参见表3.26。

表3.26 主要机械设备配备表

序号	机械名称	规格型号	数量	备注
1	间歇式拌合机	2 000型以上	1套	配高精度电子动态计量器,产量大于120 t/h
2	摊铺机	7.5 m	2台	履带式摊铺机
3	双钢轮压路机	DD110/130	3台	用于初压、终压
4	轮胎压路机	25 t以上	≥2台	用于复压
5	装载机	ZL50	2台	与拌合机的受料斗大小、拌合速度相匹配
6	自卸汽车	20 t	若干	数量应与拌合、摊铺设备相匹配
7	水车	6 m²	2台	带的能够喷洒成雾状的喷头
8	铣刨机	W2000	2台	最大铣刨宽度不小于2 000 mm
9	沥青洒布车	6 000 L	1台	全自动电脑控制
10	清扫机	GYQS1500	4台	清除路表浮尘、杂物
11	水泥罐	50 t	1套	配破拱装置
12	沥青罐	30 t	≥2套	配有加温和搅拌装置

1)拌合厂(站、场)准备。拌合厂(站、场)的大小应视工程量、设备种类多少而定,并应考虑施工人员生活和办公、SBS改性沥青的生产与存储、集料与填料的堆放与覆盖、拌合机的安装与生产、运料车辆的运行与停放等。

①拌合厂(站、场)选址应适宜,宜选择在施工段距离中间位置,有可靠的电力供应。
②拌合厂(站、场)材料堆放场地应做硬化处理,厂内道路洁净,具有良好的排水设施。
③拌合厂(站、场)应配备有工地试验室,配齐各类专业仪器设备。
④拌合厂(站、场)配置有运料车的称重设备和自动记录装置。

2)施工设备调试。施工机械和辅助工具数量多、种类全,施工前必须进行检修和标定,确保正常工作;拌合机使用前应进行标定并试拌,确定各冷仓进料量和热料仓材料配合比等施工参数;铣刨设备在使用前要进行检查并更换损坏刀头,避免影响铣刨效果。

3. SBS改性沥青混凝土配合比设计

(1)配合比设计要求。根据《公路沥青路面施工技术规范》(JTG F40—2004)的规定,对中、上面层 SBS 改性的沥青混凝土 AC-13(改)进行配合比设计。SBS 改性沥青混凝土配合比设计由马歇尔试验设计、浸水马歇尔试验残留稳定度检验及车辙试验抗车辙能力检验三部分组成。沥青混凝土配合比设计步骤如下。

1)目标配合比设计阶段:根据设计级配,通过马歇尔试验确定最佳沥青用量,以此矿料级配及沥青用量作为目标配合比,供拌合机确定冷料仓供料比例、进料速度及试拌使用。

2)生产配合比设计阶段:先对热料仓的材料进行筛分,然后反复调整冷料仓进料比例,使供料均衡,并以目标配合比进行马歇尔试验确定生产配合比的最佳沥青用量。

3)生产配合比验证阶段确定标准配合比:用生产配合比进行试拌,铺筑试验路段,取样进行马歇尔试验和抽提试验检验,以确定生产用的标准配合比。

(2)配合比设计要点。

1)选择和使用低针入度、高软化点、低含蜡量的改性沥青。

2)上面层选择与改性沥青黏附好的硬质石料。

3)工程级配范围应符合表 3.27 的规定。

表 3.27 沥青混合料矿料级配范围

级配类型	通过下列筛孔(方孔筛,mm)的质量百分率/%									
	16.0	13.2	9.5	4.75	2.36	1.18	0.6	0.3	0.15	0.075
AC-13(改)	100	90~100	68~85	38~68	24~50	15~38	10~28	7~20	5~15	4~8

4)中、上面层 SBS 改性的沥青混凝土 AC-13(改)进行配合比设计时,动稳定度不应小于 3 000 次/mm,低温抗裂试验的弯曲破坏应变不小于 2 000$\mu\varepsilon$。各面层沥青混凝土应符合表 3.28 规定的马歇尔试验技术指标。

表 3.28 SBS 改性沥青混凝土马歇尔试验技术指标

试验项目	AC-13(改)
击实次数/次	两面各 75
稳定度/kN	>7.5
流值(0.1 mm)	20~50
空隙率/%	3~6
沥青饱和度/%	70~85
残留稳定度/%	>85

4. 施工路段交通封闭、路况调查、铣刨及病害处置

(1)封闭交通。

1)严格按照《公路养护安全作业规程》(JTG H30—2015)有关内容做好现场交通维护工作,确保施工安全。

2)高等级公路养护施工交通封闭施工可采用以下两种方案。

方案一:单侧整幅封闭进行施工。

正常路段(中央分隔带间隔 2~3 km 有豁口)或发生单幅全断面作业时,需要做单侧整幅封闭。单侧整幅封闭将改变交通流向，在中央分隔带另一侧发生双向行驶。因此，封闭前要做好准备，做好现场勘察，安排安全设施值守人员，备齐各种安全设施。单侧整幅封闭施工可以保证工程质量和施工、行车安全。

方案二：单侧单车道封闭进行施工。

单侧单车道封闭可分为单侧行车道封闭和单侧超车道封闭。单侧单车道不会改变交通流向。在施工区内更应注意施工安全，做好封闭前各项准备工作。单侧单车道封闭施工时行车会对施工形成一定干扰。

(2)路况调查。路况调查可分为裂缝调查记录、坑槽调查记录、车辙调查记录和弯沉调查记录。

1)裂缝调查记录可以确定裂缝的位置，以便铣刨后处理预防。

2)坑槽调查记录方便铣刨后及时找到坑槽的位置并处理。

3)车辙调查记录是为了确定车辙的深度及长度，通过铣刨车辙填充修复。

4)弯沉调查记录主要用于检测整体路用性能。

(3)铣刨。根据路面病害的范围，铣刨可分为整幅铣刨和单车道铣刨。铣刨前，先调试铣刨机使其保持水平并设定铣刨的深度，确保铣刨后的路面平整度良好；铣刨时，铣刨机前配备数台接运铣刨料的车辆，铣刨的深度为上面层结构的厚度。

1)整幅铣刨：铣刨机从靠近路缘石纵向铣刨，铣刨深度按照原路面结构层的深度进行铣刨，开始铣刨时缓慢下刀并在原地工作 1~2 min 后前行。在铣刨机行进过程中随时注意铣刨质量，动态手动调整铣刨深度。由于铣刨机的宽度限制，需多次铣刨。整幅铣刨时可采用多台铣刨机梯形排列方式同步铣刨。

2)单车道铣刨：为了保持路面的美观，在单车道铣刨时需要施工放线（画线）以引导铣刨机的铣刨效果。在需要铣刨的车道两侧进行纵向画线，单车道铣刨时可考虑采用两台铣刨机梯形排列方式同步铣刨。

(4)处理病害。

1)铣刨结束后，根据原路面调查记录，仔细检查下承层破损情况，对裂缝、松散、坑槽和唧泥等必须进行处治。

2)裂缝处治视情况加铺玻纤格栅或抗裂贴。

3)若坑槽位置出现松散，须进行人工凿除并换填上面层沥青混合料。

5. SBS 改性沥青混合料摊铺准备工作

(1)清扫。由于铣刨机铣刨时加水导致施工面非常潮湿，故宜等到施工面的水分基本干燥后再进行清扫，并确保施工面干净且无铣刨料黏结在施工面。

(2)洒布黏层油。原路面处理完毕后，采用专用设备洒布改性乳化沥青黏层油。全幅铣刨时分 2~3 次洒布，单车道铣刨时调整沥青洒布车的洒布宽度。洒布时，沥青洒布车必须加挡板避免污染。

洒布改性乳化沥青黏结层时，应控制好专用设备的行驶速度，严禁洒布重叠。洒布量由试验段确定，做到不重洒、漏洒、均匀洒布，表面沥青不流淌。

6. SBS 改性沥青混合料的拌制、运输及摊铺

(1)混合料的拌制。

1)须采用间歇式拌合机，如图 3.10 所示。

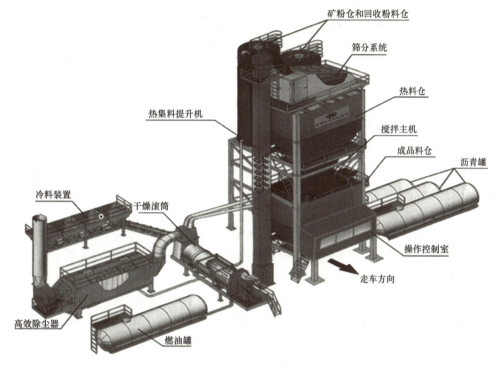

图 3.10　间歇式拌合机

2)冷料仓数量满足集料种类及掺配要求，通常不宜少于 5 个。冷料仓间须设挡板，以防止串料，影响混合料级配。

3)冷料供料装置的皮带运输机速率、冷料仓开启大小及振动电动机频率与集料供料速度应经过标定，并有集料供料曲线。

4)沥青混合料拌合时间应以混合料拌和均匀、矿料颗粒完全裹覆结合料为宜，并经试拌确定。间歇式拌合机每锅拌合时间不宜少于 40 s(其中干拌合时间不得少于 5 s)。拌和 SBS 改性沥青混合料时，拌合时间视情况适当延长。

5)SBS 改性沥青混合料拌合温度控制要求见表 3.29。

表 3.29　SBS 改性沥青混合料拌合温度控制要求

工序	规定指标
改性沥青加热温度(不大于)	175 ℃
集料加热温度	190 ℃～220 ℃
混合料最高温度(废弃温度)	195 ℃
混合料贮存温度	拌合出料后降低不超过 10 ℃

6)间歇式拌合机应设成品储料仓,并有良好的保温性能。

7)使用改性沥青时,易堵管道和沥青泵应定期进行检查清洗。

8)沥青混合料出厂时应逐车检测沥青混合料质量和温度,记录出厂时间,签发一式三份的运料单,一份存拌合厂(站、场),一份交摊铺现场,一份交司机。

9)油石比与设计值的允许误差为 $-0.1\%\sim+0.2\%$。

(2)混合料的运输。

1)SBS改性沥青混合料宜采用较大吨位的运料车运输。运料车厢的侧面和底面须涂隔离剂,但不得有余液积聚在车厢底部。

2)混合料运输所需车辆根据试验段确定。

3)沥青混合料的出厂温度检测。运料车顶部或下部侧板上的测温孔插入深度应在150 mm以上。

4)从拌合机向运料车上装料时,应分前、后、中三次挪动汽车位置,以减少粗、细集料的离析现象。

5)运料车应配有覆盖篷布,用以保温、防雨、防污染。

6)运料车到达摊铺现场多于3辆后方可开始摊铺。

7)连续摊铺过程中,运料车应在摊铺机前100~300 mm处停稳,不得撞击摊铺机。卸料过程中运料车应挂空挡,靠摊铺机推动前进。

8)运料车卸料须倒净,如发现有剩余,应及时清除,防止结硬。

9)运料车在下承层行驶时,严禁急刹车、急转弯掉头,避免损坏黏层。

(3)沥青混合料的摊铺。

1)使用履带式摊铺机铺筑。一般配备两台摊铺机,单车道施工时使用一台摊铺机,一台备用;多车道摊铺时两台摊铺机梯队排列摊铺,两幅搭接位置应避开车道的轮迹带,相邻两幅之间应有3~6 cm搭接,上、下两层的搭接位置宜错开10~15 cm,相邻两台摊铺机应保持10~20 m的间距。

2)摊铺机在铺筑过程中应保持稳定的行进速度,一般控制在3 m/min。

3)摊铺机的找平方式应采用摊铺层前后与原路面保持相同高差的平衡梁或雪橇式摊铺厚度控制方式。

4)摊铺机在开始铺筑前必须提前30~60 min对熨平板预热至100 ℃以上。

5)高速公路和一级公路铺筑沥青混合料的允许最低气温为10 ℃,遇有特殊天气,不得铺筑沥青混合料。

6)SBS改性沥青混合料摊铺温度不得低于150 ℃。

7)沥青混合料的松铺系数应根据实际的混合料类型、施工机械和施工工艺等,由试铺试压方法或根据试验确定。松铺系数的确定见表3.30。

表3.30 沥青混合料的松铺系数

种类	机械摊铺	人工摊铺
普通沥青混合料	1.15~1.35	1.25~1.50
改性沥青混合料	1.05~1.20	—

8)摊铺时,应提高熨平板夯锤频率,提高改性沥青混合料的初始夯实度,保证混合料摊铺温度,避免因温度离析造成压实不足在通车后出现压密性车辙。

(4)压实。

1)压实成型的沥青路面应符合压实度及平整度的要求。

2)压实机械。振动压路机用于初压,轮胎压路机用于复压,钢筒式压路机用于终压,手扶式小型振动压路机用于在路面边缘通常压路机无法碾压的部位做补充碾压。

3)压路机宜速碾压,碾压速度应符合表3.31的规定。

表 3.31　压路机碾压速度　　　　　　　　　　　　　　　　　　km/h

压路机类型	初压		复压		终压	
	适宜	最大	适宜	最大	适宜	最大
铜筒式压路机	1.5～2	3	2.5～3.5	5	2.5～3.5	5
轮胎式压路机	—	—	3.0～4.0	5	—	—
振动压路机	1.5～2(静压)	5(静压)	3.5～4.5(振动)	5(振动)	2.5～3.5(静压)	5(静压)

4)初压:压路机从外侧向中心静压,超高路段则由低向高静压,相邻碾压带应重叠1/3～1/2轮宽。静压宜碾压1～2遍,线压力不宜小于35 N/mm。静压结束后,进行振动碾压,碾压方式和遍数同静压。初压时应将驱动轮面向摊铺机,坡道上应将驱动放在低处,推向高处碾压。初压要紧跟在摊铺机碾压,确保混合料处于高温。初压区的长度应缩短,并与摊铺机的速度匹配,一般不宜大于10 m。

5)复压:采用重型轮胎压路机进行搓揉碾压,以增加密水性,压路机质量不宜小于25 t,每个轮胎的压力不小于15 kN,冷态时的轮胎充气压力不小于0.55 MPa,各轮胎的气压大致相同,在吨位不足时宜附加重物或提高轮胎充气压力至0.6 MPa以上,相邻碾压带应重叠1/3～1/2的轮宽。总的碾压遍数由试压确定,宜为4～6遍。复压后路面应达到要求的压实度,且无显著轮迹。

6)终压:用双轮钢筒式压路机或关闭振动的振动压路机紧跟复压后碾压,不宜少于2遍,至无明显轮迹为止。

7)压路机碾压过程中应保持整洁,若有沥青混合料粘轮,可向碾压轮喷洒少量水或添加有防粘轮的表面活性剂的水,严禁直接刷柴油。喷水量必须严格控制,且成雾状,不得采用自流水漫流,以防止沥青混合料降温过快。

8)在匝道等小半径大纵坡的路段上碾压时,有可能出现推移现象,宜改用轮胎压路机慢速碾压。采用振动压路机时宜采用上坡振动下坡静压的方式。

9)整个碾压过程应遵循"紧跟慢压、高频低幅"的原则。

10)SBS改性沥青混合料压实温度控制要求见表3.32。

表 3.32　SBS 改性沥青混合料压实温度控制范围

工序	规定指标
初压开始温度(不低于)	150 ℃
碾压终了的表面温度(不低于)	90 ℃

7. 接缝处理

(1)在新旧路面接缝、施工缝及构造物两端的连接处确保紧密、平顺。新旧路面接缝应采用平接缝，接缝处应注意添补细料，采用跨缝碾压。

(2)梯队摊铺的纵缝应采用热接缝。应将已铺混合料部分留下 100～200 mm 宽暂不碾压，作为后续摊铺部分的高程基准面，然后跨缝碾压以消除缝迹，避免纵向冷接缝。上、下层的纵缝应错开 10～15 cm，表层的纵缝应顺直，表面层的冷接缝宜留在车道区画线位置上。

(3)横向接缝应采用垂直的平接缝。横向平接缝应黏结紧密，压实充分，连接平顺，相邻两幅及上、下层的横向接缝均应错位 1 m 以上。

(4)压路机进入铣刨路槽时，预留台阶上应放置供压路机行驶的垫木。

8. 开放交通

沥青路面铺筑结束后，待路表温度降低至 50 ℃ 以下，方可开放交通。在开放交通前，应及时检测新铺路面的各项技术指标。通常要进行渗水检测、抗滑检测、弯沉检测、平整度检测、几何尺寸检测、钻芯取样等项目。

3.4　再生利用技术及施工要点

相关知识

再生利用技术可分为厂拌冷再生、就地冷再生、厂拌热再生、就地复拌热再生和全深式就地再生。根据公路等级、路面状况、施工环境及能力、交通与气候条件等因素，合理选用沥青路面再生利用技术。其中，沥青路面养护工程的面层材料优选厂拌再生；用于沥青路面上面层的材料优选厂拌热再生；用于沥青路面中、下面层的材料选用厂拌热再生或厂拌冷再生；沥青路面表面功能恢复材料选用就地热再生；沥青路面基层材料选用就地冷再生或厂拌冷再生；面层与基层复合材料就地利用全深式就地再生。

沥青面层材料与基层材料应分别回收、堆放并再生利用。高速公路和一、二级公路沥青路面材料应集中回收与统筹利用，三、四级公路沥青路面材料宜就地再生利用，具备条件的可集中回收与统筹利用；回收料再生利用前，回收站点应配备筛分设备或破碎与筛分设备进行预处理，沥青面层回收料应分成不少于两种不同规格料，基层回收料应筛除超粒径颗粒，具备条件的可筛分成两种不同规格料；经预处理后的回收料应按不同规格分开堆放，沥青面层回收料应覆盖做好防雨、防二次污染，基层回收料宜覆盖做好防尘污染。

沥青路面再生利用的结合料可分为沥青类和水硬性结合料类。沥青面层回收料热再生应采用基质沥青、改性沥青、再生剂等沥青类结合料；沥青面层回收料冷再生和面层与基层全深式再生既可采用乳化沥青、泡沫沥青等沥青类结合料，并掺入少量水泥，也可采用水泥、石灰与粉煤灰等水硬性结合料类；基层回收冷再生宜采用水泥、石灰与粉煤灰、水泥与粉煤灰等水硬性结合料类。

沥青路面再生利用的原材料要求、混合料设计与性能检验、设备要求、施工工艺与质量管理应按《公路沥青路面再生技术规范》(JTG/T 5521—2019)的有关规定执行。

3.4.1 厂拌冷再生

在拌合场将沥青混合料回收料(RAP)或无机回收料(RAI)破碎、筛分后，以一定的比例与新矿料、再生结合料、水等在常温下拌和为混合料，然后铺筑形成沥青路面的技术。

1. 技术特点

高速公路沥青路面乳化沥青厂拌冷再生技术有以下特点。

(1)对原沥青路面进行铣刨，回收旧沥青路面材料作为新沥青路面材料。

(2)旧路面的沥青混合料全部回收利用，降低原材料成本，杜绝污染环境。

(3)采用乳化沥青作为有机再生结合料、水泥或石灰作为无机再生结合料，对旧沥青路面材料再生，施工操作简单，并且易于控制，节约能源，保护环境。

(4)缩短路面维修周期，改善施工条件，延长可施工季节。

(5)相对于就地冷再生，厂拌冷再生混合料配合比控制更为准确。

2. 适用范围

本技术适用于高速公路和一、二级公路沥青路面的下面层及基层，三、四级公路沥青路面的面层，可使用于高速、一级公路沥青路面中面层。三、四级公路面层采用冷再生作为上面层时，应采用稀浆封层、碎石封层、微表处等做上封层。

3. 工艺原理

将 RAP 运至拌合厂，经破碎、筛分，以一定的比例与新集料、乳化沥青类再生结合料、水，以及水泥、石灰等无机结合料进行常温拌和，常温铺筑形成路面结构层。掺加再生剂恢复 RAP 结合料的部分性能，并充当再生混合料的结合料。

4. 工艺流程

机械准备、施工准备、配合比设计→混合料的拌制→铺筑试验段→混合料现场调整→摊铺、压实→养生及开放交通。

(1)施工前的准备。

1)原路面的处理。

①施工前对路况进行调查，调查方法根据《公路技术状况评定标准》(JTG 5210—2018)的要求选择。

②进行车辙填补的原路面必须具有足够的结构强度和稳定性。

③当原路面上有坑槽、裂缝时，应先进行彻底修补。

2)施工后场的准备。根据工程所在地交通、周边建筑及用地等情况确定施工后场的位置。料场的大小应根据工程规模而定，应考虑乳化沥青生产及储存、集料的筛分掺配、集料规格的多少等因素。总之，应当从材料的存放、生产、设备的摆放、车辆的进出、调头、装料、停放等方面综合考虑。在可选择的情况下，应考虑料场与石料场及与施工现场的距离，考虑施工、生产、生活用水用电的方便性，施工车辆、材料运输车辆进出道路的承载能力，并应考虑场地排水、设备停放安全等，尽可能选择平坦的、硬化的、租赁价格合理的场地。

3)材料准备。

①根据材料的技术要求确定料源。在初步确定料源后，在石料场料堆上取样送交实验室进行配合比设计。

②改性乳化沥青的选用。采用成品改性乳化沥青时，应取具有代表性的样品送交实验室进行性能检测，检测合格后购买并妥善储存；当采用自产改性乳化沥青时，若经检测不合格，调整配方后重新生产，直至符合技术要求。

③应选用干燥、疏松、无结团、洁净的填料，根据工程量的大小，储备适量的填料，储存在干燥环境内，避免与潮湿空气相接触。

④考察当地水源，根据就近原则选用符合要求的水，并储存在洁净的储水罐中备用。

⑤为保证混合料的拌合质量，对购进的集料堆放采取搭棚遮盖，改性乳化沥青的贮存时间不宜过长，在不耽误工程进度的情况下可以现产(购)现用。

(2)沥青混合料冷再生配合比设计。乳化沥青冷再生配合比设计包括原材料检测、配合比(油石比、油水比)设计、设计配合比检验。配合比设计步骤：现场铣刨混合料随机取样→确定工程设计级配范围→材料选择与准备→矿料级配设计→确定最佳含水率→确定最佳乳化沥青用量。

1)随机取样。厂拌冷再生混合料配合比设计应从原路面铣刨材料中随机取样。

2)确定工程设计级配范围。根据公路等级、工程性质、交通特点、材料品种等因素，通过对条件大体相当的工程使用情况进行调查研究后确定。

3)材料的选择与准备。配合比设计的各种矿料、RAP、水泥等必须按照相关规定、从工程实际使用的材料中选取有代表性的样品。使用乳化沥青作为再生结合料时，乳化沥青应满足相关技术要求。配合比设计所用材料应满足技术要求，当单一规格的集料某项指标不合格，但不同粒径规格的材料按照级配组成集料混合料指标符合规范要求时，允许使用。

4)矿料的级配设计。

①检测RAP、新集料等各组成材料的级配。

②在RAP的基础上，掺加不同比例的新集料，使合成级配满足工程设计级配要求，并保证级配曲线平顺。

5)确定最佳含水率。乳化沥青试验用量可定为4%，变化含水率进行击实试验，得到最大干密度时，其混合料的含水率即最佳含水率。

6)确定最佳乳化沥青用量。根据劈裂强度试验和浸水劈裂强度试验结果(或者马歇尔稳定度和浸水马歇尔稳定度试验结果),结合工程经验综合确定最佳沥青用量。

(3)机械准备。施工前,对施工机械进行检查调试,确保施工时各个机械处于良好工作状态,主要的机械要有备件。

(4)施工准备。

1)下承层的准备。为了增加下承层与冷再生沥青混合料摊铺层的黏结性能,在摊铺冷再生混合料之前,应对下承层进行处理。处理方式一般为在下承层表面喷洒透层油,透层油的用量由试洒确定,透层油一般采用PC-2、PA-2型乳化沥青或煤沥青,透层油透入下承层的深度不宜小于5 mm,透层油的用量一般为$0.6 \sim 1 \ kg/m^2$。

2)铺筑试验段。铺筑试验段时,应选择合适路段摊铺试验段,长度应不宜小于200 m。从施工工艺、工程质量、施工管理、施工安全等方面进行检验,确定工艺参数。试验段施工现场应设专人管理交通,施工路段应设明显标志控制交通。在施工准备工作就绪后经监理工程师批准进行试验路段铺筑。

对试验路段的施工进行总结,提出标准配合比和试验路施工总结报告,经业主、监理工程师批准后正式施工。通过试验段得出的生产配合比和确定的施工工艺经监理工程师及业主认可后,作为正式施工依据,施工过程中不得随意更改,若更改,应经得监理工程师及业主认可。

(5)再生混合料拌制。拌合楼通常不设置筛分板,因此,铣刨料和新集料的用量由冷料仓的进料速度来控制,可以在冷料输送带上取样分析混合料的级配,同时,拌合楼应配备精确计量乳化沥青和水的装置。

设置拌合时间,将混合料、乳化沥青和水按一定比例加入拌合锅进行拌和。拌和过度可能导致乳化沥青混合料提前破乳;拌和不充分将导致乳化沥青不能充分裹覆集料表面。

(6)摊铺。应采用摊铺机摊铺,不需要熨平板加热,用于三级及四级公路时可使用平地机摊铺。摊铺出的混合料不能出现明显离析、波浪、裂缝、拖痕。当发现摊铺后的混合料出现明显离析、波浪、裂缝、拖痕时应分析原因,予以消除。采用摊铺机进行摊铺时,摊铺应缓慢、均匀、连续摊铺,不得随意变速或中途停顿,摊铺速度宜控制在$2 \sim 4 \ m/min$。当使用平地机摊铺时,应采用如下操作。

1)先用轻型钢轮压路机紧跟再生机组初压2~3遍,完成一个作业段初压后,用平地机整平。

2)再次用轻型钢轮压路机在初平的路段碾压1遍,对发现的局部轮迹、凹陷进行人工修补。

3)采用平地机整形,达到规定的坡度和路拱,整形后的再生层表层应无明显的再生机轮迹和集料离析现象。

(7)压实。冷再生混合料一般比热沥青混合料要稠,所以要采用质量更大的压实设备。冷再生压实设备可采用双钢轮振动压路机和重型轮胎压路机碾压成型,由于很难将冷再生混合料压实到与热沥青混合料相同的压实度,所以需将冷再生混合料的总空隙率控制在

9%～14%。

当乳化沥青破乳后开始碾压，掺加水泥的乳化沥青冷再生混合料可在摊铺后立即进行碾压。假如在完全破乳后进行碾压，可能造成混合料上部形成硬壳，导致很难碾压到规定的压实度，而且会导致产生严重的细裂纹。

摊铺完毕保持混合料在最佳含水率±1%下用胶轮压路机先进行稳压后，紧接着用平地机根据高程进行平整，冷再生料原则上不进行补料，也不能有余料外运，少量余料可用人工找平方法补撒到集料集中的部位和低洼处。反复平整2～4遍后用胶轮压路机进行稳压，其后用50 t振动压路机以25 cm错轮振压，接着用30～40 t振动压路机以40 cm错轮振压。然后用18～20 t双钢轮压路机以5～10 cm错轮静压，最后由胶轮压路机光面碾压。在碾压的时候可以喷洒适量的水雾，防止压路机碾压时粘轮。混合料中的含水率对压实至关重要，适当的水分可以浸润集料，有助于压实，但是过多的水分会导致混合料的密度低，而且水分还会长时间滞留在结构层内，延长混合料的养生期。

(8)养生及开放交通。冷再生层在加铺上层结构前必须进行养生，养生时间不宜少于7 d。当满足以下条件之一时，可以提前结束养生。

1)再生层使用ϕ150 mm钻头的钻心机取出完整的芯样。

2)再生层含水率低于2%。

养生方法：在封闭交通的情况下养生时，可进行自然养生，一般无须采取措施。在开放交通条件下养生时，再生层在完成压实至少1 d后方可开放交通，但应严格限制重型车辆通行，行车速度应控制在40 km/h以内，并严禁车辆在再生层上掉头和急刹车。为避免车轮对表层的破坏，可在再生层上均匀喷洒慢裂乳化沥青(稀释至30%左右的有效含量)，喷洒用量折合纯沥青后宜为0.05～0.2 kg/m^2。

5. 材料选择

冷再生沥青混合料所用的原材料主要有RAP、乳化沥青、水泥(石灰)、水。

(1) RAP。不同的RAP应分别回收，分开堆放，不得混杂。RAP回收可选用冷铣刨、机械开挖等方式，应减少材料变异。RAP在回收和存放时不得混入基层废料、水泥混凝土废料、杂物、土等杂质。

(2)乳化沥青。冷再生沥青混合料采用优质的拌合型慢裂乳化沥青。其技术指标应满足《公路沥青路面再生技术规范》(JTG/T 5521—2019)的相关要求。

(3)水泥。普通硅酸盐水泥、矿渣硅酸盐水泥、火山硅酸盐水泥等都可用于冷再生沥青混合料。水泥的初凝时间应在3 h以上，终凝时间宜在6 h以上，不应使用快凝水泥、早强水泥，水泥强度等级可为32.5或42.5。

(4)水。制作乳化沥青用水，以及冷再生用水均应为可饮用水。若使用非饮用水，应经试验验证，不影响产品和工程质量时方可使用。

3.4.2 就地冷再生

采用专门设备对沥青层进行就地铣刨，掺入一定数量的新矿料、再生结合料、水，经过常温拌和、摊铺、压实等工序，实现旧沥青路面再生的技术。就地冷再生常用的沥青材料有乳化沥青和泡沫沥青。本节重点讲解再生材料是乳化沥青的情形。

1. 技术特点

高速公路沥青路面乳化沥青就地冷再生技术有以下特点。

(1)原沥青路面进行铣刨的旧沥青混合料可以全部回收利用，降低了原材料成本，杜绝污染环境。

(2)对原路面材料就地循环利用，降低运输成本。

(3)多机再生列车现场施工，生产率高，控制精度高。

(4)采用乳化沥青作为有机再生结合料及水泥或石灰作为无机再生结合料，对旧沥青路面材料现场再生，无须加热，保护环境。

(5)简化施工工序，施工操作简单，易于控制。

(6)缩短路面维修周期，改善施工条件，延长可施工季节。

2. 适用范围

就地冷再生的适用范围见表3.33。三、四级公路面层采用冷再生作为上面层时，应采用稀浆封层、碎石封层、微表处等做上封层。

表3.33 就地冷再生的适用范围

公路等级	再生层的结构层位				
	表面层	中面层	下面层	基层	底基层
高速、一级	不应使用			宜使用	—
二级	不应使用	可使用		宜使用	—
三、四级	宜使用				

3. 工艺原理

就地冷再生是采用就地冷再生设备，对沥青路面进行现场铣刨、破碎和筛分(必要时)，掺入一定数量的新集料、再生结合料(乳化沥青)、活性填料(水泥、石灰等)、水，经过常温拌和、摊铺、碾压等工序，一次性实现旧沥青路面再生的技术。掺加的再生结合料(乳化沥青)能够恢复旧沥青路面材料中旧结合料的部分性能，还可以充当再生混合料的结合料，实现不可再生资源的循环利用。

4. 工艺流程

机械准备、施工准备、配合比设计→铺筑试验段→混合料现场调整→摊铺、压实→养生及开放交通。

(1)施工前的准备。

1)施工后场的准备同厂拌冷再生。

2)材料准备。乳化沥青冷再生混合料用作柔性基层时，宜采用粗粒式级配；用作中、下面层时宜采用粗粒式或中粒式级配；用于轻交通量时可采用细粒式级配。根据级配类型和RAP级配，在乳化沥青再生混合料中添加一定比例的粗集料，通过料堆上取样送交实验室进行配合比设计。

根据各个地区地理、气候等因素的不同选用符合本地区施工用的乳化沥青，应取具有代表性的样品送交具有相应资质的实验室进行性能检测，破乳速度、粒子电荷、筛上残留物（1.18 mm 筛）、黏度、蒸发残留物、与粗集料的黏附性、与粗细粒式集料拌合试验、常温存储稳定性等满足技术要求。就地冷再生宜采用中裂型或慢裂型阳离子乳化沥青，使用时温度不宜高于 60 ℃。

应选用干燥、疏松、无结团、洁净的活性填料，根据工程量的大小，储备适量的填料，储存在干燥的环境内，避免与潮湿的空气接触。

根据就近原则选用当地水源，饮用水可直接用于生产乳化沥青再生混合料；非饮用水用于生产乳化沥青再生混合料时，不应含有油污、泥土和其他有害杂质，且应经试验验证不影响产品性能和工程质量。

(2)机械准备。

1)施工前应配备满足施工要求的就地冷再生机、压路机、运料车、沥青罐车、水罐车等生产施工设备，并保证其处于良好的工作状态。

2)工作装置的切削深度可精确控制，铣刨深度应可调节，最大铣刨深度应不小于 150 mm。

3)铣刨工作宽度不应小于 2.0 m。

4)喷洒计量精确可调，并与切削深度、施工速度、材料密度等联动；喷嘴在工作宽度范围内均匀分布，各喷嘴可独立开启与关闭。

(3)配合比设计。

1)现场铣刨料随机取样。就地冷再生混合料配合比设计的 RAP 应从原路面采用铣刨机铣刨取样。

2)确定工程设计级配范围。根据公路等级、工程性质、交通特点、材料品种等因素，结合具体工程实际确定工程设计级配范围。

3)材料的选择与准备。

①配合比设计的各种矿料、旧沥青路面面层材料、水泥等必须按照相关规定从工程实际使用的材料中取有代表性的样品。

②使用乳化沥青作为再生结合料时，乳化沥青应满足相关技术要求。

③配合比设计所用材料其质量应复合现行《公路沥青路面施工技术规范》(JTG F40—2004)的规定。

4)矿料的级配设计。

①测得旧沥青路面面层材料、新集料等各组成材料的级配。

②以旧沥青路面面层材料为基础，掺加不同比例的新集料，使合成级配满足工程设计级配要求。

③合成级配曲线应平顺。

5)确定最佳含水率。乳化沥青试验用量可定为 3.5%，变化含水率进行击实试验，获得最大干密度时混合料的含水率即就地冷再生混合料最佳含水率。

6)确定最佳乳化沥青用量。通常情况下可按照 15 ℃ 劈裂强度试验和干湿劈裂强度试验结果达到最佳化(出现峰值)，同时孔隙率在 8%～13% 范围内对应的乳化沥青用量作为最佳沥青用量。当试验结果无明显峰值时，应结合工程经验综合确定最佳乳化沥青用量。

(4)铺筑试验段。铺筑试验段时，应选择合适路段摊铺试验段，长度应不宜小于 200 m。通过试验段检验再生设备的性能是否满足施工需要，确定施工工艺和参数，验证混合料配合比设计，检测压实度、渗水系数等性能指标及建立设备仪表显示值与实际值的相关关系，检验质量控制方案的可行性。

试验段施工现场应设专人管理交通，施工路段应设明显标志控制交通，在施工准备工作就绪后经监理工程师批准进行试验路段的铺筑。对试验路段的施工进行总结，提出标准配合比和试验路施工总结报告，经业主、监理工程师批准后正式施工。通过试验段得出的生产配合比和确定的施工工艺经监理工程师及业主认可后，作为正式施工依据，在施工过程中不允许随意更改，若更改，应得到监理或者业主认可。

(5)混合料的现场调整。实验室内确定的混合料配方、最佳用水量和再生剂的用量仅供施工时参照执行。在施工中必须对拌合用水或再生剂的用量进行现场调整，这项调整工作必须由有经验的工程师进行。

检查混合料的裹覆状况，如果裹覆不良，则应增加拌合用水量，但拌合用水量不宜过多，过多会导致养生时间延长；用水量过少，又会引起混合料离析，交通碾压松散和密度不足。如果裹覆状况良好，但黏聚力不足，则应增加乳化沥青的用量。乳化沥青过多会造成混合料不稳定，过少会导致混合料松散。

由设计配合比确定的乳化沥青用量应根据经过初步压实后的再生路面的状况进行调节。表面呈褐色或有黏性，表明乳化沥青用量适中；表面过度松散，表明乳化沥青用量不足；表面呈黑色说明乳化沥青过量。乳化沥青用量必须有经验的技术人员进行调整，每次调整的幅度为±0.2%，在添、减乳化沥青的同时，还应等量增、减混合料的拌合用水量。

(6)摊铺。混合料宜采用摊铺机或采用带有摊铺装置的再生机进行摊铺。原路面平整度较差或对冷再生层平整度要求较高时，不宜采用再生机自带的摊铺装置进行摊铺。三级和四级公路可使用平地机进行摊铺。

使用摊铺机摊铺时，应符合下列规定。

1)摊铺应缓慢、均匀、连续不断，不得随意变速或中途停顿，摊铺机行进速度宜控制在 2～4 m/min。

2)摊铺能力应与再生能力基本匹配，应在水泥初凝时间内完成材料摊铺压实。

3)摊铺系数应根据试验段的结果确定。

4)摊铺机的摊铺宽度应与再生铣刨宽度保持一致。

5)可根据工程需要选择高程控制、平衡梁、雪橇式等摊铺厚度控制方式。

(7)压实。根据再生层厚度、压实度等的需要，配备足够数量、吨位的钢轮压路机、轮胎压路机,按照试验段确定的压实工艺进行碾压,保证压实后的再生层符合压实度和平整度的要求。

沥青路面就地冷再生施工必须采用流水作业法,使各工序紧密衔接,尽量缩短从拌和到完成碾压之间的延迟时间。混合料宜在最佳含水率情况下碾压,避免出现弹簧、松散、起皮等现象。终压前可采用平地机再终平一次,使其纵向顺适,路拱和超高符合设计要求。直线和不设超高的平曲线段,应由两侧路肩向路中心碾压;设超高的平曲线段,应由内侧路肩向外侧路肩碾压。严禁压路机在刚完成碾压的路段上掉头、急刹车及停放。

(8)养生及开放交通同厂拌冷再生。

5. 材料选择

冷再生沥青混合料所用的原材料主要有集料、乳化沥青、水泥和水。

(1)集料。粗、细集料质量应满足现行《公路沥青路面施工技术规范》(JTG F40—2004)的有关规定。

(2)乳化沥青、水泥和水的要求同厂拌冷再生。

■ 3.4.3 厂拌热再生

厂拌热再生是在拌合场将 RAP 破碎、筛分后,以一定的比例与新矿料、新沥青、沥青再生剂等加热拌和为混合料,然后铺筑形成沥青路面的技术。

1. 技术特点

(1)可处治面层不平整和裂缝,消除车辙、坑槽和松散,提高行驶质量,恢复路面功能。

(2)可处理整个路宽或仅处理单车道。

(3)添加再生剂、新沥青和新集料,可改善原路面混合料老化状况,并可纠正配合比存在的问题。

2. 适用范围

厂拌热再生的适用范围见表 3.34。

表 3.34 厂拌热再生的适用范围

公路等级	再生层的结构层位				
	表面层	中面层	下面层	基层	底基层
高级、一级	可使用	宜使用		—	
二级	可使用	宜使用		—	
三、四级	宜使用			—	

3. 工艺原理

(1)对回收的 RAP 进行加热,当表面温度达到一定温度时,表面的旧沥青开始软化、熔融,在与新的热集料拌和过程中,旧沥青的一部分转移到新集料的表面,同时,新、旧集料的温度也趋于一致,此时温度为 130 ℃~150 ℃,旧沥青裹覆在新、旧集料表面的薄膜也趋于均匀。

(2)按预定比例加入新沥青(或新沥青与再生剂),在搅拌过程中,新沥青(或新沥青与再生剂)将均匀地裹覆到新、旧集料的表面,同时与原有的旧沥青紧密结合。由于新集料、RAP、新沥青(或新沥青与再生剂)和旧沥青的温度已经一致(达到150 ℃~160 ℃),新沥青(或新沥青与再生剂)与旧沥青的界面间发生渗透和交换,集料表面的沥青膜由混合均匀的新旧沥青(或新旧沥青与再生剂)组成,旧沥青的成分和性能得到改善。

(3)添加预定数量的矿粉,吸附沥青,形成合理厚度的沥青膜,最后经过一段时间的搅拌,沥青混合料进一步搅拌均匀,同时新、旧沥青进一步调和均匀,最终得到与新沥青混合料品质相当的再生混合料。

4. 工艺流程

回收 RAP→回收 RAP 的预处理和堆放→再生混合料拌制→再生混合料运输→再生混合料摊铺→再生混合料压实→养生和开放交通。

(1)回收 RAP。回收 RAP 可选用冷铣刨或机械开挖的方式,应减少对路面集料的破碎。路面铣刨 RAP 时,应精确控制铣刨或开挖厚度,避免破坏下卧层路面结构,回收和存放 RAP 时不得混入基层废料、水泥混凝土废料、杂物和土等杂质。

(2)回收 RAP 的预处理和堆放。RAP 必须进行二次破碎处理。破碎时,使用推土机、装载机等机械将一个料堆的 RAP 充分混合,然后用破碎机或其他方式进行破碎,使 RAP 最大粒径小于再生混合料最大公称粒径,不应有超粒径材料。根据再生混合料的最大公称粒径合理选择筛孔尺寸,将 RAP 筛分成不少于两档的材料,用装载机转运到堆料场均匀堆放,堆料场地面应进行硬化处理,并具有防雨设施,不同档的 RAP 应分开堆放并应进行明确标识。RAP 不宜长期存放,应避免离析、结团,使用时,应从料堆的一端开始在全高度范围内铲料。

(3)再生混合料拌制。厂拌热再生混合料包括 RAP、新沥青、新集料和再生剂。拌和时应以室内配合比试验报告所提供的掺配比例进行拌和,并根据试验公路混合料性能的检测结果进行适当调整,以达到满足《公路沥青路面施工技术规范》(JTG F40—2004)中所要求的相应混合料性能。

厂拌热再生混合料宜选用间歇式拌合设备进行拌和,拌合设备必须具备 RAP 的配料装置和计量装置。使用间歇式拌合设备,当 RAP 掺量大于 10%时,宜增加 RAP 烘干加热系统,RAP 料仓数量应不少于 2 个。

厂拌热再生混合料的生产温度和加热时间应根据拌合设备的加热干燥能力、RAP 的含水率、再生混合料的级配、新沥青的黏温曲线等综合确定,以不加剧 RAP 的再老化,提高生产能力,降低能耗并生产出均匀稳定的混合料为原则。使用间歇式拌合楼时,应适当提高新集料的加热温度,但最高温度不宜超过 200 ℃,加热过程中 RAP 不得直接与明火接触,加热温度不宜低于 110 ℃,不宜超过 130 ℃,以防止 RAP 表面沥青老化。干拌时间比普通混合料延长 5~10 s,总拌合时间比普通热拌沥青混合料延长 10~30 s,具体拌合时间见表 3.35。再生混合料的出料温度比相应类型的热拌沥青混合料高 5 ℃~10 ℃。

表 3.35 厂拌热再生沥青混合料拌和时间控制   s

项目	RAP	再生剂	新集料	新沥青	矿粉
拌合时间	10~15	10~15	15~20	20~25	—
总拌合时间	55~75				

(4)再生混合料运输。再生混合料应采用 15 t 以上自卸车运输,自卸车数量应满足连续摊铺施工需要。再生混合料装车时应分前、中、后三次装入自卸车,以避免离析。运料车每次使用前后必须清扫干净,在车厢板上涂隔离剂或防粘剂,但不得有余液积聚在车厢底部,严禁使用柴油、废机油等做隔离剂或防粘剂。从拌合机向运料车上装料时,应多次挪动汽车位置,平衡装料,以减少混合料离析。运料车运输混合料宜用苫布、棉被等覆盖保温,在卸料过程中宜保持覆盖。

(5)再生混合料摊铺。再生混合料的摊铺温度宜比相应的热拌沥青混合料摊铺温度提高 5 ℃~10 ℃,且摊铺机熨平板预热温度应不低于 110 ℃。再生混合料采用普通沥青混合料摊铺机摊铺,沥青混合料的松铺系数应根据混合料类型由试验段确定,一般取 1.2~1.4。

摊铺时,摊铺机的螺旋布料器应相应于摊铺速度调整到保持一个稳定的速度均衡地转动,两侧应保持有不少于送料器 2/3 高度的混合料,以减少在摊铺过程中混合料的离析。在路面狭窄部分、平曲线半径过小的匝道或加宽部分,以及小规模工程不能采用摊铺机铺筑时可用人工摊铺混合料。

(6)再生混合料压实。再生混合料压实温度宜比热拌沥青混合料高 5 ℃~10 ℃。压实分为初压、复压和终压,宜使用大吨位的双钢轮振动压路机、轮胎压路机等压实。施工时,通过试验段确定相应压实机械的组合方式。压实时应紧跟摊铺机进行,避免混合料温度下降造成压实困难,对于压路机无法达到的部位应采用小型机具压实。

(7)养生和开放交通。再生混合料压实完成后,应封闭交通进行养生,再生层的路表温度低于 50 ℃后方可开放交通。

5. 材料选择

(1)沥青、集料、矿粉。再生混合料中使用的沥青,粗、细集料,矿粉质量应符合《公路沥青路面施工技术规范》(JTG F40—2004)中的相关要求。

(2)再生剂。常用的沥青再生剂包括软化剂、还原剂、改性剂、稀释剂、芳香油、增量油、抽出油、润滑油及某些植物油等。

3.4.4 就地热再生

就地热再生是采用专用设备对沥青路面就地进行加热、翻松,掺入一定数量的新沥青、新沥青混合料、沥青再生剂等,经热态拌和、摊铺、碾压等工序,实现旧沥青路面面层再生的技术。就地热再生技术分为两种:一种是复拌再生,即将旧沥青路面加热、翻松,就地掺加一定数量的再生剂、新沥青混合料、新沥青(需要时),经热态拌和、摊铺、压实成型;另一种是加铺再生,即将旧沥青路面加热、翻松,就地掺加一定数量的沥青再生剂、新沥青(需要时),拌和形成再生沥青混合料,利用再生复拌机的第一熨平板摊铺再生沥青混合料,利用再生复拌机的第二熨平板,同时将新沥青混合料摊铺于再生混合料之上,两层一起压实成型。本节重点讲解就地复拌再生技术。

1. 技术特点

(1)可处治面层不平整和裂缝,消除车辙、坑槽和松散,提高行驶质量,恢复路面功能。

(2)可处理整个路宽或仅处理单车道。

(3)可选择再生剂再生老化的沥青,以恢复路面路用性能,此外,还可选择新集料、沥青或新沥青混合料纠正原沥青路面配合比存在的问题。

(4)施工快速,施工结束当天即可开放交通,减少了对交通的影响。

2. 适用范围

就地热再生的适用范围见表3.36。

表3.36 就地热再生的适用范围

公路等级	再生层的结构层位				
	表面层	中面层	下面层	基层	底基层
高级、一级	宜使用	可使用	—	—	—
二级	宜使用				
三、四级	不应使用		—		

3. 工艺原理

(1)沥青路面就地热再生是一种在现场翻修路面的施工工艺,它包括对原路面的加热软化、挖松、拌和等工序,并在拌和时掺入适量的新集料、新沥青(或沥青再生剂)或新的热拌沥青混合料,使其与旧料充分拌和并摊铺、碾压成新路面。

(2)对于新集料、新沥青、再生剂和新热拌沥青混合料,可以选择其中的一种或几种添加到再生混合料中以达到再生和改善路面混合料的目的。添加种类及用量应针对原路面固有病害并考虑再生后的混合料性能以及设计标准综合确定。

4. 工艺流程

施工准备(材料准备、机械准备、人员准备)→路面加热→路面铣刨→加入再生剂、外掺剂→拌和→摊铺→压实→开放交通。

(1)施工准备。施工前应配备满足施工要求的预热机、再生复拌机、压路机等生产施工设备,并检查其处于良好的工作状态,做好技术、材料、设备、人员、交通组织、后勤保障等方面的准备工作,并做好周密的施工封闭措施,保证施工及来往车辆行驶安全。

就地热再生施工前,必须对就地热再生无法修复的路面病害进行预处理。破损松散类病害的深度超过就地热再生施工深度时,应进行挖补;根据再生设备的不同,对于深度为30~50 mm变形类病害,再生前应进行铣刨处理;对反射裂缝和路基不均匀沉降、变形等引起的影响再生工程质量的路面纵向裂缝,应预先处理。

对于原路面的特殊部位,应进行预处理,其内容如下:

1)采用铣刨机沿行车方向将伸缩缝和井盖后端铣刨2~5 m,前端铣刨1~2 m,深度为30~50 mm,再生施工时用新沥青混合料铺筑。

2)原路面上的标线、凸起路标、灌封胶等应清除。

3)桥梁伸缩装置应采用隔热板进行保护。

(2)路面加热。路面加热可使用一台或多台加热设备进行,使用微波或红外方式加热。现场热再生的加热厚度一般为20~50 mm,根据加热设备的情况制定相应的行驶速度和加热效率,以保证所需再生路面层软化,但应禁止温度过高造成原路面沥青老化;再生机组各设备应保持合理间距,加热机和具备翻松功能的机具最大间距不宜超过2 m;加热设备应提高对处理路面加热的均匀性,避免局部过热或烧焦。加热宽度应在设计宽度的基础上在两侧各向外延伸200 mm;纵缝搭接处,加热宽度应超过搭接边线150~200 mm。

(3)路面铣刨。根据需要铣刨的深度,采用路面破碎机或热铣刨机来翻松和加热路面,随后把翻松的材料集中收集起来,送入由搅拌器组成的自动拌合室。铣刨面应有良好的粗糙度且温度不宜低于70 ℃。

(4)加入再生剂、外掺料。再生剂及外掺料的加入量应与再生设备的行驶速度联动并可自动控制、准确加入,当设备启停时应特别注意控制。再生剂和外掺料的种类与用量参照室内试验报告,加入时间应为拌和之前,具体时间可根据设备和现场情况调整。外掺料经装料斗送入拌合室,再生剂应加热到最高温度后喷入原路面旧沥青混合料,以提高再生剂的流动性,延长其在老化沥青中的分散时间,提高融合性。

(5)拌和。可使用螺旋搅拌器或热铣刨筒拌和,在情况允许的条件下最好选择双轴式搅拌机或旋转鼓筒式搅拌机,以达到彻底均匀拌和混合料的目的。

(6)摊铺。就地热再生摊铺时应匀速行进,速度宜为1.5~4 m/min,混合料摊铺应均匀,无裂缝、离析等现象。摊铺前应根据再生层厚度调整摊铺熨平板的振捣功率,提高混合料的初始密度,减少热量散失,保证路面质量;普通沥青再生混合料摊铺温度不宜低于120 ℃,改性沥青再生混合料摊铺温度不宜低于130 ℃,熨平板预热温度不宜低于110 ℃。

(7)压实。压实工艺宜通过试验段确定。就地热再生混合料的压实应紧跟摊铺进行,避免混合料温度下降造成压实困难,宜使用大吨位的振动双钢轮、轮胎压路机等压实。初压选择双钢轮振动压路机,尽量减少洒水量,先静压,再振动压实,来回压实2~3遍;复压选用轮胎压路机,来回压实3~5遍;终压采用双钢轮压路机(不振动),来回压实3~4遍,对路面收光,恢复平整度。对于压路机无法达到的部位应采用小型振动压路机或振动夯板配合压实。

(8)开放交通。就地热再生压实完成后,再生层的路表温度低于50 ℃后方可开放交通。

5. 材料选择

(1)沥青、集料、矿粉及再生剂同厂拌热再生。

(2)沥青混合料。热再生混合料中新、旧集料混合后的集料混合料质量应满足《公路沥青路面施工技术规范》(JTG F40—2004)的相关要求。

3.5 预防养护的质量控制及安全、环保措施

相关知识

贯彻预防性养护理念，每年应对符合条件的沥青路面实施一定里程或比例的预防养护。应根据公路等级、使用年限、路面技术状况、交通量大小及组成、气候条件等因素，合理确定沥青路面预防养护时机。在预防养护时机确定的基础上，应设定预防养护目标，经过养护设计与方案比选，采取合适的预防养护措施。

沥青路面实施预防养护工程应满足下列要求。

(1)封闭路面表面细小裂缝与裂隙，提高路面的防水性能。

(2)防止路面表面松散，延缓沥青路面的老化。

(3)提供表面磨耗层，提高路面的耐磨性能。

(4)保持或提高路的抗滑性能。

(5)改善沥青路面表观效果。

3.5.1 质量控制

(1)施工前出具报告。

(2)材料的质量控制。

(3)施工前设备的检查。

(4)施工现场质量要求。

1)现场拌制质量控制。

2)摊铺的质量控制。

3)碾压的质量控制。

4)接缝的处理。

5)养生及开放交通质量控制。

6)施工过程中外形尺寸控制。

(5)检查验收。

3.5.2 安全措施

严格遵守《中华人民共和国安全生产法》《公路养护安全作业规程》(JTG H30—2015)及现行高速公路养护施工安全的有关规定。在施工前与交警、路政等相关部门办理《施工许可证》《施工车辆通行证》，并配备相应的安全装置及采取有效措施保障安全无事故施工。

(1)安全领导小组组建。为了全面落实施工期间安全防范措施，不折不扣地实施各项安全标准，最大限度地避免安全生产事故的发生，有效地进行安全生产，应成立安全领导小组。

(2)施工后场的安全措施。工作重点是落实原材料的到位、装卸、试验以及储存,督查场地用电、防火和防盗安全措施,及时为前场施工提供必需的安全保障。

(3)施工前场的安全措施。公路养护维修作业控制区按照《公路养护安全作业规程》(JTG H30—2015)的具体要求进行布置。

3.5.3 环境保护措施

1. 材料堆放及施工现场

规划临时工程占用地时,合理安排,根据实地情况,进行合理布置,各类材料、机械设备、器材分类整齐堆放并设置标识牌。在施工现场设有防止尘土飞扬、废料撒漏、车辆粘带黏土等措施,施工作业完毕后清理施工的场地。

2. 重视环境工作,加强环保教育

在编写施工组织设计时,要把环境保护作为施工组织设计的重要组成部分,在整个施工过程中认真贯彻实施。同时要组织全体施工人员学习环保知识,加强环保意识,认识环保的必要性和重要性。

3. 贯彻环保法规、强化环保管理

认真贯彻落实有关环境保护的法律、法规及方针、政策,根据施工现场具体情况制订详细的环境保护措施,并且定期进行环境检查,发现问题及时解决并主动联系环保部门,做到文明施工。

【拓展阅读】

科技助推沥青路面养护向低碳高效转型升级

我国沥青路面里程超过150万km,为保证服务水平,必须开展周期性养护。每年沥青路面大中修养护超过10万km,产生旧料2亿多t,消耗砂石3亿t和燃油50亿L。

大都市区的沥青路面养护,面临超大交通量与节能减排的刚性约束,对养护的低碳化、快速化需求尤为迫切,亟须解决养护决策方法不适用、快速养护服役时效短、低碳材料不耐久等一系列技术难题(图3.11)。为此,交通运输部公路科学研究所联合多所大学、科研院所及公司开展了沥青路面低碳快速养护技术创新研发,历经10余年产学研用联合攻关,在理论、材料、工艺、装备、标准方面实现突破,形成了以"低碳、快速"为特征的具有自主知识产权的沥青路面高效绿色养护技术及标准体系。

图3.11 北京三环主路大修工程

多源数据融合的路面低碳养护决策系统，解决传统决策不适用低碳、快速养护需求难题。 基于机器学习的路面病害快速精准辨识技术，探明了路面预防、修复养护系列技术的能耗排放特征，量化了路面全寿命能耗分布。基于20年养护大数据，开发了多约束、多目标的低碳养护智能决策平台。

快速、长效的路面预防养护技术体系，实现全天候快速养护和效果长效保持。 基于材料失效模式的－40 ℃～60 ℃宽温域自黏式贴缝带、即铺即通的憎水型冷补料及评价方法，开发了玻璃纤维与高分子聚合物互穿的早强增韧型稀浆混合料，研制了黏层油喷-纤维切割-搅拌摊铺的同步集约施工装备。

超低排放的路面全结构修复技术，攻克冷拌冷铺路面性能不耐久的难题。 研发了水性高分子三维网状交联加筋型增塑改性剂，提出了基于界面效应和宏-细观映射的沥青面层冷再生材料优化设计方法，创建了刚度协调的活化改性橡胶弹性骨架-致密型半刚性基层增柔修复技术。

沥青路面高效绿色养护创新技术不仅在北京等大都市区得到广泛应用，多次获得北京市市政基础设施长城杯工程金质奖，还推广应用于包括交通运输部科技示范工程等在内的10余省份的万余千米道路养护工程，经受了我国不同地域、不同气候、不同交通荷载的长期严峻考验。成果应用近3年新增销售额达14亿元，社会、环境、经济效益显著。

沥青路面高效绿色养护创新技术研究成果在保证和提高路面性能的基础上提高了施工效率，降低了工程造价，减少了能源消耗，推动了沥青路面养护向"高效施工、高效用能、高效再生"的转型升级，助力交通强国建设和绿水青山保护，经济、环境和社会效益显著，具有明显的市场竞争性，并荣获2020年度中国交通运输协会科学技术奖特等奖，同时入选国家重点节能技术推广目录和交通运输行业重点节能低碳技术推广目录。中国工程院院士及多名业内知名专家评审认为"成果具有显著的创新性，应用前景广阔，总体达到国际领先水平"。

思考与练习

一、选择题

1. 关于沥青路面路况评价，下列说法错误的是（　　）。

A. 每年应组织一次公路网级沥青路面技术状况指数调查与评定

B. 每年应组织一次用于指导日常养护的沥青路面损坏状况指数调查与评价

C. 遇特殊气候、突发灾害等情况，应加大调查频率

D. 沥青路面技术状况可分为"优、良、中、次、差"五个等级

2. 关于沥青路面养护工程路况调查与评价说法，下列错误的是（　　）。

A. 养护工程设计的沥青路面技术状况调查与评价基本单元为1 000 m路段

B. 养护工程设计的沥青路面路况数据调查与检测应按现行《公路沥青路面养护技术规范》(JTG 5142—2019)的有关规定执行

C. 沥青路面各类损坏调查与检测数据应进行分类汇总与统计分析，其结果作为养护工

程设计和现场病害处治的依据

D. 养护工程设计的沥青路面技术状况评价方法应按现行《公路技术状况评定标准》(JTG 5210—2018)的有关规定执行

3. 关于含砂雾封层的材料选择说法，下列错误的是(　　)。

A. 含砂雾封层胶结料的技术要求应满足残留物含量≥56%，干燥时间≤2(60 ℃)/6(20 ℃)，黏结强度≥0.15 MPa，布氏黏度≥2.5Pa·s

B. 含砂雾封层细粒砂可采用石英砂、金刚砂或机制砂，机制砂宜采用专用的制砂机制造，并选用优质的玄武岩生产，细粒砂的细度应为30～50目

C. 含砂雾封层施工时严禁掺入水

D. 含砂雾封层可掺入具有路面夏季降温、冬季融冰功能的添加材料，未经试验验证的添加材料不得使用

4. 适用二级及二级以下公路沥青路面预防性养护和新建、改扩建公路沥青路面下封层的是(　　)。

A. ES-1　　　　B. ES-2　　　　C. ES-3　　　　D. ES-4

5. 按矿料粒径的不同，微表处混合料可分为(　　)。

A. MS-1型和MS-2型　　　　B. MS-2型和MS-3型
C. MS-3型和MS-4型　　　　D. MS-1型和MS-4型

6. 关于微表处的施工要点，下列表述错误的是(　　)。

A. 微表处应采用专用摊铺机摊铺，微表处摊铺机的拌合箱应为大功率单轴强制搅拌式，摊铺机应具有精确计量系统并可记录或显示矿料、改性乳化沥青等的用量

B. 原路面表面光滑时，宜采用同步微表处摊铺机进行黏层喷洒微表处摊铺的同步施工方法，过于光滑的原路面表面可采用拉毛处理，保证微表处与原路面黏结良好而不脱落

C. 微表处施工环境要求以及拌和、摊铺、供料、人工找补、纵横缝搭接、养生等工艺同稀浆封层的有关规定

D. 深度不大于15 mm的不规则车辙或轻度车辙，可按要求一次全宽刮平摊铺；深度为15～30 mm的车辙填补应采用专用的V形摊铺箱，并按两层进行摊铺，宜在第一层摊铺完开放交通24 h后进行第二层摊铺

7. 纤维封层施工过程控制的检测项目不包括(　　)。

A. 构造深度　　　　　　　B. 胶结料撒布量
C. 纤维料撒布温度　　　　D. 碎石撒布量

8. 关于纤维封层的施工要点，下列表述正确的是(　　)。

A. 纤维封层施工前，路面整体强度不足时应先进行补强

B. 纤维封层碎石撒布完成后应及时使用胶轮压路机进行碾压，压路机的行驶速度不宜超过20 km/h

C. 纤维封层通车初期应设置限速设施控制行车，限制行车速度不得超过3 km/h

D. 纤维封层施工要求碎石剥落率≤20%

9. 下列不属于复合封层施工的工程验收标准的是( )。
   A. 抗滑性能   B. 深水系数
   C. 纵向接缝高差   D. 碎石覆盖率

10. 微表处通过混合料设计,提出混合料设计报告。报告的内容不包括( )。
    A. 改性乳化沥青技术指标
    B. 集料技术指标、矿料配合比和矿料设计级配
    C. 最终的生产配合比
    D. 稀浆混合料配合比和技术指标

11. 下列不属于功能性罩面技术的是( )。
    A. 超薄罩面   B. 稀浆罩面
    C. 薄层罩面   D. 罩面

12. 关于超薄罩面的施工工艺、设备要求与质量控制的说法错误的是( )。
    A. 间歇式拌合机每盘的生产周期应适当延长 5~10 s,沥青混合料的储存时间不宜超过 6 h
    B. 黏层改性乳化沥青喷洒温度应为 50~80 ℃,同步施工黏层改性乳化沥青喷洒温度不应小于 80 ℃,热沥青混合料摊铺在改性乳化沥青喷洒的表面上
    C. 碾压应在沥青混合料温度下降至 90 ℃之前完成,碾压过程中使用 11~13 t 双钢轮压路机静压 2~3 遍,严禁使用轮胎压路机
    D. 纵向接缝宜为热接缝,摊铺宽度宜为一个车道,纵向接缝宜位于标线处

13. 薄层罩面适用于预防或修复病害、需要改善抗滑等使用性能的沥青路面,下列关于薄层罩面的说法错误的是( )。
    A. 薄层罩面铺筑前,可在原路面表面喷洒一层黏层,也可在原路面表面铺筑碎石封层或纤维封层
    B. 薄层罩面沥青混各料配合比设计宜按照目标配合比、生产配合比和试拌试铺验证三个阶段进行,确定其矿料级配及最佳沥青用量
    C. 沥青混合料配合比设计不应采马歇尔成型方法
    D. 宜根据所在路段的公路等级、路面技术状况、交通量、使用功能等因素,设计碎石封层或纤维封层+薄层罩面结构组合与厚度

14. 关于罩面材料的表述,下列说法不正确的是( )。
    A. 罩面宜采用热拌或温拌沥青混凝土进行铺筑,其材料应符合现行规范的有关规定
    B. 罩面铺筑前,可在原路面或沥青表面层铣刨后下承层表面喷洒一层黏层油,也可在原路面或沥青表面层铣刨后下承层表面铺筑碎石封层或纤维封层
    C. 层间黏层油须采用普通乳化沥青
    D. 层间应力吸收层可采用碎石封层或纤维封层

15. 根据高速公路沥青路面乳化沥青厂拌冷再生工法的特点，下列表述不正确的是(　　)。
A. 原沥青路面进行铣刨的旧沥青混合料可以全部回收利用，降低原材料成本，只会对环境造成污染
B. 用乳化沥青作为有机再生结合料以及水泥或石灰作为无机再生结合料，旧沥青路面材料再生，施工操作简单，并且易于控制，无须加热，保护环境
C. 改善施工条件，延长可施工季节
D. 相对于就地冷再生，对冷再生混合料配合比控制更为准确

16. 关于再生利用技术的说法，下列不正确的是(　　)。
A. 沥青路面养护工程的面层材料优选厂拌再生
B. 用于沥青路面上面层的材料优选厂拌热再生
C. 用于沥青路面中、下面层的材料选用厂拌热再生或厂拌冷再生
D. 沥青路面表面功能恢复选用全深式就地再生

二、填空题

1. 沥青路面技术状况用沥青路面技术状况指数(PQI)及其分项指标表示，PQI及其分项指标的值域为_____。

2. 公路网级沥青路面技术状况评定应以_____路段为一个基本单元。

3. 表面致密、轻微渗水、轻度松散麻面的路面，可减少含砂雾封层混合料的洒布量，并采用单层洒布，其洒布量应为_____。

4. 表面粗糙、较重渗水、空隙率较大、重度松散麻面且贫油的路面，应增加含砂雾封层混合料的洒布量，并采用双层洒布，其洒布量应为_____，其中第一层洒布量为_____，第二层洒布量为_____。

5. 为避免污染标线，应在施工前对道路人工构造物、路缘石、标线等外露部分做防污染遮盖，不得在气温低于_____、雨天、路面潮湿的情况下施工。

6. _____微表处适用于高速公路及一级公路沥青路面预防养护，_____微表处适用中等交通量高速公路、一级及二级公路沥青路面预防养护。

7. 微表处施工时可掺入一定比例的水，并符合_____及以上水质标准。

8. 同步微表处黏层材料应采用符合《公路沥青路施工技术规范》(JTG F40—2004)规定的改性乳化沥青，其蒸发残留物含量不应小于_____。

9. 用于车辙填充的微表处混合料配合比设计，其矿料级配宜在mS-3型级配范围的_____。

10. 超薄罩面施工工艺可分为_____和_____。

11. 对于路面技术状况指数、行驶质量指数在中、良等级，交通量较大，重型车较多的路段，碎石封层或纤维封层的厚度为1.2~1.5 cm，其上的薄层罩面的厚度为_____。

12. 对于路面破损、平整度、抗滑三项指标都在中等以下，要求恢复到优、良等级，且交通量较大、重型车较多的路段，碎石封层或纤维封层厚度为1.2~1.5 cm，其上的罩面厚度为_____。

13. 功能性罩面可采用铺筑厚度_____的超薄罩面、_____的薄层罩面和_____的罩面类型。

14. 再生利用技术可分为_____、_____、_____、_____和_____。

15. 根据公路等级、路面状况、施工环境及能力、交通与气候条件等因素,合理选用沥青路面再生利用技术,其中,沥青路面表面功能恢复选用_____、沥青路面基层材料选用_____、面层与基层复合选用_____。

16. 采用就地冷再生时,冷再生层在加铺上层结构前必须进行养生,养生时间不宜少于_____。

17. 厂拌热再生中,回收 RAP 可选用_____或_____的方式、应减少对路面集料的破碎。

18. 应根据_____、_____、_____、_____、_____等因素,合理确定沥青路面预防养护时机。

三、名词解释

1. 含砂雾封层

2. 微表处

3. 纤维封层

4. 复合封层

5. 超薄罩面

6. 薄层罩面

7. 罩面

8. 厂拌冷再生

9. 就地冷再生

10. 厂拌热再生

11. 就地复拌热再生

四、简答题
1. 沥青路面路况评价结果的具体应用有哪些？
2. 简述含砂雾封层、微表处、纤维封层、复合封层等措施的适用性。
3. 简述微表处的施工工艺流程及配合比设计步骤。
4. 功能性罩面技术中的超薄罩面、薄层罩面及罩面的适用条件有哪些？
5. 简述 SBS 改性沥青混凝土铣刨加铺罩面施工的压实工艺。
6. 厂拌冷再生的适用范围、工艺原理及流程是什么？
7. 就地冷再生的技术特点及适用范围是什么？
8. 厂拌热再生的适用范围、工艺原理及流程是什么？
9. 就地复拌热再生的技术特点及工艺原理是什么？
10. 预防养护质量控制的要点是什么？
11. 预防养护安全措施是什么？

项目4 水泥混凝土路面养护与维修

知识目标

1. 理解水泥混凝土路面检查、评定与检验内容;
2. 掌握水泥混凝土路面的病害类型;
3. 掌握水泥混凝土路面的病害治理及维修加固方法。

水泥混凝土路面
养护与维修

技能目标

1. 能够识别水泥混凝土路面病害的类型;
2. 能够分析水泥混凝土路面常见病害产生的原因;
3. 能够进行水泥混凝土路面状况调查;
4. 能够进行水泥混凝土路面常见破损的处理。

任务描述

四丰公路是宽度为12 m的二级公路,随着地区经济的发展,交通量增长较快,且重车较多,车辆超载也比较严重,现路面破损严重,唧泥、胀缝、裂缝等现象较普遍,部分路段已经影响行车安全。

为了避免进一步发生道路水毁事件,造成不可估量的损失,应尽快对四丰公路进行维修。

任务要求:根据交通调查和路面破损调查,进行路面状况评价,完成水泥混凝土路面养护工程设计及施工方案的编写工作。

4.1 概论

相关知识

4.1.1 水泥混凝土路面养护内容与质量标准

1. 养护内容

(1)行车道与硬路肩上的泥土和杂物,应经常予以清扫。当设有中间带、变速车道、爬坡车道、应急停车带时,其上的泥土和杂物也应清扫干净。

(2)水泥混凝土路面各种接缝的填缝料出现缺损或溢出,应及时填补或清除,并应防止泥土、砂石及其他杂物挤压进入接缝,影响混凝土路面板的正常伸缩。

(3)路基路面(包括路肩、中央分隔带)排水设施,应经常检查和疏通,防止积水,以保护路面不受地面水和地下水的损害。

(4)路面各种标线、导向箭头及文字标记,应及时清洗和恢复,经常保持各种标线、标记完整无缺,清晰醒目。辅助和加强标线作用的凸起路标,应无损坏、松动或缺失,并保持其反射性能。

(5)路肩外和中央分隔带内种植的乔木、绿篱和花草,应及时浇灌、剪修,以保持路容整齐、美观。如有空缺或老化,应适时补植或更新。对病虫害,应及时防治。对影响视距和路面稳定的绿化栽植,应予以处理。

(6)对路面、路肩和路缘石等的局部损坏,应查清原因,采取合适的材料和相应的措施进行修复,以保证路面具备各级公路所要求的使用状态和服务水平。

(7)对路面的较大损坏,应按《公路水泥混凝土路面养护技术规范》(JTJ 0731—2001)对路面检查评定结果确定的养护对策,安排大、中修或专项工程,进行维修和整治。局部路段路面损坏严重的,应予以翻修,以达到设计标准;整个路段路面平整度、抗滑能力不足的,可采取罩面铺筑加铺层,以恢复其表面功能整个路段路面接缝填缝料失效的,应予以全面更换。

(8)对承载能力不足或不适应交通发展要求的路面,可根据不同情况进行加铺、加宽,以提高承载能力和通行能力。

2. 养护质量标准

水泥混凝土路面的养护质量标准应符合表4.1的规定。水泥混凝土路面在使用中,应对其使用质量进行检查。凡不符合养护质量标准的,应及时维修,或有计划地安排大、中修或专项工程,予以改善和提高,恢复和改善工程的质量标准可参照《公路工程质量检验评定标准 第一册 土建工程》(JTG F80/1—2017)执行。

表 4.1 水泥混凝土路面养护质量标准

项目		高速公路、一级公路	其他等级公路
平整度/mm	平整度仪	2.5	3.5
	3 m 直尺	5	8
	国际平整度指数 IRI	4.2	5.8
抗滑	构造深度 TD/mm	0.4	0.3
	抗滑值 SRV	45	35
	横向力系数 SFC	0.38	0.30
相邻板高差/mm		3	5
接缝填缝料凹凸/mm		3	5
路面状况指数(PCI)		≥70	≥55

3. 养护材料要求

(1)水泥混凝土路面养护维修的常规和专用材料,必须具有足够的强度、耐久性和稳定性,以承受车辆的作用和抵抗自然环境的影响。养护维修的各种材料均应进行必要的试验,不符合要求的,不得使用。

(2)水泥混凝土路面养护维修的常规材料的技术要求应符合《公路水泥混凝土路面设计规范》(JTG D40—2011)的有关规定。

(3)水泥混凝土路面养护维修所用的路面标线材料的技术要求应符合《道路交通标志和标线》(GB 5768)的有关规定。

4.1.2 水泥混凝土路面病害类型和分级

1. 水泥混凝土面层断裂类病害

(1)贯穿水泥混凝土面层的断裂裂缝,按裂缝出现的方位和板断裂的块数,分为下列4种。

1)平行或近于平行路面中心线的纵向裂缝,如图 4.1 所示。

2)垂直或斜向路面中心线的横向或斜向裂缝,如图 4.2 所示。

3)从板角隅到斜向裂缝两端的距离小于 1.8 m 的角隅断裂。

4)两条以上裂缝交叉,使板断裂成 3 块以上的交叉裂缝和断裂板。

图 4.1 纵向裂缝

图 4.2 横向裂缝

(2)纵向、横向或斜向裂缝和角隅断裂,按裂缝缝隙边缘碎裂程度和缝隙宽度,可分为下列 3 个轻重程度等级。

1)轻微。缝隙边缘无碎裂或错台的细裂缝,缝隙宽度小于 3 mm;或者裂缝填封良好、边缘无碎裂或错台,如图 4.3 所示。

2)中等。缝隙边缘中等碎裂或错台小于 10 mm,且缝隙宽度小于 15 mm。

3)严重。缝隙边缘严重碎裂或错台大于 10 mm,且缝隙宽度大于 15 mm,如图 4.4 所示。

图 4.3 轻微裂缝

图 4.4 严重裂缝(1)

(3)交叉裂缝和断裂板,按裂缝等级和混凝土板断裂的块数可分为下列 3 个轻重程度等级。

1)轻微。板被轻微裂缝分割成 2~3 块。

2)中等。板被中等裂缝分割成 3~4 块,或被轻微裂缝分割成 5 块以上,如图 4.5 所示。

3)严重。板被严重裂缝分割成 4~5 块,或被中等裂缝分割成 5 块以上,如图 4.6 所示。

图 4.5 中等裂缝

图 4.6 严重裂缝(2)

2. 水泥混凝土面层竖向位移类病害

水泥混凝土面层的竖向位移,按产生原因的不同可分为沉陷和胀起两种病害。沉陷和胀起病害按其对行车的影响可分为下列 3 个轻重程度等级。

(1)轻微。车辆以限速驶过时仅引起无不舒适感的轻微跳动。

(2)中等。车辆驶过时有产生不舒适感的较大跳动。

(3)严重。车辆驶过时产生过大的跳动,引起严重不舒适或不安全,如图 4.7 所示。

图 4.7 严重胀起

3. 水泥混凝土面层接缝类病害

水泥混凝土路面板接缝处的损坏,按其形态和影响范围可分为接缝填缝料损坏、纵向接缝张开、唧泥和板底脱空、错台、接缝碎裂、拱起 6 种病害。

(1)接缝填缝料损坏(图 4.8),按接缝填缝料出现老化、挤出、缺损的情况可分为下列 3 个轻重程度等级。

1)轻微。整个路段接缝填缝料情况良好,仅有少量接缝出现上述损坏。

2)中等。整个路段接缝填缝料情况尚可,1/3 以下的接缝长度出现上述损坏,水和硬质材料易渗入或挤入。

3)严重。接缝填缝料情况很差,1/3 以上的接缝长度出现上述损坏,水和硬质材料能自由渗入或挤入,填缝料需立即更换。

图 4.8 填缝料损坏

(2)纵向接缝张开,按接缝的张开量可分为下列两个轻重程度等级。

1)轻微。接缝张开 10 mm 以下。

2)严重。接缝张开 10 mm 以上。

(3)唧泥和板底脱空(图4.9),可分为下列两个轻重等级。

1)轻微。车辆驶过时,有水从板缝或边缘外唧出,或者在板接(裂)缝或边缘的邻近表面残留有少量唧出材料的沉淀物。

2)严重。在板接(裂)缝或边缘的表面残留有大量唧出材料的沉淀物,车辆驶过时,板有明显的颤动和脱空感。

图 4.9 唧泥

(4)错台,按相邻板边缘的高差大小可分为下列3个轻重程度等级。

1)轻微。错台量小于5 mm。

2)中等。错台量5~10 mm。

3)严重。错台量大于10 mm。

(5)接缝碎裂,按碎裂范围和程度可分为下列3个轻重程度等级。

1)轻微。碎裂仅出现在接缝或裂缝两侧8 cm范围内,尚未采取临时修补措施。

2)中等。碎裂范围大于8 cm,部分碎块松动或散失,但不影响安全或危害轮胎。

3)严重。影响行车安全或危害轮胎。

4. 水泥混凝土面层的表层损坏

水泥混凝土面层的表层损坏,可分为磨损和露骨,纹裂、网裂和起皮,活性集料反应,粗集料冻融裂纹,坑洞5种病害。

(1)磨损和露骨(图4.10),按磨损或露骨的深度可分为下列两个轻重程度等级。

1)轻微。磨损、露骨深度小于等于3 mm。

2)严重。磨损、露骨深度大于3 mm。

(2)纹裂、网裂和起皮,按是否出现起皮和起皮病害的面积可分为下列3个轻重程度等级。

1)轻微。板的大部分面积出现纹裂或网裂,但表面状况良好,无起皮。

2)中等。板出现起皮,面积小于等于混凝土板面积的10%。

3)严重。板出现起皮,面积大于混凝土板面积的10%。

(3)活性集料反应病害可分为下列3个轻重程度等级。

1)轻微。板出现网裂,面层可能变色,但未出现起皮和接缝碎裂。

2)中等。出现起皮和(或)接缝碎裂,沿裂缝和接缝有白色细屑。

图 4.10 露骨

3)严重。出现起皮和(或)接缝碎裂的范围发展到影响行车安全或危害轮胎,路表面有大量白色细屑。

(4)粗集料冻融裂纹可分为下列 3 个轻重程度等级。

1)轻微。裂纹出现在缝或自由边附近 0.3 m 范围内,缝未发生碎裂。

2)中等。裂纹出现在缝或自由边附近,范围大于 0.3 m 受影响区内缝出现轻微或中等碎裂。

3)严重。裂纹影响区内裂缝出现严重碎裂,不少材料散失。

(5)坑洞不分轻重程度等级,如图 4.11 所示。

图 4.11 坑洞

修补损坏病害,按修补处再次出现的损坏情况可分为下列 3 个轻重程度等级。

1)轻微。轻微破损,或边缘处有轻微碎裂。

2)中等。轻微裂缝或车辙、推移,边缘处有中等碎裂和 10 mm 以下错台。

3)严重。出现严重裂缝、车辙、推移或错台,需重新进行修补。

4.1.3 水泥混凝土路面状况调查和评定

1. 路面状况调查

(1)为了解路面现状,选择相应的养护措施,制定养护政策,规划养护工程项目,编制养护计划，进行路面改建设计都应进行路面状况调查和评定。

(2)路面状况调查和评定包含路面破损状况、结构承载能力、行驶质量、抗滑能力、交通状况(车辆组成和轴载)、路基和路面排水状况、路面修建和养护历史7个方面。按调查需求和路面状况的不同，分别选择不同的调查内容和调查深度或细度，采用不同的评定指标和标准对路面状况进行调查与评定。

(3)路面破损状况以病害类型、轻重程度和出现的范围或密度3项属性表征。各种病害和轻重程度出现的范围或密度，以调查路段(或子路段)内出现该种病害和轻重程度等级的混凝土板块数占该路段(或子路段)板块总数的百分率计。同一块板内存在多种病害或轻重程度等级时，以最显著的种类或最重的程度计入系数。

(4)调查工作采用目测和仪具量测方法，每年或每两年进行一次，视破损状况发展速度来确定需采取养护措施的路段(地点)，或为路面改建设计提供依据而进行的调查，应沿整个调查路段逐块板进行；而为了解和评定路面现状对使用要求的适应程度，以制定养护政策，分配养护资金，规划养护工程项目，编制养护计划进行的调查，可采用抽样调查方法，抽样规模为10%左右(每千米选取100 m，或者每个子路段选取10%的子路段长度)。

(5)考虑路面破损严重或路面需承受比原设计标准轴载数大得多的车辆荷载进行设计时，应进行现有路面的结构承载能力调查和测定。

(6)调查测定采用无破损试验和破损试验两者结合的方式进行。无破损试验主要采用承载板、静态弯沉仪(长杆)或落锤弯沉仪等仪器，测定试验荷载作用下的路表挠度曲线，评定接缝传荷能力，判断板底脱空情况。破损试验为钻取各结构层的试样，量取其厚度，并在室内进行强度和模量的测定。

(7)行驶质量调查可采用反应类仪器或断面类仪器进行路面平整度测定。不同类型仪器的测定结果，应按预先经过试验建立的关系曲线，统一换算成国际平整度指数(IRI)。平整度测定沿调查路段的各个车道逐千米进行。在路面使用初期，进行一次全线平整度测定，而后视交通量大小于每隔2~4年进行一次测定，或者按情况需要对平整度差的路段进行测定。

(8)抗滑能力调查包括路面表面摩阻系数和构造深度测定两项。摩阻系数可采用摆式仪测定路表面抗滑值(SRV)，或者偏转轮拖车测定侧向力系数(SF)，或者锁轮拖车测定滑移指数(SN)得到。路表面构造深度采用砂容量法测定。

(9)在路面使用初期，对各路段进行一次全面测定。按路段内各个车道路表面的构造情况，分为若干个均匀段落，分别选择代表性测定地点，然后每隔2~4年进行一次测定，或者根据需要对抗滑性能差或行车安全有疑问的路段进行测定。

2. 路面状况评定

(1)采用路面状况指数(PCI)和断板率(DBL)两项指标评定路面破损状况。依据路段破损状况调查得到的病害类型、轻重程度和密度数据，按表4.2确定该路段的路面状况指数(PCI)，以100分制表示。

表 4.2 计算单项扣分值的系数 A 和 B

项目	A			B		
	轻	中	重	轻	中	重
纵、横、斜向裂缝	30	65	93	0.55	0.52	0.54
角隅断裂	49	73	95	0.76	0.64	0.61
交叉裂缝、断裂板	70	88	103	0.60	0.50	0.42
沉陷、胀起	49	65	92	0.76	0.64	0.52
唧泥	25	—	65	0.90	—	0.80
错台	30	60	92	0.70	0.61	0.53
接缝碎裂	23	30	51	0.81	0.61	0.71
拱起	49	65	92	0.76	0.64	0.52
纵缝张开	30	—	70	0.90	—	0.70
填缝料损坏	10	35	60	0.95	0.90	0.80
纹裂或网裂和起皮	22	60	90	0.70	0.60	0.50
磨损和露骨	20	—	60	0.70	—	0.50
坑洞	—	30	—	—	0.60	—
活性集料反应	25	47	70	0.90	0.80	0.70
修补损坏	10	60	90	0.95	0.60	0.54

(2)路面破损状况分为 5 个等级,各等级的路面状况指数和断板率的评定标准见表 4.3。

表 4.3 路面破损状况等级评定标准

评定等级	优	良	中	次	差
路面状况指数 PCI	≥85	84~70	69~55	54~40	<40
断板率 DBL/%	≤1	2~5	6~10	11~20	>20

(3)路面行驶质量采用行驶质量指数(RQI)进行评定,以 10 分制表示。行驶质量指数同路面平整度指数 IRI 之间的关系,应由有代表性的成员组成的评定小组通过实地评定试验建立。也可参照下列关系式确定行驶质量指数:

$$RQI = 10.5 - 0.75 IRI$$

行驶质量分为 5 个等级。各等级的行驶质量标准见表 4.4。

表 4.4 各等级行驶质量标准

评定等级	优	良	中	次	差
行驶质量指数 RQI	≥8.5	8.4~7.0	6.9~4.5	4.4~2.0	<2.0

(4)路面表面抗滑能力采用侧向力系数 SFC 或抗滑值 SRV 及构造深度两项指标评定。路面抗滑能力分为 5 个等级。各等级的评定标准见表 4.5。

表 4.5 各等级的评定标准

评价等级	优	良	中	次	差
构造深度/mm	≥0.8	0.7～0.6	0.5～0.4	0.3～0.2	<0.2
抗滑值 SRV	≥65	64～55	54～45	44～35	<35
横向力系数 SFC	≥0.55	0.54～0.45	0.44～0.38	0.37～0.30	<0.30

3. 养护对策

(1)高速公路及一级公路的路面破损状况等级为优和良，或者二级及二级以下公路的路面破损状况等级为中及中以上时，可采用日常养护和局部或个别板块修补措施。各种病害的养护或修补措施可参考表4.6。

表 4.6 各种病害的养护或修补措施

项目	可暂不修	填封裂缝	填封接缝	部分深度修补	全深度修补	换板	沥青混合料修补	板底封堵	板顶研磨	刻槽	边缘排水
纵、横、斜向裂缝	L	L、m、H			H						
交叉裂缝、断裂板			L、m				m、H				
沉陷、胀起	L、m						m、H	H	m、H		
唧泥、错台	L			L、m				H	H		m、H
接缝碎裂	L			m、H	H		m、H				
拱起	L				m、H	H					
纵缝张开			L、H								
填缝料损坏	L		m、H								
纹裂或网裂和起皮	L、m			m、H			m、H				
磨损和露骨	磨损						露骨			磨光	
活性集料反应	L				H		m				
集料冻融裂纹	L			m、H	H						

注：表中 L、m、H 表示病害轻重度等级：L——轻度；m——中等；H——严重。

(2)高速公路及一级公路的路面破损状况等级为中及中以下，或者二级及二级以下公路的路面破损状况等级为次及次以下时，应采取全路段修复或改善措施，包括沥青混合料修补、板块破碎和碾压稳定、铺筑沥青混凝土或水泥混凝土加铺层及修建纵向边缘排水设施等。

(3)高速公路及一级公路的路面行驶质量等级为中及中以下，或者二级及二级以下公路的行驶质量等级为次及次以下时，应采取刻槽、罩面或加铺层等措施改善路面的平整度。

(4)高速公路及一级公路的路面抗滑能力等级为中及中以下，或者二级及二级以下公路的抗滑能力等级为次及次以下时，应采取刻槽、罩面等措施提高路表面的抗滑能力。

（5）路面结构承载能力不满足现有交通的要求时，应采取铺筑沥青混凝土或水泥混凝土加铺层措施提高其承载能力。

4.2 水泥混凝土路面的日常养护

相关知识

4.2.1 水泥混凝土路面日常养护要求及内容

（1）水泥混凝土日常养护工作应符合下列要求。

1）根据水泥混凝土路面日常养护工作的需要，制订日常养护工作计划，道路养管部门应编制月、季和年度养护计划，建立日常巡查制度，及时、准确地掌握路面状况信息，有计划、有针对性地安排养护项目。

2）做好预防性、经常性养护，通过制度性的巡视检查，及早发现缺陷，查清原因，采取适当措施对路面进行养护。

3）路面日常养护应达到有关技术规范和标准规定的养护质量。

4）养护作业应严格按照有关技术规范和标准进行。高速公路应采取机械化养护作业方式，迅速、优质、高效地处理各类路面损害和障碍，确保运行质量。

5）树立高度的服务意识和安全意识，保证养护作业安全，在路面养护作业中，应满足正常行车的需要，尽量避免完全封闭交通。

6）不断探索和应用新材料、新设备、新技术、新工艺，提高养护作业的时效性、机动性、安全性和可靠性。

（2）水泥混凝土路面上出现的各类病害，必须及时、快速处理。当发现有危及行车安全的病害时，应立即修复或采取临时修复措施，并按有关规定安排修复。

（3）路面的日常养护应根据实际需要配置适用的机具，做好适当的材料储备，并建立可靠的养护材料供应网络，以确保路面养护作业正常进行。

（4）在高速公路上进行路面养护作业的人员，必须接受专门的岗前安全教育和养护作业规程的培训。

（5）在日常养护中，应注意收集、利用气象信息和交通信息等相关信息。

1）每天应记录天气情况。在多风、多雨、多雾、多雪及多冰冻季节，应随时注意天气的变化。必要时应与当地的气象台、站取得并保持联系，随时获得最新气象信息，以便及时采取相应措施。

2）每月应进行交通量调查统计。

■ **4.2.2 水泥混凝土路面日常养护内容**

水泥混凝土路面的日常养护可分为路面、路基构造物、桥梁、涵洞、隧道、交通安全设施、绿化等部分。具体内容见表4.7。

表 4.7 水泥混凝土路面的日常养护内容

工作项目	日常养护内容
路面	(1)水泥混凝土路面病害的日常观察和经常性检查； (2)水泥混凝土路面病害的日常保洁； (3)水泥混凝土路面破损的临时性修补； (4)水泥混凝土路面的接缝养护； (5)水泥混凝土路面病害的冬期养护
路基构造物	(1)整理路肩、边坡，保持路容整洁； (2)疏通排水设施，保持排水系统畅通； (3)清理浮石塌方、填充水沟，保持边坡平顺稳定； (4)经常修护路基构造物使其处于完好状态
桥梁、涵洞、隧道	(1)清理污泥、杂物，保持桥面清洁； (2)清除桥下、涵洞及排水沟的淤泥，保持泄水孔、涵管、桥梁的排水畅通； (3)随时保持桥梁伸缩缝的清洁、无杂物，使其处于正常工作状态； (4)注意隧道照明灯的更换，使得照明设施处于正常状态；监视设施保持清洁状态
交通安全设施	(1)经常清洗和擦拭标志、标牌、里程碑和百米桩； (2)对破损严重或失去功能的安全设施应予以及时更换
绿化	(1)乔木、灌木、花草的修剪、施肥、打药等管护； (2)缺株、死树的补栽和更换； (3)路树的粉刷

■ **4.2.3 水泥混凝土路面日常养护作业**

水泥混凝土路面应强调预防性和经常性的日常养护，通过经常的巡视检查，及早发现缺陷，查清原因，采取适当措施，清除障碍物，保持路面状况良好。

1. 水泥混凝土路面的清扫保洁

(1)定期清扫路表泥土和杂物，对路面上的小石块等坚硬物应予以清除；中央分隔带内的杂物应定期清除，保持路容整洁；路面清扫频率应根据公路状况、交通量大小及其组成、环境条件等确定。

(2)交通量小的二级及二级以下水泥混凝土路面，可采用人工进行日常清扫，清扫前应准备好工具，作业人员应着安全标志服，清扫时应面向来车，并避让行车以保证作业安全。清扫应根据不同路段路面污染状况确定相应的清扫次数，对交通量大污染快的城市近郊区、不同路面连接处、平交道口及对保洁有特殊要求的路段，应适当增加清扫人员、增加清扫次数。

(3)高速公路、一级公路和交通繁忙的其他等级公路的水泥混凝土路面清扫应采用机械作业。采用机械清扫时,应在清扫前检修机械,保证清扫设备能正常使用,机械清扫留下的死角以人工清除干净;采用机械清扫时应根据作业路段、面积和作业要求拟订行驶路线,以保证机械使用效率。

(4)路面清扫时,应尽量减少清扫作业产生的灰尘,以避免污染环境,危及行车安全。清扫作业宜避开交通高峰时段进行;路面清扫后的垃圾应运至指定地点进行处理,不得随意倾倒。

(5)当路面被油类物质或化学药品污染时,应清洗干净,必要时用中和剂或其他材料处理后再用水冲洗。

(6)交通标志标牌、示警桩、轮廓标及防撞护栏等交通安全设施应定期擦拭,交通标标线受到污染后应及时清扫或清洗,保持整洁、醒目。

2. 水泥混凝土路面的日常巡查

水泥混凝土路面巡查可分为日常检查、特殊检查和夜间检查。

(1)日常检查。

1)日常巡查由养护班组进行,每天一次。主要检查拱起、沉陷、错台等病害,以及路面油污、积水、结冰等诱发病害的因素。

2)日常检查可以车行为主,采用观察、目测及人工计量,定性与定量观测相结合,对于重要情况应予摄影和摄像。

3)日常巡查应做好相关记录。

(2)特殊检查。在台风、暴雨、大雪、大雾、地震等可能危害道路交通安全时应进行特殊巡查。如雨前、雨中、雨后查路即特殊检查。特殊检查可由班组进行,也可由上级部门组织进行。

(3)夜间巡查。夜间巡查项目包括道路照明设施状况、道路标志状况、路面标线状况、视线导标状况等。夜间巡查主要是针对夜间交通安全及交通功能进行的,一般一周一次或一月一次。

3. 水泥混凝土路面接缝的保养

接缝养护的好坏直接影响水泥混凝土路面的使用周期和使用功能,接缝的失养可能导致水泥混凝土路面板块唧泥、脱空、胀裂、错台等病害,因此,应对接缝进行适时的保养。填缝料保养要求如下。

(1)保持填缝料饱满、密实、黏结牢固,从而保证接缝完好、表面平整、不渗水。

(2)当气温上升、水泥混凝土板伸长、填缝料挤出并高出路面(高速公路、一级公路3 mm,其他等级公路5 mm)时,应将高出部分用小铲或其他工具铲出,以保证路面平整。

(3)当气温下降、水泥混凝土板收缩、接缝扩大有空隙时,应选择当地气温较低时灌注同样的填缝料,以防止泥、砂挤进接缝和雨水渗入接缝。

(4)防止硬质杂物落入接缝缝隙,妨碍混凝土板块伸长,从而造成接缝损坏。

(5)保持接缝填缝料完好,防止雨水浸入接缝缝隙软化路基,导致混凝土板损坏。

4. 水泥混凝土路面填缝料的更换

填缝料的更换是一项经常性的养护工作。填缝料的日常性更换是指对填缝料局部脱落、缺失、损坏的填补更换。

(1)填缝料更换的周期一般为2~3年。

(2)填缝料局部脱落时应进行灌缝填补；填缝料脱落缺失大于1/3缝长或填缝料老化、接缝渗水严重时应立即进行整条接缝的填缝料的更换。

(3)填缝料应与水泥混凝土板具有较好的黏结力。当混凝土板伸缩时，填缝料应能与混凝土板黏结牢固，而不会从混凝土缝壁上脱落；同时，填缝料应具有良好的回弹性、较高的拉伸率、耐热性和较好的低温塑性，且耐久性好。

(4)在填缝工作完成后，应将作业范围内撒落的灌缝料及滑石粉、砂或泥等材料清除干净。

(5)填缝料的更换宜在春、秋两季，或在当地年气温居中且干燥的季节进行。

5. 排水设施的养护

水泥混凝土路面、路肩、中央分隔带、边沟、边坡、截水沟、排水沟等组成地面排水系统。水泥混凝土路面若排水不畅，水渗入路面基层及路基后，会软化路面基层及路基，使混凝土板块下形成唧泥，产生脱空，从而导致混凝土板块破坏。此外，水泥混凝土路面积水形成水膜，影响行车安全，故必须对其进行妥善的日常养护，保证排水系统的排水功能。排水系统养护的要求如下。

(1)对路面排水设施应进行经常性的巡查和重点检查，发现损坏及时修重，发现堵塞立即疏通，发现路段积水及时排出。

(2)应坚持雨前、雨中、雨后上路检查制度。雨天重点检查有超高路段的中央分隔带纵向排水沟、横向排水管、雨水井、集水井等设施的排水状况。

(3)保持路面横坡及路面平整度。当快车道是水泥混凝土路面，慢车道或非机动车道是沥青路面时，应保持沥青路面横坡大于水泥混凝土路面横坡。

(4)保持路肩横坡大于路面横坡，保持横坡顺适，土路肩应定期维护，及时修复路肩缺口。

(5)清除路肩杂草、污物，疏通路肩排水设施和中央分隔带排水设施，同时，定期清除雨水井、集水井的沉积物。

(6)保持排水构造物完好，发现损坏应及时安排修复，修复时宜采用与原构造物相同的材料。

(7)对路面板裂缝应进行封闭，对路面接缝、路肩接缝及路缘石与路面接缝出现接缝变宽渗水时应进行填缝处理。

(8)地下水存在于路面基层、垫层和土基内所产生的游离水会使材料的强度降低，产生唧泥和造成路面冻胀破坏。为排出路面下的游离水，常沿水泥混凝土路面外侧边缘稳定基层上设置边部排水设施(一般采用多孔塑料管外包渗滤层)，把可能唧泥或喷射出的板与基层间的截留水排出。排水系统的不均匀沉降及重沉积物可能造成管内沉积物的聚积，应使用大量清水冲洗聚水管，或采用管道清理工具疏通，要注意清除出水口的植物、淤积物和堵塞物。

6. 日常养护中对病害的临时处理措施

水泥混凝土路面产生病害后，为了避免病害的进一步恶化及保证道路使用的安全，在日常养护中常常要对病害采取临时性处理措施。病害的临时性处理具有经常性、周期性、预防性、及时性和快速性的特点，要求发现病害立即处理，确保行车安全，不能彻底处理时、必须采取临时处理措施。对病害临时处理的方法如下。

(1)裂缝的封闭处理。

1)为防止雨水从裂缝中渗透至基层和路基，对裂缝常常采用封闭处理。对于表面裂缝和虽然贯穿板厚但面板仍能满足强度要求且面板稳定的裂缝，可采用聚氨酯类、烯类、橡胶类、沥青类胶粘剂对裂缝进行封闭。

2)对于裂缝造成板块强度不足的，采用环氧树脂类、酚醛和改性酚醛树脂类胶粘剂对裂缝进行封闭。封闭时首先将缝内脱落物及灰尘等清除干净，一般采用铁钩和吸尘器等工具清理，对宽度小于3 mm的表面裂缝，也可以采取扩缝灌浆的办法封缝。

3)为防止污染路面，在灌缝前应在缝的两侧撒砂或滑石粉，然后采用灌缝机或灌缝器将封缝料灌入缝中，待封缝料冷却硬化后清理干净施工现场。

(2)坑洞的临时处理。坑洞的临时处理方法有填充沥青混凝土、沥青冷补材料、高强度水泥砂浆等，填充前应将坑洞内的松动物及尘土清除干净。

(3)沉陷的临时处理。当沉陷量较小时可采取铺沥青混凝土的方式进行处理；当沉降量大时，可在下面铺沥青碎石，在上面铺沥青混凝土加以处理。

(4)断板的临时处理。当断板无变形时，采取灌填缝料将缝封闭；当断板有变形时，冬季可采取铺筑沥青冷补材料，一般情况可采用沥青混凝土进行临时处理，以保证行车安全。

(5)板角破损的临时处理。对于板角破损但无变形的，可采取封缝临时处理；对于板角破损且发生变形的，加铺沥青混凝土或沥青冷补料补平碾压后开放交通。

■ 4.2.4 水泥混凝土路面冬季养护

冬季冰冻地区的公路上常常有积冰、积雪，因路面太滑极易发生交通事故。冰雪水渗入路面下引发冻融病害，破坏水泥混凝土路面，对冰雪地区加强路基和水泥混凝土路面冬期养护十分必要，冬期养护的要求如下：

(1)冬期养护重点。路基养护的重点是保证路基排水畅通，保持边坡完好，以便冰雪融化后水顺利排出路基。路面养护的重点是除冰、防滑，养护作业的重点是桥面、坡道、弯道、垭口及其他严重危害行车安全的路段。

(2)冬期除冰除雪。清除路面冰雪主要采用4种方法，即机械清理、化学处理、路面加热和减少冰与路面的黏着力。除雪、除冰和防滑要根据气象资料、沿线条件、降雪量、积雪深度、危害交通范围等条件制订作业计划。冰雪期前要做好专用机械驾驶、操作人员的培训，做好机械设备、作业工具、防冻防滑材料的准备，除雪工作应力求在雪刚降落时即开始清扫，不让其形成大量堆积。路面积雪后要及时清除，防止路面积雪被压实变成冰后清除困难。除雪作业应以清除新雪为主，化雪时应及时清除薄冰。机械清除积雪后，要及时撒融雪剂融雪、防冻，对桥面、高填方等温度低的路段，要适当加大融雪剂撒布量；除冰作业时应防止破坏路面，除冰困难的路段应以防滑措施为主，除冰为辅，以提高养护作业效率。

（3）路面防滑措施。路面防滑的主要措施有使用盐或其他融雪剂降低路面上的结冰温度；使用砂等防滑材料或砂与盐掺和使用，既降低结冰温度又加大轮胎与路面之间的摩擦系数。

防冻防滑料撒布时间主要根据气象条件、路面状况等来确定。一般在刚开始下雪撒布融雪剂或与防滑料掺和撒布，或者估计在路面出现冻结前 1~2 h 撒布。防止路面结冰时，通常撒布一次防冻料即可。除雪作业时，撒布频率可以与除雪作业频率一致。

在冰冻地区的冬期养护中，根据养护里程和面积及撒布次数准备防滑融雪材料。常用的融雪剂有氯化钠、氯化钙、氯化镁、异丙醇、乙二醇、氮和磷酸盐化合物等，广泛使用的是氯化钠和氯化钙。使用融雪药剂时应注意避免对路面的损伤，对汽车、护栏产生的腐蚀作用，对绿化植物的影响及对环境的污染。

在冰冻和积雪期间，应经常巡视路面和涵洞。当冰阻塞涵洞时，要及时清除洞内的冰，防止涵洞堵塞。春季气温回升冻融前，应将积雪及时清除至路肩以外，以免雪水渗入路肩，同时，不得在清除后将含盐的积雪堆积于绿化带内，以防止污染绿化植物；冰雪消融后，应清除路面上的残留物。

4.3 水泥混凝土路面常见病害维修技术

相关知识

水泥混凝土路面损坏可分为面层断裂类、面层竖向位移类、面层接缝类、面层表层损坏类等类型。面层表层损坏类主要是指磨损、露骨、纹裂、网裂、起皮、活性集料反应、粗集料冻融裂纹、坑洞、修补损坏等。

4.3.1 水泥混凝土面层断裂类病害

水泥混凝土路面裂缝与断板产生的原因较多，有的是在施工中养生不当引起的早期皮层开裂，有基层脱空引起的面板全厚度断裂，有在荷载和温度应力共同作用下的疲劳开裂，有活性集料反应引起的网裂，也有板过长的翘曲或过量收缩引起的横向裂缝等。对于已出现的裂缝和断板，如不及时维修处治，病害会继续扩大，从而使水泥面板逐渐丧失传荷作用，导致路面严重损坏，影响行车安全。

水泥混凝土面层断裂类病害主要是指纵向裂缝、横向裂缝、斜向裂缝、交叉裂缝、断裂板等，主要是断板和裂缝，如图4.12和图4.13所示。裂缝有表面裂缝和贯穿裂缝。表面裂缝产生主要是由于混凝土浇筑后表面未及时覆盖，而导致混凝土体积急剧收缩和碳化收缩；贯穿裂缝分为贯穿面板全厚度的横向裂缝、纵向裂缝、交叉裂缝等。

图4.12 断板

图4.13 裂缝

1. 裂缝及维修

纵向裂缝大多出现在路基横向有不均匀沉降的路段。横向或斜向裂缝通常由重载反复作用、温度或湿度梯度产生的翘曲应力或干缩应力等因素单独或综合作用引起。在开放交通前出现的横向或斜向裂缝，主要是施工期间锯切缝的时间安排不当所造成的。角隅断裂通常由表面水侵入，地基承载力降低，接缝处出现唧泥，板底形成脱空，接缝传荷能力差，重载反复作用等综合作用所引起。有裂缝板在基层和路基浸水软化及重载反复作用下进一步断裂，便形成交叉裂缝和破碎板。

根据混凝土路面板的裂缝情况，可采用以下修理方法分别予以处理。

(1)扩缝灌浆法。对宽度小于3 mm的轻微裂缝，可采取扩缝灌浆或封缝处理，即顺着裂缝扩宽成1.5~2.0 cm的沟槽，清洁后填入粒径为0.3~0.6 cm的清洁石屑，将灌缝材料灌入扩缝，养护至达到通车强度。

扩缝灌浆法适用于宽度小于3 mm的表面裂缝。其修补工艺可分为以下几部分。

1)扩缝。顺着裂缝将缝口扩宽成1.5~2.0 cm的沟槽，槽深根据裂缝深度确定。最大深度不得超过2/3板厚。

2)清缝填料。清除混凝土碎屑，用压缩空气吹净灰尘，并填入粒径0.3~0.6 cm的清洁石屑。

3)配料灌缝。采用聚硫橡胶：环氧树脂＝16：(2~16)。配制成聚硫环氧树脂灌缝料，拌和均匀并倒入灌浆器，灌入扩缝。

4)加热增强。宜用红外线灯或装有60~100 W灯泡的长条形灯带，在已灌缝上加温，温度控制为50 ℃~60 ℃，加热1~2 h即可通车。

(2)条带罩面补缝。对贯穿全厚的大于3 mm小于15 mm的中等裂缝，可采用条带罩面进行补缝，条带罩面补缝法如图 4.14 所示，适用于贯穿全厚、宽度为 3～15 mm 的中等裂缝，具体工艺如下。

1)切缝。用销缝机顺裂缝两侧各约 15 cm，且平行于缩缝切 7 cm 深的两条横缝，宽度如图 4.14 所示。

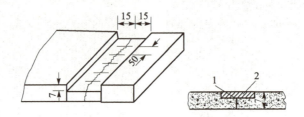

图 4.14 条带罩面补缝法(单位：cm)
1—钯钉；2—现浇混凝土

2)凿除混凝土。在两条横缝内侧用镐或液压镐凿除混凝土，深度以 7 cm 为宜。

3)打靶钉孔。沿裂缝两侧 15 cm，每隔 50 cm 钻一对靶钉孔，其直径应大于靶钉直径 2～4 mm，并在两靶钉孔之间打一个与靶钉孔直径一致的靶钉槽，然后按照安装靶钉、凿毛缝壁、刷黏结砂浆、浇筑混凝土的工序进行作业。

4)安装铝钉。用压缩空气吹除孔内混凝土碎屑，将孔内填灌快凝砂浆，把除过锈的钯钉(宜采用 ϕ16 mm 螺纹钢筋)弯成长为 7 cm 的弯钩，插入钯钉孔。

5)缝壁凿毛。将切割的缝内壁凿毛，并清除松动的混凝土碎块及表面松动裸石。

6)刷黏结砂浆。在修补混凝土毛面上刷一层黏结砂浆。

7)浇筑混凝土。应浇筑快凝混凝土，并及时振捣密实、磨光和喷洒养护剂，其喷洒面应延伸到相邻老混凝土面板 20 cm 以上。

8)修补块面板两侧，应加深缩缝，并应灌注填缝料。

(3)直接灌浆法。直接灌浆法适用于宽度大于 3 mm 且无碎裂的裂缝。其修补工艺如下。

1)清缝。将缝内泥土、杂物清除干净，并确保缝内无水、干燥。

2)涂刷底胶。在缝两边约 30 cm 的路面上及缝内涂刷一层聚氨酯底胶层，厚度为 0.3 mm±0.1 mm，底胶用量为 0.15 kg/m²。

3)配料灌缝。填缝料由环氧树脂(胶粘剂)、二甲苯(稀释剂)、邻苯二甲酸二丁酯(增稠剂)、乙二胺(固化剂)、水泥或滑石粉(填料)组成。采用配合比为胶粘剂：稀释剂：增稠剂：固化剂：填料＝100：44：10：8，填料(200～400 目)，视缝隙宽度掺加，按比例配制好，并搅拌均匀后直接灌入缝内，养护 2～4 h 即可开放交通。

(4)全深度被块法。对宽度大于 15 mm 的严重裂缝可采用全深度补块法。

全深度补块法分为集料嵌锁法、刨挖法和设置传力杆法。集料嵌锁法适用于无筋混凝土路面交错，且间隔小于 300～400 cm 的接缝。设置传力杆法适用于寒冷气候下和承受重型交通荷载的混凝土路面。

1)集料嵌锁法修补工艺。

①画线、切割。将修补的混凝土路面沿面板平行于纵缝画线,并沿画线用切割机进行全深度切割,在全深度补块的外侧锯 4 cm 宽、5 cm 深的缝。

②破碎、凿毛。用风镐破碎并清除旧混凝土,将全深锯口和半锯口之间的 4 cm 宽条混凝土垂直凿成毛面。

③混凝土配合比。新的混凝土配合比应与原混凝土材料一致。

④混凝土拌和、摊铺。严格按混凝土配合比用搅拌机将混凝土搅拌均匀,将拌好的混合料摊铺在补块区内,并振捣密实。浇筑的混凝土面层应与相邻路面的横断面高程一致,其表面纹理应与原路面相同。

⑤养生。补块的养生宜采用养护剂养生,其用量根据养护剂材料性能确定。

⑥接缝处理。做接缝时,将板中间各缩缝锯切至 1/4 板厚处,并将接缝材料填入缩缝内,浇筑混凝土达到通车强度后,即可开放交通。

2)设置传力杆法。设置传力杆法如图 4.15 所示。

①施工要求同集料嵌锁法。

②处理基层后,应修复、安设传力杆和拉杆。

③原混凝土面板没有传力杆或拉杆折断时,应用与原规格相同的钢筋焊接或重新安设。安装时应在板厚 1/2 处钻出比传力杆直径大 2～4 mm 的孔,孔的中心距为 30 cm,其误差不应超过 3 mm。

④横向施工缝传力杆是直径为 25 mm 的光圆钢筋,长度为 45 cm,嵌入相邻保留板内 22.5 cm 深。

⑤拉杆孔的直径宜比拉杆直径大 2～4 mm,并应沿相邻板块间的纵向接缝板厚 1/2 处钻孔,中心距为 80 cm。拉杆采用长度为 80 cm、直径为 6 mm 的带肋钢筋,并嵌入相邻车道的混凝土面板内 40 cm 深。

⑥传力杆和拉杆宜用环氧砂浆牢牢地固定在规定位置,摊铺混凝土前,光圆传力杆的伸出端应涂少许润滑油。

⑦新补板块与沥青混凝土路肩相接时,应和现有路肩齐平。

⑧传力杆若安装倾斜或松动失效,应予以更换。

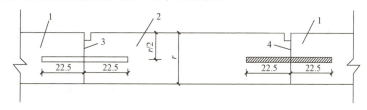

图 4.15 设置传力杆法(单位:cm)

1—保留板;2—全深度补块;3—缩缝;4—施工缝。

2. 板边、板角修补

(1) 板边修补。对水泥混凝土路面板边的轻度剥落进行修补时,应将剥落的表面清理干净,用沥青混合料或接缝材料填充密实,修补平整。

1) 板边严重剥落时,采用中等裂缝维修的条带罩面法进行修补。

2) 板边全深度破碎时,采用严重裂缝的全深度补块法进行修补。

(2) 板角修补。

1) 板角断裂应按破裂面的大小确定切割范围并放样。

2) 切缝后,凿除破损部分时应凿成规则的垂直面,原有钢筋不应切断,如果钢筋难以全部保留,至少也要保留 20 cm 长的钢筋头,且应长短交错。

3) 检查原有滑动传力杆,如果有缺陷应予以更换并在新、旧混凝土之间设传力杆,传力杆间距控制在 30 cm。

4) 如基层不良时,可采用 C15 混凝土浇筑基层。与原有路面板的接缝如为缩缝,应涂刷沥青;如为胀缝,应设置接缝板。现浇混凝土与旧混凝土面板间的接缝应切出宽 3 mm、深 4 mm 的接缝槽,并灌入填缝材料。待混凝土达到强度后,方可开放交通。

■ 4.3.2 水泥混凝土面层竖向位移类病害

水泥混凝土面层竖向位移类病害主要包括沉陷、胀起等。

1. 沉陷处理

为使沉陷的混凝土板恢复到原来的位置,可采用预升施工法进行处治。面板顶升的基本要求如下。

(1) 面板在顶升前,应用水准仪测量下沉板的下沉量,测站距下沉处应大于 50 m,并绘制出纵断面,求出升起值。

(2) 在混凝土面板上钻孔,孔深应略大于板厚 2 cm,板块钉升宜采用起重设备或千斤顶。

(3) 灌注材料可采用水泥砂浆。

(4) 灌注材料压入后,每灌一孔应用木楔堵塞,压浆全部完毕,应拔出木楔、宜用高强度水泥砂浆堵孔。

(5) 压浆材料的抗压强度达到 6 MPa 时,方可开放交通。

2. 胀起的处理

当板端胀起但路面完好时,可用锯缝机缓慢地将拱起处两侧板的 2~3 道横缝加宽、切深,通过释放其应力予以处理;或切开拱起端,将板块恢复原位,然后用填缝料填封接缝。

当板端拱起板块已经发生断裂或破损时,则应根据破损情况分别按前述裂缝修理的方法予以处理。

4.3.3 水泥混凝土面层接缝类病害

水泥混凝土面层接缝类病害主要是指水泥混凝土路面板接缝处的损坏，按损坏的形态和影响范围可分为接缝填缝料损坏、纵向接缝张开、唧泥、板底脱空、错台、接缝碎裂、拱起等。

1. 接缝维修

(1)接缝填缝料损坏时的维修应符合下列几种规定。

接缝中的旧填缝料和杂物应予以清除，并将缝内灰尘吹净。在胀缝修理时，应先将热沥青涂刷缝壁，再将接缝板压入缝内。对接缝板接头及接缝板与传力杆之间的间隙，必须用沥青或其他填缝料填实抹平，上部用嵌缝条填缝的应及时嵌入嵌缝条。加热式填缝料修补时，必须将填缝料加热至灌入温度，宜用嵌缝机填灌。填缝料应与缝壁黏结良好和填灌饱满。在气温较低季节施工时，应先用喷灯将接缝预热。加热式填缝料的技术要求见表 4.8。

表 4.8 加热式填缝料的技术要求

试验项目	加热式填缝料的类型	
	低弹性型	高弹性型
针入度/0.1 mm	<50	<90
弹性(复原率)/%	>30	>60
流动度/mm	<5	<2
拉伸量/mm	>5	>15

用常温式填缝料修补时，除无须加热外，其施工加热法与加热式填缝料相同(表 4.9)。

表 4.9 常温式填缝料的技术要求

试验项目	技术要求	试验项目	技术要求
灌入稠度/s	<20	流动度/mm	0
失黏时间/h	6~24	拉伸量/mm	>15
弹性(复原率)/%	>75	—	—

填缝料的技术要求与施工质量验收标准，应符合水泥混凝土路面施工规范和养护规范的规定。

(2)纵向接缝张开时的维修应符合下列几种规定。

1)当相邻车道面板横向位移，纵向接缝张开宽度在 10 mm 以下时，宜采用聚乙烯胶泥、焦油类填缝料和橡胶沥青等加热施工式填缝料填灌。

2)当相邻车道板横向位移，纵向接缝张口宽度在 10 mm 以上时，宜采取聚氨酯类常温施工式填缝料进行维修。

3) 当纵向接缝张口宽度在 15 mm 以上时，采用沥青砂填缝。

(3) 接缝出现碎裂时的维修应符合下列几种规定。

1) 在敲碎部位外缘，应切割成规则图形，其周围切剖面应垂直于面板，底面宜为平面。

2) 应清除混凝土碎块，吹净灰尘、杂物，并应保持干燥状态。

3) 宜用高模量补强材料进行填充维修，其材料技术性能应符合有关规范的规定。

4) 修补材料达到通车强度后，方可开放交通。

2. 板块脱空处理

(1) 水泥混凝土面板脱空位置可采用弯沉测定法来确定。凡弯沉超过 0.2 mm 的，应确定为面板脱空。

(2) 灌浆孔布设基本要求。灌浆孔布设应根据路面板的尺寸、下沉量大小、裂缝状况及灌浆机械确定。用凿岩机在路面上打孔，孔的大小应和灌注嘴的大小一致，一般为 50 mm 左右。灌浆孔与面板边的距离不应小于 0.5 m。在一块板上，灌浆孔的数量一般为 5 个，也可根据情况确定。

(3) 水泥混凝土路面板和基层之间由于出现空隙而导致路面沉陷的，可采用沥青灌注、水泥浆、水泥粉煤灰浆和水泥砂浆灌浆等方法进行板下封堵。

1) 沥青灌注方法。

① 灌浆孔的布置如图 4.16 所示。

② 灌浆孔钻好后，应采用压缩空气将孔中的混凝土碎屑、杂物清除干净，并应保持干燥。

③ 宜采用建筑沥青，沥青加热熔化温度一般为 180 ℃。

④ 沥青洒布车或专用设备的压力为 200～400 kPa。灌注沥青压满后约为 0.5 min，应拔出喷嘴，用木楔堵塞。

⑤ 沥青温度下降后，应拔出木楔，填进水泥砂浆，即可开放交通。

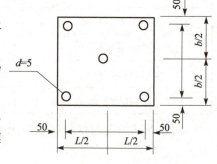

图 4.16　灌浆孔的布置（单位：cm）

d—灌浆孔直径；L—板长；b—板宽

2) 水泥灌浆法。

① 灌浆孔的布设与沥青灌注法相同。

② 灌注机械可用压力灌浆机或压力泵，灌注压力为 1.5～2.0 MPa。

③ 灌浆作业应先从沉陷量大的地方的灌浆孔开始，逐步由大到小。当相邻孔或接缝中冒浆，可停止泵送水泥浆，每灌完一孔用木楔堵孔。

④ 待砂浆抗压强度达到 3 MPa 时，用水泥砂浆堵孔，即可开放交通。

3. 唧泥处理

(1) 对于水泥混凝土路面唧泥病害，应采用压浆处理。

(2) 水泥混凝土面板进行压浆处理后，应及时灌缝。

(3) 设置排水设施的基本要求。

1) 路面和路肩应保持设计横坡，宜铺设硬路肩。
2) 路面裂缝、接缝及路面与硬路肩接缝应进行密封。
3) 设置纵向积水管和横向出水管。

4. 错台处理

错台的处理方法有磨平法和填补法两种，可按错台的轻重程度选定。

(1) 高差小于等于 10 mm 的错台，可采用磨平机磨平或人工凿平。

1) 应从错台最高点开始向四周扩展，边磨边用 3 mm 直尺找平，直至相邻两块板齐平为止。
2) 磨平后，应将接缝内杂物清除干净，并吹净灰尘，及时将嵌缝料填入。

(2) 对于高差大于 10 mm 的严重错台，可采取沥青砂或水泥混凝土进行处理。

1) 沥青砂填补基本要求。
①在沥青砂填补前应清除路面杂物和灰尘，并喷洒一层热沥青或乳化沥青，沥青用量为 $0.40 \sim 0.60$ kg/m^2。
②修补面纵坡变化应控制在 1% 以内。
③沥青砂填补后，宜用轮胎压路机碾压。
④初期应控制车辆慢速通过。

2) 水泥混凝土修补基本要求。
①应将错台下沉板凿除 $2 \sim 3$ cm 深，修补长度按错台高度除以坡度(1%)计算。
②应清除凿除面上的杂物灰尘。
③浇筑聚合物细石混凝土。
④混凝土达到通车强度后，即可开放交通。

5. 沉陷处理

(1) 沉陷处理应设置排水设施。

(2) 沉陷处理采用顶升法和灌浆法。

公路路面面板顶升灌注基本要求如下。

1) 面板顶升前，应用水准仪测量下沉板的下沉量，测站距离下沉处应大于 50 m，并绘制出纵断面，求出升起值。
2) 在混凝土面板上钻孔，孔深应略大于板厚 2 cm。
3) 板块顶升宜采用起重设备或千斤顶。
4) 灌注材料可采用水泥砂浆。
5) 灌注材料压入后，每灌一孔用木楔堵塞，压浆全部完毕，应拔出木楔，宜用高强度水泥砂浆堵孔。
6) 压浆材料的抗压强度达到 6 MPa 时，方可开放交通。

(3) 当水泥混凝土整板沉陷并产生破碎时，应整板翻修。

6. 拱起处理

(1) 拱起处理应根据具体情况，采取不同的方法。

(2)板端拱起但路面完好时,先将拱起板块两侧附近1~2条横缝切宽,待应力充分释放后切除拱起端,逐渐将板块恢复原位。在缝隙和其他接缝内应清缝,并灌接缝材料。

(3)拱起板端发生断裂或破损时,按板边修补处理。

(4)拱起板两端间因硬物夹入发生拱起时,应将硬物清除干净,使板块恢复原位,且应清理接缝内的杂物和灰尘,灌填缝料。

(5)若胀缝间因传力杆部分或全部在施工时设置不当,使板受热时不能自由伸长而发生拱起,应重新设置胀缝。

■ 4.3.4 水泥混凝土路面表层类病害

1. 表面起皮、剥落、露骨处理

表面起皮、剥落、露骨处理应根据公路等级和表面破损程度,采取不同的材料和施工方法进行,对局部板块表面的起皮应进行罩面。

(1)一般公路水泥混凝土板表面的起皮、剥落、露骨,宜采用稀浆封层加以处理。

(2)高速公路水泥混凝土板表面的起皮、剥落、露骨,宜采用改性稀浆封层及沥青混凝土加以处理。

(3)对于较大面积的水泥混凝土板表面的起皮、剥落、露骨,宜采用稀浆封层及沥青混凝土罩面措施。

2. 坑洞修补

坑洞修补应根据不同情况,采取相应的措施进行。

(1)对于个别的坑洞,应清除洞内杂物,用水泥砂浆等材料墙充,以达到干整、密实。

(2)对于较多的坑洞且连成一片的,应采取薄层修补的方法进行修补。

1)切割面积的图形边线,应与路中心线平行或垂直。

2)切割的深度应在6 cm以上,并将切割面内的光滑面凿毛。

3)应清除槽内的混凝土碎屑。

4)将混凝土拌合物填入槽内,振捣密实,并保持与原混凝土面板齐平。

5)宜喷洒养护剂养生。

6)待混凝土达到通车强度后,方可开放交通。

(3)对于低等级公路上面积较大、深度在3 cm以内、成片的坑洞,可用沥青混凝土进行修补。

1)用风镐凿除一个处治区,其图形边线应与路中心线平行或垂直。

2)凿除深度以2~3 cm为宜,并清除混凝土碎屑。

3)铺筑沥青混凝土前,应将凿除的槽底面和槽壁洒黏层沥青,其用量为0.4~0.6 kg/m²。

4)沥青混凝土应碾压密实、平整。

5)将沥青混凝土冷却后,控制车速通车。

4.4 水泥混凝土路面改善

相关知识

1. 水泥混凝土路面表面功能恢复

水泥混凝土路面整条路段出现较大面积的磨损、露骨时,可采取铺设沥青磨耗层的方法;局部路段出现路面磨光时,可采取机械刻槽的方法,以恢复水泥混凝土路面的表面平整度和摩擦系数。

对于水泥混凝路面板较大范围的磨损和露骨可铺设沥青磨耗层。

(1)沥青磨耗层铺筑前应对混凝土面板进行修整和处理,应使水泥混凝土路面干燥清洁,不得有尘土、杂物或油污。

(2)水泥混凝土路面表面应喷洒 0.4~0.6 kg/m² 的黏层沥青,宜采用快裂型乳化沥青。

(3)黏层沥青宜采用沥青洒布车进行喷洒,在路缘石、雨水进水口、检查井等局部位置与沥青面层接触处用人工涂刷。

(4)喷洒黏层沥青应符合下列要求。

1)黏层沥青应均匀洒布或涂刷,喷洒过量处应予刮除。

2)当气温低于 10 ℃ 或路面潮湿时,不得喷洒黏层沥青。

3)喷洒黏层沥青后,除沥青混合料运输车辆外严禁其他车辆、行人通过。

4)黏层沥青洒布后,应立即铺筑沥青层,乳化沥青应待破乳后铺筑。

沥青磨耗层采用沥青砂,厚度一般为 1.0~1.5 cm。其矿料级配及沥青用量范围见表 4.10。

表 4.10 沥青混合料级配及沥青用量范围(方孔筛)

砂粒式	通过下列筛孔(mm)的质量百分率/%								沥青用量/(kg·m⁻²)
	9.5	4.75	2.36	1.18	0.6	0.3	0.15	0.075	
	100	95~100	55~75	35~55	20~40	12~26	7~18	5~10	6.0~8.0

①稀浆封层的施工温度不得低于 10 ℃,路面应清洁。
②稀浆封层机摊铺时应保持槽内有近半槽稀浆,摊铺过程中出现局部稀浆过厚,需用橡皮板刮平,稀浆过少应用铁锹取浆补齐,流出的乳液需用刮板刮平,摊铺终点接头处应平直整齐。
③稀浆封层铺筑后到成型前应封闭交通。
④开放交通初期应有专人指挥,控制车速不得超过 20 km/h,并不得刹车或调头。

2. 水泥混凝土加铺层

在旧水泥混凝土路面上加铺水泥混凝土面层之前,应对旧混凝土路面病害进行处理。

(1)在旧混凝土路面表面洒布黏层沥青。在封闭交通施工的路段,施工路段长度一般不宜大于 1 000 m；在半幅通车半幅施工路段，一般不宜大于 300 m。黏层沥青采用热沥青或乳化沥青。沥青用量为 0.4 kg/m²，使用乳化沥青，宜采用快裂洒布型乳化沥青 PC-3、PA-3，乳液中沥青含量不少于 50%，乳化沥青用量为 0.6 kg/m²。洒布过量处，应予刮除。严禁在已洒布或涂刷黏层沥青的面板上通行车辆和行人，并防止土石杂物等散落在沥青上面。

(2)沥青混凝土隔离层。沥青混凝土厚度以 1.5～2.5 cm 为宜。摊铺宽度应超过加铺板边缘 25 cm，严禁出现空白区。碾压机械宜采用轮胎压路机，自路边向路中心碾压，边压边找平，至沥青混凝土隔离层平整无轮迹为止。

(3)土工布隔离层。在水泥混凝土路面上满铺土工布，土工布纵横向搭接宽度为 2 cm，在土工布搭接部分涂刷热沥青。

(4)沥青油毡隔离层。在水泥混凝土路面上满铺沥青油毡，沥青油毡纵横向搭接宽度为 20 cm，在沥青油毡搭接部分涂刷热沥青。

水泥混凝土加铺层厚度应通过计算确定，且不小于 18 cm。水泥混凝土加铺层半幅施工时应采用钢模板，中模以角钢为宜，必须支立稳固，其平面位置与高度应符合设计要求。安装模板时宜采取由边模固定中模的方法。边模由钢钎固定，中模每间隔 1 m 用膨胀螺栓将模板外侧底部预先定位固定，中模与边模之间采用横跨两模板的活动卡梁辅助固定。活动卡梁间距不大于 2 m，并随铺筑进度相应装拆推移。混凝土配合比设计，混合料搅拌、运输、摊铺、振捣、整平、接缝设置、表面修整、养护、锯缝、填缝等工艺应符合公路水泥混凝土路面有关施工规范规定。在加铺层上，新、旧混凝土面板应尽可能对缝，拆除模板时必须做好锯缝位置的标记。

钢纤维混凝土加铺层适用于路面标高受到限制的路段。钢纤维混凝土路面板厚应通过结构设计确定，也可取普通混凝土路面板厚度的 65%，一般不小于 12 cm。集料的粒径不大于 15 mm，钢纤维规格应符合《公路水泥混凝土路面设计规范》(JTG D40—2011)的规定。钢纤维体积率为 1.2%。钢纤维混凝土拌合物的配合比，混合料搅拌、摊铺、振捣、整平、养护等，均应符合公路水泥混凝土路面有关施工规范的规定。纵、横缝应与旧混凝土面板一致，拆模时必须做好锯缝标记。

(5)钢筋布置的要求。纵向钢筋间距不小于 10 cm，不大于 25 cm。横向钢筋间距不大于 80 cm。纵向钢筋焊接长度不小于 50 cm 或钢筋直径的 30 倍，焊接位置相互错开，不应在一个断面上重叠。纵向钢筋应设在面板厚度的 1/2 处，横向钢筋位于纵向钢筋之下，横向钢筋下设梯形混凝土支撑垫块。边缘钢筋至板边的距离一般为 10～15 cm。在与其他路面或桥梁、涵洞等构造物连接处，必须进行端部处理。可根据实际情况连续设置 3 道胀缝或 3 道矩形锚固梁。纵缝不另设拉杆，由一侧板的横向钢筋延伸，并穿过纵缝代替拉杆。施工缝可采用平缝，纵向钢筋应保持连续，穿过接缝。

(6)钢筋混凝土加铺层适用于一般路段。钢筋混凝土板厚按普通混凝土板的规定进行设计。

纵、横向钢筋宜采用相同的直径。钢筋的最小直径和最大间距按表 4.11 确定。

表 4.11 钢筋的最小直径和最大间距

钢筋类型	光面钢筋	螺纹钢筋
最小直径/mm	8	12
纵向最大间距/mm	15	35
横向最大间距/mm	30	75

钢筋的搭接长度宜大于直径的 25 倍，钢筋应设在板面下 1/3～1/2 板厚范围内，外侧钢筋中心距接缝或自由边的距离为 10～15 m，钢筋保护层的最小厚度不小于 5 cm。

横向缩缝间距宜为 10 m，并应设传力杆。纵缝、胀缝和施工缝的设置与普通混凝土路面相同。

(7)直接式加铺层施工时须清除旧面板表面积物，冲刷尘污，使板面洁净无异物。直接式加铺层厚度应通过计算确定且不小于 14 cm。

采用直接式加铺层的路段，其板面应基本完好、平整。旧混凝土面板局部裂缝处应采用钢筋网片补强，钢筋网片覆盖于裂缝之上，超过裂缝不小于 50 cm，网片距离板底面 5 cm。

水泥混凝土路面施工按照公路水泥混凝土路面有关施工规范的规定执行。

3. 沥青混凝土加铺层

沥青混凝土加铺层要求旧混凝土路面稳定、清洁，并维修好面板损坏部分。

反射裂缝的防治可采用土工格栅、油毡、土工布、切缝填封橡胶沥青或做二灰碎石、水泥稳定粒料层。

(1)采用土工格栅施工，应符合下列规定。

1)先在混凝土面板上洒黏层沥青，沥青用量为 0.4～0.6 kg/m²；

2)用 1～2 cm 沥青砂调平旧混凝土路面；

3)宜采用玻璃纤维格栅压入沥青调平层；

4)采用膨胀螺栓加垫片固定格栅端部；

5)格栅纵、横向的搭接部分长度不小于 20 cm；

6)格栅中部在混凝土面板纵、横缝位置及两外侧边缘用钢钉加垫片固定。

(2)采用聚酯改性沥青油毡施工，应符合下列规定。

1)将油毡切割成 50 cm 宽的长条带；

2)用压缩空气清除表面杂物；

3)将油毡铺放在接缝处，缝两侧各 25 cm；

4)用汽油喷灯烘烤油毡；

5)在油毡处于熔融状态后压实；

6)用一层沥青砂覆盖油毡表面。

(3)采用土工布施工，应符合下列规定。

1)凿平板块错台部位；

2)喷洒黏层沥青，沥青用量为 0.4～0.6 kg/m²；

3)一端固定土工布，然后拉紧、铺平粘贴土工布。

(4)在沥青路面上对应水泥混凝土横向接缝处切缝，灌接缝材料。

1)按旧水泥混凝土路面平面图,确定水泥混凝土板的接缝位置;
2)在沥青面层已定位的接缝上方,锯深1.5 cm、宽0.5 cm的缝;
3)用压缩空气将锯缝清理干净,并保持干燥;
4)灌填橡胶沥青。

(5)做二灰碎石、水泥稳定碎石上基层,基层厚度不小于15 cm,基层施工按《公路路面基层施工技术细则》(JTG/T F20—2015)的规定执行。

4. 水泥混凝土路面加宽

拓宽土基时应先将原边坡坡脚或边沟清淤。

(1)必须铲除边坡杂草、树根和浮土,并按《公路路面基层施工技术细则》(JTG/T F20—2015)的规定处理。

(2)应分层填筑压实土基。

(3)必须处理好新、旧路基的衔接,在新、旧路基交界处,在路基与基层界面上铺设一层土工格栅。

(4)在加宽路基时,应同时做好路基排水系统。

拓宽路面基层时,新加宽的基层强度不得低于原有水泥混凝土路面的基层强度,宜采用相错搭接法(图4.17)。

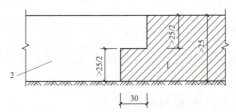

图4.17 相错搭接法(单位:cm)

1—新加宽水泥混凝土路面基层;2—原水泥混凝土路面基层

混凝土路面加宽应符合下列要求。

(1)双侧加宽。如原路基较宽,路面加宽后路肩宽度大于75 cm时,可以直接加宽;如路基较窄不具备加宽路面条件的路段,应先加宽路基。如果施工机械和操作方法能保证路基加宽部分达到规定密实度,即可加宽路面,否则应待路基压实稳定后再加宽路面。宜采用两侧相等加宽的方式,如图4.18所示。$a-a'<1$ m时不调整路拱,$a-a'>1$ m时调整路拱。两侧不相等加宽的方式如图4.19和图4.20所示。

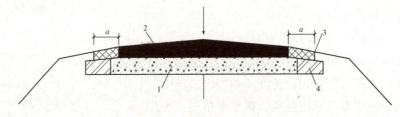

图4.18 两侧相等加宽路面

1—路基;2—路面;3,4—加宽路面

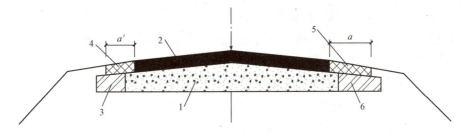

图 4.19 两侧不相等加宽路面(1)

1—路基；2—路面；3、6—路基加宽；4、5—路面加宽

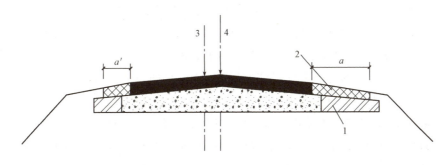

图 4.20 两侧不相等加宽路面(2)

1—路基加宽；2—路面加宽；3—原路面中心线；4—加宽后路面中心线

(2)单侧加宽。由于受线形和地形的限制必须采用单侧加宽时，可采用图 4.21 所示的加宽方式。

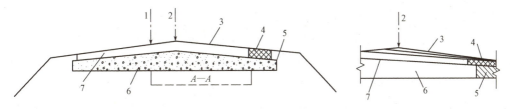

图 4.21 单侧加宽路面

1—路面；2—路拱；3—基层；4—路面加宽；5—路肩；6—路基；7—底基层

(3)在平曲线处，均应按《公路工程技术标准》(JTG B01—2014)的规定设置超高、加宽，原来漏设的，也应结合加宽补设。

(4)加宽的混凝土面板的强度、厚度、路拱、横缝均宜与原混凝土面板相同。板块长宽比应为 1.2~1.3。路面板加宽应增设拉杆，拉杆设置参照《公路水泥混凝土路面设计规范》(JTG D40—2011)执行。

(5)混凝土面板加宽应按下列方法增设拉杆。

1)在面板外侧每间隔 60 cm，在 1/2 板厚处打深 30 cm、直径为 18 mm 的水平孔；

2)清除孔内混凝土碎屑；

3)向孔内压入高强度砂浆；

4)插入直径为 14 mm、长 60 cm 的螺纹钢筋。

(6)水泥混凝土路面的施工，应符合公路水泥混凝土路面有关施工规范的规定。

【延伸阅读】

水泥路面的科技进步

客观地看，在我国高速公路沥青路面的建造技术和工艺水平要高于水泥路面，沥青路面的大规模建设时期先于水泥路面，沥青路面建设中积累的成功经验比滑模摊铺水泥路面更丰富，也更成熟。但也应看到，在沥青路面建设技术进步的同时，我国高速公路水泥路面的建造技术和工艺水平已经取得了很大的进步，可以说已经实现了跨越式技术发展和工艺进步。我国目前的高速公路滑模摊铺水泥路面的建设规模、施工速度、平整度、弯拉强度及使用年限等具体指标已经达到国外发达国家水平。

目前，我国在使用"双掺技术"的高性能道路混凝土领域已经达到国际领先水平。我国近年来建设的高速公路水泥路面的平均弯拉强度已经达到 6.5～7.3 MPa，韧性、抗超载能力和耐久性大大提高，在原材料和施工技术上实现了更强、更耐久的目标。其具体体现在《公路水泥混凝土路面施工技术细则》(JTG/T F30—2014)中原材料扩展使用外加剂和掺合料，路面混凝土配合比为耐久性控制，高速公路要求使用滑模摊铺技术、板底增加沥青封层等。

在水泥路面的结构设计方面已经摆脱了多年以来单一普通水泥混凝土路面的束缚，实现了多元化，达到了更适应变形、抗超载能力更强的目标。在《公路水泥混凝土路面设计规范》(JTG D40—2011)中，编进的水泥路面新结构有全缩缝插传力杆的混凝土路面、钢筋混凝土路面、连续配筋混凝土路面、钢纤维混凝土路面、结合式与分离式加铺层等。

不少工程技术人员提出：高级路面不是刚性路面就是柔性路面，可否做半刚半柔的路面，集两种路面之所长？从原材料的角度看，半刚半柔的材料已经存在，如聚合物混凝土、树脂混凝土等，技术上已经成熟，但用于大规模高速公路路面的极少，问题出在造价和原材料产量与供给两个方面。树脂与聚合物是石化产品，没有一个工业行业来支撑，导致价高量少，树脂与聚合物的单价均在 2 万元/吨以上。目前，国内外尚不可能提供几十万吨的总量，更不可能日供应几千吨的原材料。尽管如此，国内外均在特殊工程或特殊部位使用了此类半刚半柔材料，如钢桥面铺装部位、特殊水力冲磨部位等。

思考与练习

一、选择题

1. 水泥混凝土路面损坏类型有( )种。
   A. 7   B. 9   C. 10   D. 11

2. 水泥混凝土路面裂缝损坏按长度计算，检测结果应用影响宽度( ) m 换算成损坏面积。
   A. 0.1   B. 0.2   C. 0.4   D. 1.0

3. 水泥混凝土路面坑洞损坏是指板面出现大于( ) mm、深度大于( ) mm 的坑槽。
   A. 10，30   B. 20，30   C. 30，10   D. 30，20

4. 道路硅酸盐水泥的特点是( )。
   A. 抗压强度高   B. 抗折强度高
   C. 释热量低   D. 水化速度快
5. 加铺水泥混凝土面层实测项目中的关键项目是( )。
   A. 弯拉强度   B. 平整度
   C. 构造深度   D. 横向力系数 SFC
6. 用集料嵌锁法修补水泥混凝土路面的严重裂缝时,在修补的水泥混凝土路面上( )于缩缝画线,沿画线位置全深度切割。
   A. 垂直   B. 平行   C. 相交   D. 远离
7. 水泥混凝土面板出现唧泥病害时,可进行( )。
   A. 灌水处理   B. 磨平处理   C. 压浆处理   D. 不处理
8. 水泥混凝土路面填缝料凸出板面,高速公路、一级公路超出( )mm 时应铲平。
   A. 3   B. 4   C. 5   D. 6
9. 为了弥补水泥混凝土板边强度的不足,可在车行道边缘设置( )。
   A. 传力杆   B. 角隅钢筋
   C. 边缘钢筋   D. 钢筋网片
10. ( )不是水泥混凝土路面病害。
   A. 板角断裂   B. 板块脱空
   C. 唧泥   D. 车辙

二、判断题

1. 水泥混凝土路面的胀缝中必须设拉杆。   (   )
2. 为防止两块水泥混凝土面板拉开,拉杆和传力杆的两端均应锚固在混凝土板内。(   )
3. 水泥混凝土路面产生翘曲应力的原因是温度变化太快。   (   )
4. 水泥混凝土路面产生最大综合疲劳损坏的临界荷位为板的纵缝边缘中部。(   )
5. 水泥混凝土路面与沥青路面相接处,一般不需要进行特殊处理措施。   (   )
6. 水泥混凝土路面的基层宽度应比面板稍小一些。   (   )
7. 混凝土面板应表面平整、耐磨、抗滑。   (   )
8. 混凝土路面的假缝处不需要灌缝处理。   (   )
9. 混凝土路面的缩缝处不需要设置传力杆。   (   )
10. 钢筋混凝土路面配筋是为了增加板体的抗弯拉强度而减小面板的厚度。 (   )

三、简答题

1. 简述水泥混凝土路面接缝的养护方法。
2. 现场集中拌和混凝土,强度等级为 C40,其各组混凝土抗压强度值为 39.0、48.6、45.6、42.0、42.4、45.4、47.6、45.4(MPa)。试用非统计方法评定该批混凝土是否合格。
3. 水泥混凝土配合比设计试拌时,如果坍落度低于实际要求,可以采取哪些措施?

项目 5　桥梁涵洞养护与维修

知识目标

1. 理解桥梁检查、评定与检验内容；
2. 掌握桥梁上部结构的养护维修加固方法；
3. 掌握桥梁下部构造的养护维修加固方法；
4. 了解涵洞的养护维修方法。

桥梁涵洞养护与维修

技能目标

1. 能够对公路桥涵现场进行技术检查，完成相应记录表填写；
2. 能够根据桥梁定期检查数据，对桥梁部件缺损状况进行评分，评价桥梁总体状况，确定桥梁技术状况等级；
3. 能够确定公路桥梁涵洞损坏情况，提出养护维修加固建议。

任务描述

京沪高速公路(河北段)是国家规划建设的12条国道主干线的重要组成部分，也是交通部规划的"两纵、两横、三条线"的重要路段。京沪高速公路河北段(K100+000～K240+999)北起河北与天津交界的青县流河镇东，经由沧州的青县、沧县、泊头、南皮、东光和吴桥6个县(市)，南与德州至济南高速公路相连，路线全长为141 km，建设标准为全封闭全立交双向四车道高速公路，设计时速为120 km；沿线桥梁设计荷载等级为汽-超20级，挂-120级。京沪高速公路(河北段)自1998年10月12日正式开工建设，历经两年多的时间，于2000年12月11日全线建成通车。全线桥涵共计430座，其中，特大桥2座、大桥7座、中桥40座、小桥通道262座、立交涵洞118座。

虽然桥梁在建设时充分考虑了当时当地远景经济发展和社会诸多方面的需求，采取当时最先进的技术和材料，但仍然难以摆脱历史的局限性。因此，早期建设的许多桥梁表现出标准低和承载力不足的状况，尤其在超限超载车辆的迅速增长的情况下，受某些局部设计不合理、施工工艺条件限制等因素的影响，在役公路桥梁的通行能力面临着严峻的考验。一些公路交通基础设施不能完全做到畅通无阻，来适应当前交通运输发展的需要。请对沿线公路桥梁进行检查,并根据在桥梁检查中发现的病害(图5.1)给出相应的养护维修措施。

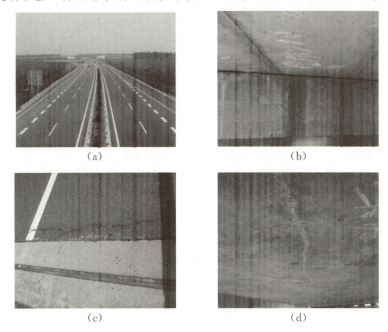

图 5.1　桥梁病害

(a)京沪高速公路；(b)K107+851小桥铰缝渗水；(c)底板纵向裂缝；(d)桥台处路面横缝

到2025年,我国高速公路一、二类桥梁比例达到95%,普通国省干线公路一、二类桥梁比例达到90%,国省干线公路新发现四、五类桥梁处治率达到100%。到2035年,公路桥梁建设养护管理水平将进入世界前列,基本实现并不断完善管理体系和管理能力现代化。

公路桥涵养护工程按工程性质、技术复杂程度和规模大小,可分为日常保养、维修、加固及改建4类。公路桥涵养护应遵循"防治结合、科学养护、安全运行、保障畅通"的原则,并应符合下列要求。

(1)保障结构完好、外观整洁和附属设施齐全完好。

(2)配备必要的检测和养护设备、设施。

(3)积极稳妥地采用先进的检查设备、养护技术和科学的管理方法。

(4)及时掌握桥涵技术状况的变化,并采取相应的养护对策。

(5)有效开展预防养护,保障结构耐久性。

(6)确保养护作业安全,降低对交通的影响。

(7)重视资源节约和环境保护。

公路桥涵养护应包括下列主要内容。

(1)桥涵检查、监测和评定。

(2)桥涵日常养护、预防养护。

(3)桥涵修复养护。

(4)建立桥涵养护技术档案、桥梁管理系统和数据库并及时更新。

(5)进行桥涵构造物安全运行管理。

(6)制定桥涵构造物灾害防治与抢修的应急预案,灾害发生后,及时开展应急养护。

(7)设置必要的检修设施。

公路桥梁养护检查等级分为Ⅰ、Ⅱ、Ⅲ级,分级标准应符合下列规定。

(1)单孔跨径大于150 m的特大桥、特别重要桥梁的养护检查等级为Ⅰ级。

(2)单孔跨径小于或等于150 m的特大桥、大桥,以及高速公路或一、二级公路上的中桥、小桥的养护检查等级为Ⅱ级。

(3)三、四级公路上的中桥、小桥的养护检查等级为Ⅲ级。

(4)技术状况评定为3类的大、中、小桥应提高一级进行检查。

(5)技术状况评定为4类的桥梁在加固维修前应按Ⅰ级进行检查。

5.1 桥梁检查与评定

相关知识

5.1.1 桥梁检查

按照《公路桥涵养护规范》(JTG 5120—2021)的规定,桥梁检查可分为初始检查、日常巡查、经常检查、定期检查和特殊检查。

1. 初始检查

初始检查即新建或改建桥梁交付使用后,对桥梁结构及其附属构件的技术状况进行的首次全面检测,其成果是后期桥梁检查和评定工作的基准。

新建或改建桥梁应进行初始检查。初始检查宜与交工验收同时进行,最迟不得超过交付使用后1年。

初始检查应包括下列内容。

(1)定期检查需测定的所有项目,并按规范要求设置永久观测点。

(2)测量桥梁长度、桥宽、净空、跨径等;测量主要承重构件尺寸,包括构件的长度与截面尺寸等;测定桥面铺装层厚度及拱上填料厚度等。

(3)测定桥梁材质强度、混凝土结构的钢筋保护层厚度。

(4)养护检查等级为Ⅰ级的桥梁,通过静载试验测试桥梁结构控制截面的应力、应变、挠度等静力参数,计算结构校验系数;通过动载试验测定桥梁结构的自振频率、冲击系数、振型、阻尼比等动力参数。

(5)有水中基础,养护检查等级为Ⅰ、Ⅱ级的桥梁,应进行水下检测。

(6)量测缆索结构的拉索索力及吊杆索力,测试索夹螺栓紧固力等。

(7)检测钢管混凝土拱桥钢管内混凝土密实度。

(8)当交、竣工验收资料中已经包含上述检查项目或参数的实测数据时，可直接引用。

2. 日常巡查

日常巡查对桥面及其以上部分的桥梁构件、结构异常变位和桥梁安全保护区的日常巡视和目测检查。

养护检查等级为Ⅰ、Ⅱ级的桥梁，日常巡查每天不应少于1次；对有特殊照明需求（功能性及装饰性照明、航空航道指示灯等）的桥梁，应适当开展夜间巡查。养护检查等级为Ⅲ级的桥梁，日常巡查每周不应少于1次。遇地震、地质灾害或极端气象时应增加检查频率。

日常巡查可以乘车目测为主，并应做巡检记录，发现明显缺损和异常情况应及时上报。

日常巡查应包括下列内容。

(1)桥路连接处是否异常。
(2)桥面铺装、伸缩缝是否有明显破损；伸缩缝位置的桥面系是否存在异常。
(3)栏杆或护栏等有无明显缺损。
(4)标志标牌是否完好。
(5)桥梁线形是否存在明显异常。
(6)桥梁是否存在异常的振动、摆动和声响。
(7)桥梁安全保护区是否存在侵害桥梁安全的情况。

3. 经常检查

经常检查是抵近桥涵结构，采用目测结合辅助工具对桥面系、上部结构、下部结构和附属设施表观状况进行的周期性检查。

经常检查应符合下列规定。

(1)养护检查等级为Ⅰ级的桥梁，经常检查每月不应少于1次。
(2)养护检查等级为Ⅱ级的桥梁，经常检查每两个月不应少于1次。
(3)养护检查等级为Ⅲ级的桥梁，经常检查每季度不应少于1次。
(4)在汛期、台风、冰冻等自然灾害频发期，应提高经常检查频率。
(5)养护检查等级为Ⅱ、Ⅲ级的桥梁，在定期检查中发现存在4类构件时，加固处治前应提高经常检查频率。
(6)对支座的经常检查每季度不应少于1次。

经常检查宜抵近桥梁结构，以目测结合辅助工具进行，并现场填写"桥梁经常检查记录表"。

(1)桥梁结构有无异常的变形和振动及其他异常状况。
(2)外观是否整洁，构件表面是否完好，有无损坏、开裂、剥落、起皮、锈迹等。
(3)混凝土主梁裂缝是否有发展，箱梁内是否有积水。钢结构主梁抽查焊缝有无开裂，螺栓有无松动或缺失。
(4)斜拉索、吊杆（索）、系杆等索结构锚固区的密封设施是否完好，有无积水或渗水痕迹，密封材料等有无老化和开裂；主缆最低点是否渗水；索鞍是否有异常的位移、卡死、辊轴歪斜及构件锈蚀、破损；鞍座混凝土是否开裂；鞍室是否渗水、积水。

(5)支座是否有明显缺陷,使用功能是否正常。
(6)桥面铺装是否存在病害。
(7)伸缩缝是否堵塞、卡死,连接部件有无松动、脱落、局部破损。
(8)人行道、缘石有无破损、剥落、裂缝、缺损和松动。
(9)栏杆、护栏有无破损、缺失、锈蚀、移动或错位。
(10)排水设施有无堵塞和破损。
(11)墩台有无明显的倾斜、损伤、开裂及是否因受到车、船或漂流物撞击而受损;基础有无冲刷、损坏、悬空;墩台与基础是否受到生物腐蚀。
(12)翼墙(侧墙、耳墙)、锥坡、护坡、调治构造物有无缺损、开裂、沉降和塌陷。
(13)悬索桥锚碇是否存在渗水、积水。
(14)交通信号、标志、标线、照明设施以及桥梁其他附属设施是否完好、正常工作。
(15)永久观测点及标志点是否完好。

4. 定期检查

定期检查是对桥涵总体技术状况进行的周期性检查及技术状况评定。

养护检查等级为Ⅰ级的桥梁,定期检查周期不得超过1年;养护检查等级为Ⅱ、Ⅲ级的桥梁,定期检查周期不得超过3年。

定期检查应接近各部件仔细检查其缺损情况,并应符合下列规定。
(1)现场校核桥梁基本数据,填写或补充完善"桥梁基本状况卡片"。
(2)现场填写"桥梁定期检查记录表",记录各部件缺损状况并绘制主要病害分布图。
(3)对桥梁永久观测点进行复核,对桥面高程及线形、变位等检测指标进行量测。
(4)判断病害原因及影响范围。
(5)进行技术状况评定,提出养护建议。

定期检查后提交检查报告,应包括下列内容。
(1)桥梁基本状况卡片、桥梁定期检查记录表、桥梁技术状况评定表。
(2)典型缺损和病害的照片、文字说明及缺损分布图,缺损状况的描述应采用专业标准术语,说明缺损的部位、类型、性质、范围、数量和程度等。
(3)3张总体照片,包括桥面正面照片1张,桥梁两侧立面照片各1张。
(4)病害原因及影响范围的判断,与历次检查报告的对比分析,病害发展情况说明。
(5)桥梁的技术状况评定等级。
(6)养护建议及下次检查时间。

5. 特殊检查

特殊检查是对桥梁承载能力、抗灾能力、耐久性能、水中基础技术状况进行的一项或多项检查与评定,以及对定期检查中难以判明病害成因及程度的桥梁进行的检查。

特殊检查应根据检测目的、病害情况和性质,采用仪器设备进行现场测试和其他辅助试验,针对桥梁现状进行检算分析,形成评定结论,提出建议措施。实施特殊检查前,应充分收集桥梁设计资料、竣工资料、材料试验报告、施工资料、历次检测报告及维修资料等，并现场复核。

下列情况应做特殊检查。

(1)定期检查中难以判明构件损伤原因及程度的桥梁。

(2)拟通过加固手段提高荷载等级的桥梁。

(3)需要判明水中基础技术状况的桥梁。

(4)遭受洪水、流冰、滑坡、地震、风灾、火灾、撞击，因超重车辆通过或其他异常情况影响造成损伤的桥梁。

特殊检查应包括下列一项或多项内容。

(1)材料的物理、化学性能及其退化程度的测试鉴定；结构或构件开裂状态的检测及评定。

(2)结构的强度、刚度和稳定性的检算、试验和鉴定。桥梁承载能力评定宜按现行《公路桥梁承载能力检测评定规程》(JTG/T J21—2011)执行。

(3)桥梁抵抗洪水、流冰、风、地震及其他灾害能力的检测鉴定。

(4)桥梁遭受洪水、流冰、滑坡、地震、风灾、火灾、撞击，因超重车辆通过或其他因素造成损伤的检测鉴定。

(5)水中墩台身、基础的缺损情况的检测评定。

(6)对于定期检查中发现的较严重的开裂、变形等病害，应进行跟踪观测，预测其发展趋势。

5.1.2 桥梁技术状况的评定

桥梁技术状况评定应依据桥梁初始检查、定期检查资料，通过对桥梁各部件技术状况的综合评定，确定桥梁的技术状况等级，提出养护措施。评定应按现行《公路桥梁技术状况评定标准》(JTG/T H21—2011)执行。

桥梁技术状况评定等级应分为 1 类、2 类、3 类、4 类、5 类，见表 5.1。

表 5.1 桥梁技术状况评定等级

技术状况等级	状态	技术状况描述
1 类	完好、良好	1. 主要部件功能与材料均良好； 2. 次要部件功能良好，材料有少量(3%以内)轻度缺损； 3. 承载能力和桥面行车条件符合设计标准
2 类	较好	1. 主要部件功能良好，材料有少量(3%以内)轻度缺损，结构受力裂缝宽度小于设计限值； 2. 次要部件有较多(10%以内)中等缺损； 3. 承载能力和桥面行车条件达到设计指标
3 类	较差	1. 主要部件材料有较多(10%以内)中等缺损，结构受力裂缝宽度超过设计限值，或出现轻度功能性病害，发展缓慢，尚能维持正常使用功能； 2. 次要部件有大量(10%~20%)严重缺损，功能降低，进一步恶化将不利于主要部件和影响正常交通； 3. 承载能力比设计降低 10%以内，桥面行车不舒适

续表

技术状况等级	状态	技术状况描述
4类	差	1. 主要部件材料有大量(10%~20%)严重缺损,结构受力裂缝宽度超过设计限值,锈蚀严重,或出现轻度功能性病害,且发展较快。结构变形小于或等于设计限值,功能明显降低。 2. 次要部件有20%以上的严重缺损,失去应有功能,严重影响正常交通。 3. 承载能力比设计降低10%~25%
5类	危险	1. 主要部件出现严重的功能性病害,且有继续扩张现象,关键部位的部分材料强度达到极限,出现部分钢丝或钢筋断裂、混凝土压碎或杆件失稳变形、破损现象,变形大于设计限值,结构的强度、刚度、稳定性和动力响应不能达到交通安全通行的要求。 2. 承载能力比设计降低25%以上

桥梁技术状况评定可分为一般评定和适应性评定。

一般评定是依据桥梁定期检查资料,通过对桥梁各部件,桥面系、上部结构、下部结构及全桥进行技术状况的综合评定,划定桥梁的技术状况等级,提出各类桥梁的养护措施。其评定方法应按公路桥梁技术状况评定标准执行,一般评定由负责定期检查者进行。

适应性评定是依据桥梁定期及特殊检查资料,结合试验与结构受力分析,评定桥梁的实际承载能力,通行能力,抗洪能力。适应性评定应委托有相应资质及能力单位进行。

适应性评定是对桥梁的承载能力、通行能力、抗洪能力周期性地进行评定。评定周期一般为3~6年。评定工作可与桥梁的定期检查、特殊检查结合进行。

承载能力、通行能力的评定一般采用现行荷载标准及交通量,也可考虑使用期预测交通量。承载能力、通行能力评定方法见有关规定。

对一般评定划定的各类桥梁,分别采取不同的养护对策措施。对适应性不能满足的桥梁,应采取提高承载力、加宽、加长、基础防护等改造措施。若整个路段有多座桥梁的适应性不能满足,则应结合路线改造进行方案比较和决策。公路旧桥、线路整体评定可分为使用价值评定、承载能力评定、通行能力评定、泄洪能力评定。

桥梁技术状况等级与养护对策见表5.2。

表5.2 桥梁技术状况等级与养护对策

技术状况等级	养护对策
1类	正常保养或预防养护
2类	修复养护、预防养护
3类	修复养护、加固或更换较大缺陷构件;必要时可进行交通管制
4类	修复养护、加固或改造;及时进行交通管制,必要时封闭交通
5类	及时封闭交通,改建或重建

5.2 桥梁上部构造的养护

相关知识

桥梁上部结构是直接承受车辆荷载的部位,也是最容易产生病害的部位。为保障车辆通行安全,延长结构使用寿命,必须进行及时和正确的养护,对出现的病害也必须及时维修和加固。上部结构是桥梁支座以上(无铰拱起拱线或框架底线以上)跨越桥孔部分的总称,包括桥面系和主梁两部分。

5.2.1 桥面系养护与维修

桥面系各组成部分的使用功能直接影响桥梁的服务质量。根据现有的桥梁结构的使用情况调查,桥面系是桥梁结构使用中养护维修最频繁的部位,也是桥梁结构早期病害和损伤的多发部位,因此桥梁上部结构是桥梁养护维修的重点。

1. 桥面铺装

桥面铺装材料主要有水泥混凝土和沥青类材料两种。由于使用材料的不同,产生缺陷形式也不一样。沥青类铺装层的缺陷主要有泛油、壅包、裂缝、波浪、坑槽、车辙;普通水泥混凝土铺装层的缺陷主要有断缝、拱胀、错台、起皮、露骨等。

(1)桥面应及时清扫,排除积水,清除泥土、杂物、冰凌和积雪,保持桥面平整、清洁。不得在桥面上放置杂物或作为晒场等。

(2)沥青混凝土桥面出现泛油、壅包、裂缝、波浪、坑槽、车辙等病害时,应及时处治。根据损坏程度,局部修补或整跨铣刨重新铺设铺装层,并应满足现行《公路沥青路面养护技术规范》(JTG 5142—2019)的相关技术要求。

(3)水泥混凝土桥面出现断缝、拱胀、错台、起皮、露骨等病害时,应及时处理。根据损坏程度,将原铺装整块或整跨凿除,重铺新的铺装层,并应满足现行《公路水泥混凝土路面养护技术规范》(JTJ 073.1—2001)的相关技术要求。局部修补时严禁使用普通配合比混凝土替代防水混凝土。

(4)桥面铺装养护维修及改造,拟改造的桥面铺装厚度大于原桥铺装层厚度时,应经过技术论证或检算。沥青混凝土微表处或罩面养护时,不得覆盖伸缩装置。

(5)桥面防水层如有损坏,应及时修复。

2. 排水系统

为迅速排除桥面上的雨水,防止渗入梁体引起腐蚀而影响桥梁结构的耐久性、稳固性,确保桥梁的正常使用,除在桥面铺装内设置防水层外,还应采取有效的桥面排水设施。桥面排水设施的缺陷,对桥梁的结构安全影响较大,可导致桥面积水,引起车辆滑移。排水槽和盖等的破坏，容易造成运输事故。积水会向桥下溅水，严重影响附近的民宅和行人。相反，完善的排水设施对环境的改善作用较大。

桥梁的敞开式或封闭排水设施（排水管、泄水管、排水槽）应及时疏通，损坏的应及时更换，缺少的应补充。

排水设施日常养护主要包括以下内容。

(1)保证路面纵横坡的完好、泄水孔通畅，迅速排除桥面上的雨水。

(2)保持桥面铺装内设置的防水层使用性能良好，防止雨水渗入梁体引起腐蚀而影响桥梁结构的耐久性、稳固性。

(3)及时修补或更换损坏的排水槽等设施，避免因桥面积水而造成交通事故。

(4)经常疏通排水管，及时清除管内的淤泥和杂物，确保排水通畅。

(5)及时维修导水设施的支撑构件，防止由于支撑构件的损坏而影响排水。

(6)排水设施和导水设施之间连接可靠，确保排水系统整体的工作性能。

(7)立交桥除泄水管排水外，其他地方不得往桥下排水。

(8)桥面应保持 1.50%～3.0% 的横坡，以利于桥面排水。

(9)定期检查排水管道是否开裂或损坏，排水管焊接处裂缝应及时焊接修理。锈蚀、破损严重处应及时更换。

3. 人行道、栏杆、护栏、防撞墙

人行道块件应牢固、完整，桥面路缘石应保持良好状态。若出现松动、缺损，应及时进行修整或更换。桥梁栏杆包括钢筋混凝土及钢质护栏、防撞护栏等，应保持良好的技术状况。如有缺损，应及时修复。因栏杆损坏而采取临时防护措施时，使用时间不得超过3个月。钢质栏杆应涂漆防锈，一般每年一次，或根据环境实际条件确定。

桥梁两端的栏杆柱或防撞墙端面，涂有立面标记或示警标志的，应定期涂刷。栏杆表面油漆损坏，除应及时用速干油漆修补外，也应定期重新涂漆，重新涂漆的周期可根据当地气候特点、栏杆褪色程度、油漆质量而定，一般每隔1～2年重新涂漆一次。在交通量大及容易受有害气体、盐腐蚀路段的栏杆，涂漆的周期应相应缩短。钢制栏杆在涂漆前应将铁锈完全打磨干净，对埋入地下部分适当进行覆膜处理。

桥上灯柱应保持良好状态，如有缺损和歪斜，应及时修理、扶正。灯具损坏应及时更换。

4. 伸缩装置

桥面伸缩缝由于设置在梁端部构造薄弱部位，直接承受车辆荷载的反复作用，又暴露在自然条件下，受到各种自然因素的影响，因此，伸缩缝是易损坏和难以修补的部位。其原因可分为设计原因、施工原因、外部原因及养护原因等。

常见伸缩缝的形式有钢板伸缩缝、橡胶板式伸缩缝、毛勒伸缩缝、型钢伸缩缝、填充式伸缩缝及模数式伸缩缝等。

伸缩缝装置应保证平整、顺直、正常伸缩，处于良好的工作状态。及时清除堵塞的杂物，出现渗漏、变形、连接部位开裂、跳车、行车有异常噪声时应及时维修。根据伸缩缝装置的不同种类，日常养护中应采取相应的养护措施。

(1)钢板伸缩缝。

1)经常清除自由端缝内塞进的硬物、杂物，保持伸缩缝自由伸缩。

2)保持伸缩缝排水的畅通。

3)保持钢板焊接部位的清洁，防止锈蚀。

4)钢板开焊、翘曲和脱落时，应及时补焊。

5)及时发现角钢与钢筋混凝土梁锚固不牢部位，防止在车辆荷载冲击作用下加速伸缩缝破损。

(2)梳形钢板伸缩缝。

1)观察梳形钢板伸缩缝在梳齿与承托连接处是否牢固。

2)经常清除缝内塞进的硬物、杂物，保证排水和自由伸缩。

3)经常检查紧固螺栓，防止梳齿板转动外翘。

(3)橡胶板式伸缩缝。

1)保持伸缩缝表面清洁、行车平顺，防止硬物使橡胶块产生破坏。

2)紧固松脱的固定螺栓，防止橡胶剥离。

3)橡胶板丢失应及时修补，大面积破损时应全部更换。

4)清除伸缩缝内垃圾和杂物，保持伸缩缝自由伸缩。

5)防止伸缩缝局部的下陷或凸出而产生的噪声。

(4)模数式伸缩缝。

1)清除伸缩缝内垃圾和杂物，保持伸缩缝自由伸缩。

2)经常检查钢板焊接部位是否可靠。

3)防止密封橡胶带老化产生的严重漏水。

(5)填充式伸缩缝。

1)填充的弹塑体伸缩装置出现脱落、翘曲时，应及时清除，并重新浇筑弹塑体混合料。

2)当槽口的沥青混合料坍塌、附近的沥青混合料不满足平整度要求时，应重新摊铺、碾压。

3)当弹塑体混合料与桥梁连接处出现界面开裂时，应及时进行修补。

4)弹塑体伸缩装置局部沉陷过大时，应修理平整。

(6)型钢伸缩缝。

1)每月一次清除伸缩缝内垃圾和杂物，保持伸缩缝的自由伸缩。

2)防止密封橡胶带老化，如漏水则应及时更换。

桥梁伸缩缝白带损坏和桥头搭板脱空如图5.2和图5.3所示。

桥头搭板脱空、断裂或枕梁下沉引起桥路连接不顺适，出现桥头跳车时，应进行维修处治，并检查桥台稳定等安全因素。

5. 交通安全设施

桥上的交通标志和标线、防眩板、防护隔离设施、航空灯、航道灯、供电线路、通信线路、避雷设施等应齐全、醒目、牢固，标志板应保持整洁、无裂纹和残缺。若有损坏应及时整个更换。

图 5.2 桥梁伸缩缝白带损坏

图 5.3 桥头搭板脱空

■ 5.2.2 支座的养护与维修

中小跨度桥梁支座容易产生各种病害,需要在养护维修工作中重点关注。另外,桥梁支座设计寿命一般为 20~25 年,在桥梁使用期间可能要进行多次更换。桥梁支座的检查保养及更换要点如下。

(1)桥梁支座养护应符合下列要求。

1)支座各部位应保持完整、清洁。

2)滚动支座滚动面上每年应涂一层润滑油。在涂油之前,应先清洁滚动面。

3)对钢支座应定期进行除锈防腐。除铰轴和滚动面外,其余部分均应涂刷防锈油漆。

4)及时拧紧钢支座各部接合螺栓,使支承垫板平整、牢固。

5)应防止橡胶支座接触油污引起老化、变质,焊接时应对支座进行保护。

6)应及时维护滑板支座、盆式橡胶支座的防尘罩,防止尘埃落入或雨、雪渗入支座。

7)支座如有缺陷或产生故障不能正常工作时,应及时修整或更换。

8)板式橡胶支座局部脱空、偏压时,或者有垫石破损等病害,应予处治。

桥梁支座维修前后如图 5.4 所示。

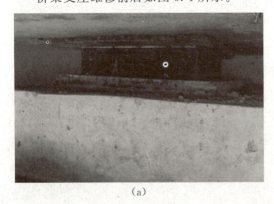

(a) (b)

图 5.4 桥梁支座维修前后

(a)维修前;(b)维修后

(2)支座有缺陷或发生故障时的维修和更换操作如下。

1)支座的固定锚销剪断,滚动面不平整,轴承有裂纹、切口及个别辊轴大小不合适时,必须予以更换。

2)梁支点承压不均匀时,应进行调整。调整时可采用千斤顶把梁上部顶起,然后移动调整支座的位置。在矫正支座位置以后,降落上部构造时,为避免桥孔结构倾斜,应徐徐下落,并注意千斤顶的工作状态是否均衡,同时调整顶升用木框架的楔子,以保证上部结构能恢复原位。

3)支座座板翘起、扭曲、断裂时,应予更换或补充,焊缝开裂应予整修。

4)需要抬高支座时,可根据抬高量的大小选用下列几种方法。

①垫入钢筋(50 mm 以内)或铸钢板(50~100 mm)。

②更换为橡胶板支座。

③就地浇筑钢筋混凝土支座垫石,垫石高度按需要设置,一般应大于 100 mm。

油毡支座因损坏、掉落而不能发挥作用时;摆柱式支座工作性能不正常,有脱皮、露筋或其他异常情况发生时;橡胶支座已老化,变质而失效时,都须进行调整,加以维修加固。

对辊轴(或摇轴)支座,其实际纵向位移应与计算的正常位移相符。如实际纵向位移大于容许偏差或有横向位移,应加以修正。矫正辊轴时,可用液压千斤顶进行矫正,如纵向或横向移动不大,用倾斜安装的千斤顶进行顶移;如移动较大,可先用千斤顶把上部结构顶起,放于木井架的移动托板上,然后用绞车或千斤顶进行移动矫正。

5.2.3 桥跨结构的养护与维修

1. 钢筋混凝土梁桥的养护与加固

混凝土梁桥日常养护维修内容:清除表面污垢;修补混凝土空洞、破损、剥落表面风化及裂缝;清除暴露钢筋的锈渍,恢复保护层;处理各种横、纵向构件的开裂、开焊和锈蚀;保持箱梁的箱内通风,未设通风孔的应补设;梁体的污垢宜用清水洗刷,不得使用有腐蚀性的化学清洗剂。

钢筋混凝土梁桥常见病害及采用的处理方法如下。

(1)对梁(板)体混凝土的空洞、蜂窝、表面风化剥落等应先将松散部分清除,再用高强度等级混凝土、水泥砂浆或其他材料进行修补。新补的混凝土要密实,与原结构应结合牢固、表面平整。新补的混凝土必须实行养生。

(2)若发现梁体露筋或保护层剥落,应先将松动的保护层凿去,并应清除钢筋锈迹,然后修复保护层(图 5.5)。如损坏面积不大,可用环氧砂浆修补,如损坏面积过大,可用喷射高强度等级水泥砂浆的方法修补。

(3)梁(板)体的横、纵向连接件开裂、断裂、开焊时,可采取更换、补焊、帮焊等措施修补。

(4)钢混凝土梁桥的裂缝处理:当裂缝的宽度大于限值及裂缝分布超出正常范围时,应做处理(图 5.6)。钢筋混凝土梁的裂缝最大限值见《公路桥涵养护规范》(JTG 5120—2021)中有关裂缝宽度的规定。

图 5.5　混凝土露筋凿除修补

1)当裂缝宽度在限值范围内时,可进行封闭处理,一般涂刷环氧树脂胶。

2)当裂缝宽度大于限值规定时,应采用压力灌浆法灌注环氧树脂胶或其他灌缝材料。

3)当裂缝发展严重时,应加强观测,查明原因,按照《公路桥涵养护规范》(JTG 5120—2021)的有关规定进行加固处理。

图 5.6　裂缝填充封闭

(5)空气、雨水、河流水中含有对混凝土和钢筋侵蚀的化学成分时,应对桥梁结构进行防护。

(6)钢筋混凝土构件的修补。

1)在昼夜平均气温低于 5 ℃的冬期维修桥梁时,对修补的混凝土构件应采取保温措施,保证混凝土的凝固硬化。

2)用于修补加固的混凝土、钢材,其强度和其他质量指标应不低于原桥材料。修补用的混凝土强度等级应比原强度等级提高一级,在 pH 值小于 5.6 的地区,所用水泥应根据环境特点采用耐酸的硅酸盐水泥、抗铝硅酸盐水泥等。

3)受拉区修补用的混凝土宜用环氧树脂配制,受压区修补用的混凝土可用膨胀水泥配制。用水泥混凝土或砂浆修补的构件应加强养生,有条件时宜用蒸汽养生或封闭养生。

梁桥加固可以采用以下几种方法。

(1)浇筑钢筋混凝土加大截面加固法。此方法用于加强构件,应注意在加大截面时自重也相应增加。

(2)增加钢筋加固法。增加钢筋加固法用于加强构件，常与加大截面加固法共同使用。

(3)粘贴钢板加固法。粘贴钢板加固法是普遍采用的方法，钢板与原结构必须可靠连接，并做防锈处理。

(4)粘贴碳纤维、特种玻璃纤维加固法(图5.7)。此方法主要用于提高构件抗弯承载力，使用此法加固几乎不增加原结构自重。

图 5.7　粘贴碳纤维

(5)预应力加固法。预应力加固法对于提高构件强度、控制裂缝和变形的作用较好。

(6)改变梁体截面形式加固法。此方法一般是将开口的T形截面或H形截面转换成箱形截面。

(7)增加横隔板加固法。此方法用于无中横隔或少中横隔梁的加固，可增加桥梁整体刚度、调整荷载横向分配。

(8)在桥下净空和墩台基础受力许可的条件下，采用在梁(板)底下加八字支撑加固法。

(9)桥梁结构由简支变连续加固法。

(10)当支座设置不当造成梁体受力恶化时，可采用调整支座高程的加固方法。

(11)更换主梁加固法。

(12)其他可靠有效的加固方法。

2. 预应力混凝土梁桥的养护与加固

预应力混凝土梁桥日常养护维修范围及内容与钢筋混凝土梁桥的日常养护与维修内容相同，此外，应对预应力锚固区的破损及开裂、沿预应力钢束纵向的开裂进行修补。

(1)预应力混凝土梁桥常见病害。

1)混凝土表面剥落、渗水(图5.8)，梁角破碎、露筋、钢筋锈蚀、局部破损等。

2)预应力钢束应力损失造成的病害。

3)预应力混凝土梁出现裂缝。全预应力及部分预应力A类构件在正常使用条件下不允许出现裂缝，只有B类构件允许出现裂缝。裂缝的类型除与钢筋混凝土梁桥相同外，还有沿预应力钢束的纵向裂缝、锚固区局部承压的劈裂缝。

(2)预应力混凝土梁桥的加固方法。常见病害的维修同钢筋混凝土梁桥。对于不允许出现裂缝的桥梁，无论裂缝宽窄，都应查明原因进行处理或加固。

图 5.8 梁底渗水

1)预应力混凝土梁桥的一般加固方法及适用范围可以参见钢筋混凝土梁桥的加固方法。

2)因为预应力部分失效而进行加固时,若原结构有预留孔,可在预留孔内穿钢束进行张拉;采用无黏结钢束的可对原钢束重新张拉;也可增设齿板,增加体外束进行张拉。

3)腹板抗剪切强度不够时,可采用加竖向预应力加固。

在桥梁结构中,为了控制钢筋锈蚀,保障结构的耐久性,对允许开裂的钢筋混凝土构件在短期和长期荷载作用下的裂缝宽度均有所限制和规定。一般在恒载作用下的裂缝宽度可直接采用调查核算来加以评估。梁拱墩台裂缝的最大限值规定见表5.3,裂缝超过表中所列数值时,应加以修补或加固,以保证结构的耐久性。

表 5.3 梁拱墩台裂缝的最大限值

结构类型	裂缝种类		允许最大缝宽/mm	其他要求
钢筋混凝土梁	主筋附近竖向裂缝		0.25	—
	腹板斜向裂缝		0.30	—
	横隔板与梁体端部		0.30	—
	支座垫石		0.50	—
砖、石、混凝土拱	拱圈横向		0.30	裂缝高度小于截面高度一半
	拱圈纵向		0.50	裂缝长度小于跨径的1/8
	拱波与拱肋结合处		0.20	—
墩台	墩台帽		0.30	不允许贯通墩身截面一半
	墩台身 经常受浸蚀性水影响	有筋	0.20	
		无筋	0.30	
	墩台身 常年有水,但无浸蚀性水影响	有筋	0.25	
		无筋	0.35	
	墩台身 干沟或季节性有水河流		0.40	
	墩台身 有冻结作用部分		0.20	

注:表中所列除特指外适用一般条件。对于潮湿环境和空气中含有较强腐蚀性气体条件下的缝宽限制应要求严格一些。

3. 拱桥的养护与加固

(1)拱圈及拱上结构表面的日常养护。经常清除表面污垢及砌体因渗水而在表面生成的附着物。

(2)防排水系统的养护与维修。

1)若发现空腹拱的主拱圈(肋)渗水,应对拱背进行清理,清除可能积水的残渣、堆积物等,并用砂浆等材料抹平或堵塞裂缝。

2)若实腹拱出现主拱圈渗水,应检查拱腔排水系统,必要时可挖开拱上填料,修补防水层,修理排水管道;整修拱腔防排水系统后,修复桥面铺装时,还应做好桥面的防水排水。

(3)伸缩缝、变形缝的养护与维修。主拱及拱式腹拱的变形缝应保持正常工作状态。清除缝内嵌入的杂物,保持能自由变形。填缝材料如油毛毡、浸渍沥青的木条等,如有损坏应及时更换。

(4)构件表面缺陷及局部损坏的修补。注意检查构件表面缺陷及局部损坏,并视材料类型采取下列方法及时修补。

1)砌体的砌缝砂浆发生脱离,应凿除后重新用干硬性砂浆或微膨胀砂浆填筑,表面重新勾缝。

2)砌体的边角压碎、砌块断裂,干砌石拱桥砌缝张口等,可用水泥砂浆修补。

3)个别块体压碎或脱落,采用与原材料相同的新块体或混凝土预制块填塞更换,也可直接浇筑混凝土填塞。更换时应保证嵌挤或填塞紧密,浇筑时新材料的强度应等同或高于原材料。

4)钢筋混凝土拱构件的表面缺损与裂缝修补方法,参见钢筋混凝土梁桥梁体的日常养护与维修的相应内容。

5)实腹拱的拱上侧墙若发生较大变形、开裂(图 5.9)时,应查明原因并做相应处理。

6)若因填料不实而拱腔积水,应挖开拱上填料,修补防排水系统,拆除鼓凸部分侧墙后重新砌筑,重新回填拱上填料及重做桥面。

7)若发现侧墙与拱圈之间脱开或侧墙上有斜向(若是砌体,通常沿砌缝成锯齿状)开裂,应检查墩台与主拱的变形。开裂轻微且不再发展,可做一般修补裂缝处理。若开裂严重或裂缝在发展中,应及时上报,以便技术部门给予加固、改造。

8)若主拱圈发生图 5.10 所示病害,应在桥梁检查结果中指出,并按照桥梁技术状况评定标准进行评定,以确定后期养护加固措施。

4. 钢桥的养护与加固

(1)清除钢结构的表面污垢,保持构件清洁,特别应注意节点、转角、钢板搭接处等易积聚污垢的部位,清除的污垢不要扫入泄水孔或排水槽,以免堵塞。

(2)更换所有松动和损坏的铆钉,更换过的铆钉在检验之后,均应涂上与桥梁结构显著不同的颜色,并记入桥梁记录簿,注明其数量和位置。

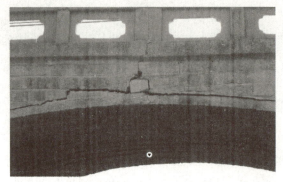
图 5.9 实腹拱的拱上侧墙发生较大变形、开裂

图 5.10 拱肋混凝土脱落

(3)在更换铆钉前,应仔细察看钉孔位置是否正确。如钉孔不圆或偏位大于 2 mm,必须扩钻加大孔径。在铆接构件时,如钉孔不合适,严禁采用强力钻进的铆接方法。更换铆钉后,应对其所有相邻而未更换的铆钉加以敲击,检查是否受到损伤。

(4)普通螺栓或高强度螺栓连接的构件,若发现松动应及时加以拧紧,对于高强度螺栓必须施加设计的预拉应力。为了便于螺栓的更换,应防止丝口锈蚀,如接合构件表面有角度,则应在螺帽之下垫以楔形垫圈。

(5)焊缝连接的构件,焊缝处若发现裂纹、未熔合、夹渣、未填满、弧坑等缺陷时,应进行返修焊,焊接后的焊缝应随即铲磨匀顺。钢构件受到冲击造成局部弯曲时,可用撬棍、弓形螺旋顶或油压千斤顶进行冷矫,禁止用锻钢烧材的方法来矫正。

钢构件如有不同方向的弯曲,应对导致弯曲的原因做调查分析以确定矫正方法,矫正时按不同的弯曲方向分别进行。如构件同时有扭转和弯曲,应先矫正弯曲,再矫正扭转。若构件强度、刚度不足或稳定性差等原因引起弯曲,矫正后应进行加固处理。如需拆卸杆件修理,可安装临时构件替代被拆卸构件,以保证行车安全。

(6)钢梁木桥面板的保养,可抽换破损桥面板,加铺轨道板或加设辅助横梁(木梁或钢梁),经计算允许增加恒载时可把木桥面改为钢筋混凝土桥面。

(7)装配式钢桥的养护。

1)在桥两端竖立鲜明的限速、限载标志,严禁车辆超速、超载。

2)对各部件接合点的销子、螺栓、横梁夹具、抗风拉杆等进行检查。如有松动和缺损,应及时拧紧和修补更换;销子周围应涂油脂,防止雨水进入销孔缝隙;外露的螺栓丝扣应涂油,防止锈蚀。

3)木桥面板出现破裂、弯曲及不平整时,应及时抽换。若经常有履带车通过,则应加铺轨道板。

(8)装配式钢桥使用后拆卸进仓之前,应进行油漆,并对拆下的部件进行全面检查和修理。如杆件有局部变形,应进行矫正;如有细裂痕和暗裂纹,应修理加固或更换;销子和栓钉应仔细检查是否有裂缝、脱皮、弯曲、压损等,发现缺陷应及时消除或更换。最后涂抹黄油,用蜡纸包好装箱入仓。

5.3 桥梁下部构造的养护

相关知识

桥梁下部结构是支承桥梁上部结构并将其荷载传递至地基的桥墩(图 5.11)、桥台(图 5.12)和基础的总称。

图 5.11 桥墩

图 5.12 桥台养护

5.3.1 基础的养护与加固

桥梁基础的养护与维修应符合下列规定。
(1)桩基础存在颈缩、露筋、钢筋锈蚀等缺陷时,必须及时维修加固。
(2)基础出现下列病害时,应及时维修加固。
1)基础产生结构性裂缝;
2)出现超过允许值的沉降;
3)基础病害致使墩台滑移、倾斜;
4)基础出现大的缺损,使其承载力不足。
(3)基础冲刷过深或基底局部淘空时,应及时采取必要的防护措施。
(4)桥下河床铺砌出现局部损坏时,应及时维修。
高寒地区的桩基础发生浅桩冻拔、深桩环状冻裂时,应予处治。
锥(护)坡及翼(耳)墙的养护与维修应符合下列规定。
(1)锥坡应保持完好。锥坡开裂、沉陷,受洪水冲空时,应及时维修加固。
(2)翼(耳)墙出现下沉、开裂等损伤时,应及时维修加固。

1. 日常养护与维修

墩台基础的养护与加固应符合下列要求。

(1)应采取措施保持桥梁墩台基础附近,即桥梁上、下游各 200 m 的范围内(当桥长的 1.5 倍超过 200 m 时,范围应适当扩大)河床的稳定。

河床应适时地进行疏浚。每次洪水过后,应及时清理河床上的漂浮物和沉积物,使水流顺利宣泄。

禁止任何人或单位在上述范围内挖砂、取土、采石、倾倒废弃物,禁止进行爆破作业及其他危及公路桥梁安全的活动。应禁止桥下河床出现挖砂、取土现象,如图 5.13 所示。

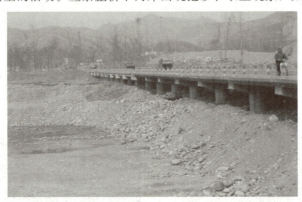

图 5.13 砂石料丢失侵蚀河床

不得任意修建对桥梁有害的水工建筑物,因抢险、防汛需要修筑堤坝,压缩或拓宽河床时,应事先经交通主管部门或公路管理机构同意,并采取有效的防护措施。发现任何有可能破坏桥梁安全的行为,应及时制止。

(2)若基础冲刷过深或基底局部淘空,应及时抛填块石、片石、铅丝石笼等进行维护。

(3)桥下河床铺砌出现局部损坏时应及时维修。若砌块损坏,可补砌或采用混凝土修补。

(4)对设置的防撞、导航、警示标志等附属设施应加强检查、维护,保持良好的技术状况。

2. 墩台基础的允许沉降

简支结构桥梁墩台基础的沉降和位移,超过以下容许限值或通过观察裂缝持续发展时,应采取相应措施予以加固。

墩台均匀总沉降值(不包括施工中的沉降):$20\sqrt{L}$(mm);

相邻墩台总沉降差值(不包括施工中的沉降):$10\sqrt{L}$(mm);

墩台顶面水平位移值:$0.5\sqrt{L}$(mm)。

注:①L 为相邻墩台间最小跨径,以 m 计跨径小于 25 m 时,仍以 25 m 计。

②对于桩、柱式柔性墩台的沉降,以及桩基承台上墩台顶面水平位移值,可视具体情况确定,以保证正常使用为原则。

当重力式基础或桩基础的承载能力不足,出现超过允许值的沉降,以及基础局部被冲空、墩台周围河床被严重冲刷或基础病害导致墩台滑移、倾斜时,应对基础进行加固。

3. 墩台基础的加固

(1)基础局部被冲空,可视情况采取下列维修、加固措施。

1)水深在3 m以下时，可筑围堰将水抽干，以砌石或混凝土填补冲空部分，达到顶端与基础顶面平齐或稍高于基础顶面。对桥台基础，还应进行修整或加筑护坡。

2)水深在3 m以上时，可在四周打板桩做围堰，灌注水下混凝土防护；也可以用编织袋装干硬性混凝土（每袋装袋容积的2/3），通过潜水作业将袋装混凝土分层填塞冲空部分，并应注意比基础边缘宽0.4 m以上。

3)当基础置于风化岩上，基底外缘已被冲空时，应及时清除表面严重风化部分。在浅水时，填以混凝土，并将周围风化地基用水泥砂浆封闭。在深水时，应采取潜水作业，铺以袋装干硬性混凝土。

(2)基础大范围冲空的维修。基础周围被冲空范围较大时，除填补基底被冲空部位外，并应在基础四周采取下列防护措施。

1)打梅花桩，桩间用块片石砌平卡紧。

2)浆砌块片石或混凝土预制块。

3)用钢丝、毛竹石笼，或以长柳枝、荆条织成捆，内装石片或卵石。

当墩台周围河床遭受严重冲刷时，除修补被冲空的基础外，必须在洪水期过后，采取有效的防护措施，以防止再次被冲坏。

(3)重力式基础的加固。

1)在刚性实体基础周围浇筑混凝土扩大基础。一般应修筑围堰，抽干水后开挖基坑，再浇筑混凝土。新、旧基础（承台）之间可埋置连接钢筋，并将旧基础表面刷洗干净、凿毛，使新、旧混凝土连成整体。

2)当梁式桥桥台基础承载能力不足时，可在台前增加桩基及柱并浇筑新盖梁、增设支座。这时，梁的支点发生变化，应根据结构受力变化对主梁进行检算及加固。

3)对于拱桥基础可在桥台两侧加设钢筋混凝土实体耳墙并将耳墙与原桥台用钢销连接起来，增大桥台基础面积，提高桥台承载力。

4)当桥下净空允许时，可在台前加建新的扩大基础及台身，将主拱改建为变截面拱支承到新基础及台身上。新、旧基础之间用钢筋或钢销进行连接，有条件时可在台前新基础下增加短桩，以提高承载力。

(4)桩基础的加固。

1)可用钻孔桩或打入桩增设基桩，并扩大原承台的压力部分传递到新桩基上。

2)对单排架桩式桥墩采用加桩加固时，如原有桩距较大（4~5倍桩径），可在桩间插桩。如原有桩距较小，但通航净空有富余量时，可在原排架两侧增加新桩，变为三排式墩桩。

3)对钻孔灌注桩桩身损坏，露筋、缩颈等病害，可采用灌（压）浆或扩大桩径的方法进行维修加固。

(5)人工地基加固。对墩台基础以下的地层，采用注浆、旋喷注浆或深层搅拌等方法，将各种浆液及加固剂注入土层或于土层中搅拌，通过浆液凝固使原来松散的土固结，成为有足够强度和防渗性能的整体，所采用的材料应通过试验确定。

(6)墩台基础沉降的加固。若桥梁墩台发生了较明显的沉降、位移，除按本节前述的方法加固外，还可采用下述方法使上部结构复位。

1）梁式桥上部结构状况基本完好，桥面没有损坏，下部地基较好时，可对上部结构整体或单孔顶升，然后加设垫块、调整支座。

2）梁式桥上部结构状况基本完好，但桥面损坏严重时，可凿除桥面及主梁之间的连接，将主梁逐一移位，加厚盖梁，重新安装主梁，并重新铺装桥面。

3）拱桥桥台发生位移，使拱轴线变形较大，承载能力不足时，可采用顶推方法调整拱轴线，恢复其承载能力。

5.3.2 墩台的养护与加固

桥梁墩台的养护与维修应符合下列规定。

(1)应保持墩台表面清洁，及时清除墩台表面的青苔、杂草、灌木和污物。

(2)混凝土墩台表面存在侵蚀剥落、蜂窝、麻面、露筋及钢筋锈蚀等缺陷时，应及时修复。

(3)墩台开裂时，应根据裂缝性质和影响程度，及时采取相应处治措施。

(4)圬工砌体的砌缝脱落时，应重新勾缝；圬工砌体严重风化、鼓凸或损坏时，应及时维修或加固。

(5)墩台抗震设施损坏时，应及时修复或改造。

桥梁墩台发生异常变位时，应进行特殊检查评估并及时加固处治。

1. 墩台的日常养护与维修

(1)桥梁墩台表面应保持整洁。

(2)墩台圬工砌体发生灰缝脱落(图 5.14)时，应清除缝内杂物，重新用水泥砂浆勾缝。

(3)墩台混凝土表面发生侵蚀剥落、蜂窝麻面、裂缝、露筋等病害(图 5.14)时，应及时将周围凿毛洗净，用水泥砂浆抹平或采用环氧树脂等修补。

(4)墩台圬工砌体如表面风化剥落，损坏深度在 3 cm 以内的，可用 M10 以上的水泥砂浆抹面修补，砂浆强度等级一般不应低于 M5。如损坏面积较大、深度超过 3 cm，不得用砂浆修补，须由专业人员采用挂网喷浆或浇筑混凝土层予以裹覆。

图 5.14 桥台圬工砌体发生灰缝脱落、桥墩墩柱裂缝

2. 墩台的加固

(1)由于活动支座失灵而造成墩台拉裂，应修复或更换支座并处理裂缝。

(2)墩台混凝土裂缝宽度超限时,采用压力灌浆法灌注环氧树脂胶,确保裂缝不再延长。裂缝修补方法参见前面所述钢筋混凝土梁桥梁体的裂缝处理。

(3)墩台身圬工砌体的砌块如出现通缝或错缝不足,应拆除部分石料重新砌筑,如属于墩台承载能力有问题,应及时上报,以便技术部门进行检查,采取加固措施。

(4)U形桥台的侧墙外倾时,可在横向钻孔加设钢拉杆,钢拉杆固定在侧墙外壁的型钢或钢筋混凝土枕梁。

(5)墩台发生水平位移或倾斜时,应分析原因。若梁式桥台台背土压力过大,造成桥台向桥孔方向倾斜,可以挖去台背填土,然后加厚桥台胸墙,更换内摩擦角大的填料,以减小土压力。小型简支梁桥可在台间加设钢筋混凝土支撑梁,顶住桥台以平衡台后土压力。

(6)桥台锥坡及翼墙若发生变形和铺砌层勾缝脱落(图5.15),应及时修复并注意夯实填土。常水位以下应采用水泥砂浆砌块片石并勾缝。

图 5.15　桥台翼墙发生变形和勾缝脱落

【拓展阅读】

交通强国战略部署

到2035年,安全、便捷、高效、绿色、经济的现代化公路交通运输体系建设将取得重大进展,高质量发展迈出坚实步伐,设施供给更优质、运输服务更高效、路网运行更安全、转型发展更有力、行业治理更完善,有力支撑交通强国建设,高水平适应经济高质量发展要求,满足人民美好生活的需要。

《交通强国建设纲要》提出,要推动发展方式由追求速度向更加注重质量效益转变,构建安全、便捷、高效、绿色、经济的现代化综合交通体系,从交通装备、科技创新、安全保障、绿色发展、人才队伍和治理体系等方面提出的发展任务,为"十四五"时期乃至今后一段时间内的普通国省干线公路高质量发展提供了指引。

在信息化、智能化方面,交通固定资产投资将具体投向智慧公路、智慧航道、智慧港口、智慧枢纽等交通运输新型基础设施重点工程;公路桥梁结构健康监测系统、电子航道图建设,加强航道、通航建筑物和航运枢纽大坝运行监测;自动驾驶、智能航运先导应用试点;拓展北斗系统行业应用;绿色低碳交通基础设施等。

以智慧公路"新基建"为核心,统筹智慧交通科技进步和公路基础设施升级换代,深入研究城市群地区智慧公路规划方案和发展路径,按照"系统谋划、稳妥有序,试点先行、总结推广,标准引领、产业发展"的方针,率先推进京津冀、长三角、粤港澳和成渝城市群地区公路基础设施智慧升级行动,协同推进新基建。

5.4 涵洞的养护

相关知识

涵洞是公路上数量众多、形式多样且分布广泛的一种构造物,是保证公路畅通无阻的构筑物之一,加强涵洞的管养能保证公路的正常使用。涵洞养护工作内容包括经常检查和定期检查,日常养护,雨期养护及涵洞的维修、加固等工作。

5.4.1 涵洞养护的要求与检查内容

涵洞养护的基本要求:保持涵顶平整、不跳车,洞内排水畅通;保证洞身、涵底、进出水口、护坡和填土完好、清洁、不漏水。涵洞的检查内容如下。

(1)定期进行检查,发现病害及时修复加固。

(2)建立健全完善的技术档案,准确掌握涵洞的技术状况。

(3)加强对涵洞的经常性保养、维修,对损坏严重的涵洞应及时加固或改建。

涵洞检查可分为经常检查和定期检查。

1. 经常检查

经常检查每季度不少于1次,在汛期及冰雪前后应提高经常检查频率。经常检查采用目测方法,也可配以简单工具进行测量,现场填写,记录所检查项目的缺损类型,估计缺损范围及养护工作量,提出相应的小修保养措施,为编制辖区内涵洞养护工作计划提供依据。

经常检查内容如下。

(1)进、出水口铺砌、翼墙、护坡、挡水墙、沉沙井、跌水、急流槽等是否完整。

(2)进、出水口是否堵塞,沉沙井有无淤积,洞内有无淤塞及排水不畅。

(3)洞口周围是否有杂物堆积,涵洞是否清洁、渗漏水。

(4)高填土涵洞的路基填土是否稳定、是否沉降。

(5)涵洞结构各构件是否有损坏。

(6)交通标志及涵洞其他附属构造是否完好。

(7)其他明显的损坏或病害。

经常检查中发现有排水堵塞或有较大损坏需要进行维修时,应做好记录并及时报告。

2. 定期检查

涵洞的定期检查周期不得超过3年,特殊结构及特别重要的涵洞每年检查不少于1次。

新建、改建涵洞交付使用两年内，应进行第一次全面检查。在经常检查中发现存在较大损坏时，应立即安排定期检查。定期检查内容如下。

(1)检查涵洞的过水能力，包括涵洞的位置是否适当，孔径是否足够，涵底纵坡是否合适。

(2)进、出水口铺砌、翼墙、护坡、挡水墙、沉沙井、跌水、急流槽等是否完整，洞口连接是否平整顺适，排水是否顺畅。

(3)涵体侧墙或台身是否渗漏水、开裂、变形或倾斜，墙身砌缝砂浆是否脱落，砌块是否松动，基础是否冲刷、淘空。

(4)涵身顶部的盖板、顶板或拱顶是否开裂、漏水、变形下挠，砌缝砂浆是否脱落，砌块是否松动、脱落。

(5)涵底是否淤塞阻水，涵底铺砌是否开裂、沉降、隆起或缺损。

(6)洞口附近填土是否有渗水、冲刷、空洞，填土是否稳定。

(7)涵洞顶路面是否开裂、沉陷、存在跳车现象。

(8)交通标志及涵洞其他附属设施是否损坏、失效。

在定期检查中，检查人员应当场填写"涵洞定期检查表"(表5.4)；实地查明损坏情况，根据涵洞的技术状况，参照桥梁技术状况评定标准相关结构类型，对涵洞的技术状况综合做出好、较好、较差、差、危险5个级别的评定，提出日常养护、维修、加固、改建等建议。

表5.4 涵洞定期检查表

1. 路线编号		2. 路线名称		3. 涵洞桩号	
4. 养护单位		5. 涵洞类型		6. 检查时间	
7. 序号	8. 部件名称	9. 损坏或需维修情况描述		10. 维修建议(方式、范围、时间)	
(1)	进水口				
(2)	出水口				
(3)	涵身两侧				
(4)	涵身顶部				
(5)	涵底铺砌				
(6)	涵附近填土				
11. 涵洞技术状况总评		好	较好	较差	差	危险
12. 养护方案	日常养护	维修	加固	改建	13. 下次检查时间	年 月
14. 备注：						
主管负责人		检查人		检查时间	年 月 日

5.4.2 涵洞的养护与维修

1. 涵洞的日常养护

保持洞口清洁无杂物，洞内排水畅通，发现淤塞或积雪、积冰应及时疏通和清除。对于经常积雪或积雪较深的涵洞，入冬前可在洞口外加设栅栏；对于易发生积冰的涵洞，宜用柴草封住洞口，融雪时及时拆除。当涵洞进水口设有沉沙井时，沉砂井有淤泥的应及时清除。

涵底铺砌，洞口上、下游路基护坡、引水沟、泄水槽、沉沙井发生变形或出现缺口时，应及时修理或封塞填平。涵底和涵墙出现渗漏水，可采取下列方法处治。

(1) 疏通水道，使洞口铺砌与上、下游水槽坡道平齐顺适。

(2) 保持洞内底面平顺，并有适当纵坡(3%)。

(3) 用水泥砂浆对涵底和涵墙重新勾缝。

涵洞进水口的沉砂井和出水口的跌水构造，应适时检查其是否损坏、与洞口是否结合成整体，如有损坏或发现裂隙甚至脱离，应及时修复加固。

处于山谷高填方的涵洞，其出水口的跌水设施必须与洞口结合成整体，若有裂缝应及时填塞。

浆砌砖石拱涵的砌体表面如发生局部风化、裂缝、灰缝剥落等，应用水泥砂浆重新勾缝或表面抹浆或喷浆；如洞顶渗漏水，应挖开填土，用水泥砂浆或水泥石灰砂浆修复其损坏部分，并加设防水层。

混凝土管涵的接头处和有铰接缝处发生填缝料脱落，应及时进行封堵处理。可用干燥麻絮浸透沥青后填实，或用其他黏弹性材料封堵。不宜用灰浆抹缝，以免再次脱落。

倒虹吸管长期使用容易破裂漏水，造成路基软化。应注意检查，如涵顶路面出现湿斑，应及时处理。可采用对涵内顶部表面抹浆、喷浆或衬砌的方法处理。

2. 涵洞的雨期养护

涵洞的雨期养护必须遵循"预防为主"的原则。因此，每年的汛前检查非常重要，必须认真做好涵洞的水毁预防。在检查中发现水毁隐患时，应采取适当的工程技术措施，及时防治，并应注意提高其抵御洪水的能力，以减少水害。

涵洞的雨期养护计划要点如下。

(1) 山区公路，因沟床坡度陡，流速大，洞口、洞底铺砌层和跌水、急流槽易受洪水或漂流的大石块冲击破坏。

(2) 平原区公路，洞口，洞孔和上、下游沟槽易被泥沙杂物淤积，造成水毁。

(3) 傍河路段的下游洞口易遭大河洪水冲击破坏。

涵洞的汛期养护内容如下。

(1) 大雨或洪水期间，应昼夜巡视，做好下列主要工作。

1) 及时打捞清除涵洞上游的漂浮物。

2)洞口发生堵塞，应立即排除。

3)洞口及其周围路堤被洪水冲击破坏时，应立即用草袋、麻袋、编织袋装土石防护，以免水毁扩大。

4)涵洞发生局部和全部水毁，危及行车安全或阻车时，应在两端竖立危险警告标志或禁止通行标志。

(2)每次雨后或洪水过后，应立即做好下列检查、维修工作。

1)清除沟槽、洞口及洞内淤积杂物。

2)洞口或洞身、洞底的水毁破损处，应及时修补。

3)洞口、洞底冲刷成深坑或基础冲空时，应及时加固。一般可用拌成半干半湿的混凝土装入麻袋或草袋(约2/3)，将冲空部位堆置密实，然后灌注混凝土。若冲空部位无水流或积水，可用片石混凝土(或混凝土)填实。

4)傍河路线，因河道发生不利演变，威胁涵洞安全或造成水毁时，应立即用装土、石草袋(麻袋或各种编织袋)或石笼防护，待雨期过后再按设计增设防护工程，修复水毁涵洞。

3. 涵洞的维修

(1)涵洞进、出水口处如已严重冲刷，可采用下列方法维修。

1)位于陡坡上的涵洞或直接受水流冲击的涵洞，其入口处应采取适当的防护措施。

2)用浆砌块石铺底，并用水泥砂浆勾缝。铺砌长度视土质和流速而定，铺砌的末端应设置混凝土或浆砌块石挡水墙。

3)流速特别大的涵洞，应在出水口加设消力设施，如消力槛、消力池等。消力槛的末端应设置混凝土或浆砌块石挡水墙，或设置三级挑槛。

(2)涵洞发生泥砂淤积的维修处理：凡未置设沉沙井，而涵洞经常发生泥砂淤积时，可在进水口设沉砂井，以沉淀泥砂、杂物。

(3)管涵的管节严重错裂的维修处理：管涵的管节，如因基础沉陷而发生严重错裂时，应挖开填土处理地基后再重建基础。

(4)洞口端墙和翼墙倾斜变形的维修加固：砖石、混凝土及钢筋混凝土端墙和翼墙，如有离开路堤向外倾斜等变形现象，应查明原因后加以处治。

1)如因填土未夯实而沉落挤压，或由填土中水分过多，土压力增大所引起，应更换透水性好的填土并仔细夯实。

2)如因基础不均匀沉陷而发生倾斜，则需修理或加固基础。

5.4.3 涵洞的加固

1. 涵洞地基加固

涵洞地基加固包括严重冲刷的加固及地基沉降变形的加固。冲刷严重时应增设防冲、减冲的结构，也可以与沟渠的疏导整治结合进行。地基的加固方法多采用换填夯实等费用较高的处理方法，如采用费用较高的处理方法，应与拆除重建进行技术经济比较。

2. 加宽或加高路基导致涵洞长度不足的加固

加宽或加高路基导致涵洞长度不足时，一般可将原涵洞洞身接长，新结构一般用与原涵洞相同的结构形式。两端新建洞口端墙和路基护坡。其接长部分的基础宜与原基础同深，并应注意断缝。接长时应采取措施尽量减少新、旧涵洞段的不均匀沉降。

当路基加宽、加高不多时，也可用加高涵洞上、下游端墙的方法，但应同时根据需要增加端墙的长度。如洞口为八字翼墙，应将翼墙加高和接长。新、旧砌体的接合处必须交错砌筑。

3. 承载能力不足的涵洞加固

直径在 1 m 以下的混凝土管涵、高度在 3 m 以上高填土地点，一般不用加固也可承受较大的荷载；如填土在 3 m 以内，可在管外加筑一层混凝土套壳，予以加固。

砌体拱涵一般可采用拱圈上加拱的方法加固，如属于高填土而净空又较大，可采用拱下加拱的方法。

石盖板涵可更换较厚的盖板。混凝土管涵可在管外加筑一层混凝土套壳。钢筋混凝土盖板涵的加固，除加固涵墙外，可将原盖板面凿毛，洗刷干净，再在其上浇筑混凝土或钢筋混凝土加厚盖板。

箱涵的加固一般可采用粘贴钢板和用工字钢补强的方法。具体施工步骤为：搭设工作平台→封闭裂缝、注浆→顶升涵洞顶板→将混凝土表面水泥浆凿除、磨平，挂钢板，注胶粘贴钢板→卸千斤顶→加固钢板、挂网、浇筑包裹混凝土。

涵洞技术状况评定标准见表 5.5。

表 5.5 涵洞技术状况评定标准

技术状况评定等级	涵洞技术状况描述
好	各构件及附属结构完好，使用正常
较好	主要构件有轻微缺损，对使用功能无影响
较差	主要构件有中等缺损，病害发展缓慢，尚能维持正常使用功能
差	主要构件有大的缺损，严重影响涵洞使用功能；或影响承载能力，不能保证正常使用
危险	主要构件存在严重缺损，不能正常使用，危及涵洞结构安全

【拓展阅读】

我国桥梁的世界之最

世界最长的桥梁是我国的丹昆特大桥，它是京沪高铁的一部分（丹阳至昆山段），这座特大型铁路桥长达 164.851 km，是目前吉尼斯世界纪录所记载的世界上最长的桥，比美国庞恰特雷恩湖桥还长 4 倍多。

世界上最长的跨海大桥是我国的港珠澳大桥，这座横跨伶仃洋的公路桥长达 55 km。是中国境内一座连接香港、珠海和澳门的桥隧工程。港珠澳大桥东起香港国际机场附近的香港口岸人工岛，向西横跨南海伶仃洋水域接珠海和澳门人工岛，止于珠海洪湾立交；其中主桥长 29.6 km，香港口岸至珠澳口岸部分长 41.6 km；桥面为双向六车道高速公路，设计速度为 100 km/h；工程项目总投资额为 1 269 亿元。港珠澳大桥因其超大的建筑规模、空前的施工难度和顶尖的建造技术而闻名世界（图 5.16）。

四川成都市的成都沱江大桥于 2021 年 6 月开工，宽达 68～79 m，建成后的宽度将成为世界第一，它也是一条拥有双向 12 车道的公路桥。成都沱江大桥采用全国首创公铁平层设计，大桥的中间是蓉昆、渝昆 4 线时速 300 km 的高速铁路，中间高速铁路向外的两侧是双向 6 车道的城市快速路，最外侧为供行人和自行车来往两岸的人行道和非机动车道（图 5.17）。

图 5.16　港珠澳大桥

图 5.17　成都沱江大桥

思考与练习

一、填空题

1. 按照《公路桥涵养护规范》(JTG 5120—2021)的规定，桥梁检查分为＿＿＿＿＿＿＿、＿＿＿＿＿＿＿、＿＿＿＿＿＿＿和＿＿＿＿＿＿＿。

2. 公路桥涵养护工程按工程性质、技术复杂程度和规模大小，分为＿＿＿＿＿＿＿、＿＿＿＿＿＿＿、＿＿＿＿＿＿＿及＿＿＿＿＿＿＿4 类。公路桥涵养护应遵循"＿＿＿＿＿＿＿、科学养护、＿＿＿＿＿＿＿、保障畅通"的原则。

3. 日常巡查是对桥面及其以上部分的桥梁构件、结构异常变位和桥梁安全保护区的＿＿＿＿＿＿＿和＿＿＿＿＿＿＿。

4. 经常检查是抵近桥涵结构，采用＿＿＿＿＿＿＿结合辅助工具对桥面系、上部结构、下部结构和附属设施表观状况进行的＿＿＿＿＿＿＿。

5. 定期检查是对＿＿＿＿＿＿＿进行的周期性检查及技术状况评定。

6. 特殊检查是对桥梁＿＿＿＿＿＿＿、抗灾能力、耐久性能、水中基础技术状况进行的一项或多项检查与评定，以及对＿＿＿＿＿＿＿中难以判明病害成因及程度的桥梁进行的检查。

7. 桥梁技术状况评定分为＿＿＿＿＿＿＿和＿＿＿＿＿＿＿。

8. 根据现有的桥梁结构的使用情况调查，＿＿＿＿＿＿＿是桥梁结构使用中养护维修最频繁的部位，也是桥梁结构早期病害和损伤的多发部位，因此桥梁_____是桥梁养护维修的重点。

9. 桥面铺装材料主要有_____和_____两种，由于使用材料的不同，其缺陷形式也不同。

10. 梁体的污垢宜用_____洗刷，不得使用有腐蚀性的化学清洗剂。

11. 改变梁体截面形式加固法。一般是将开口的 T 形截面或 H 形截面转换成_____截面。

12. 预应力混凝土梁出现裂缝的情况包括：全预应力及部分预应力 A 类构件正常使用条件下_____出现裂缝，只有 B 类构件_____出现裂缝。

13. 桥梁下部结构是支承桥梁上部结构并将其荷载传递至地基的_____、_____和_____的总称。

14. 墩台混凝土表面发生侵蚀剥落、蜂窝麻面、裂缝、露筋等病害时，应及时将周围凿毛洗净，用_____抹平或采用_____等修补。

15. 经常检查_____不少于一次，在汛期及冰雪前后应加大检查频率。经常检查采用_____方法，也可配以_____进行测量，现场填写。

16. 涵洞的定期检查周期不得超过_____年，特殊结构及特别重要的涵洞_____检查不少于一次。新建、改建涵洞交付使用_____内，应进行第一次全面检查。在经常检查中发现存在较大损坏时，应立即安排_____。

17. 在定期检查中，检查人员应根据涵洞的技术状况，对涵洞的技术状况综合做出_____、_____、_____、_____、_____5 个级别的评定，提出_____、维修、加固、_____等建议。

18. 涵洞雨期养护必须遵循"_____"的原则，涵洞的定期检查周期不得超过_____。新建、改建涵洞交付使用_____内，应进行第一次全面检查。

二、选择题

1. 经常检查是对桥面设施、上下部结构及其附属设施进行一般性检查，(　　)不少于一次。

　　A. 每季度　　　　　　　　B. 每半年
　　C. 每年　　　　　　　　　D. 每两年

2. 养护检查等级为Ⅰ级的桥梁，经常检查(　　)不应少于一次。

　　A. 每月　　　　　　　　　B. 每两月
　　C. 每季度　　　　　　　　D. 每半年

3. 养护检查等级为Ⅰ级的桥梁，定期检查周期不得超过(　　)；养护检查等级为Ⅱ、Ⅲ级的桥梁，定期检查周期不得超过(　　)。

　　A. 半年　　　　　　　　　B. 一年
　　C. 两年　　　　　　　　　D. 三年

4. 3 类桥梁是指桥梁技术状况总体评定为( )。
A. 危险状态 B. 差的状态
C. 较差状态 D. 较好状态

5. 桥梁技术状况评定等级分为( )类。
A. 5 B. 3
C. 6 D. 7

6. 支座的检查频率为( )。
A. 一月一次 B. 三月一次
C. 半年一次 D. 一年一次

7. 桥梁适应性评定的周期一般为( )年。
A. 1~3 B. 3
C. 3~6 D. 6

8. 钢筋混凝土梁主筋附近竖向裂缝允许最大缝宽为( )mm。
A. 0.25 B. 0.3
C. 0.4 D. 0.5

9. 钢筋混凝土梁腹板斜向裂缝允许最大缝宽为( )mm。
A. 0.25 B. 0.3 C. 0.4 D. 0.5

10. 预应力混凝土梁桥腹板抗剪切强度不够时,可采用加( )预应力加固。
A. 纵向 B. 横向
C. 竖向 D. 三向均可

11. 简支结构桥梁相邻墩台间跨径为16 m,墩台均匀总沉降允许值为( )mm。
A. 2 B. 4
C. 8 D. 10

12. 涵洞经常检查一般每( )不少于一次。
A. 月 B. 季度
C. 半年 D. 年

13. 新建、改建涵洞在交付使用( )年后,要进行第一次全面检查。
A. 4 B. 3
C. 2 D. 1

14. 涵洞的定期检查周期不得超过( )年。
A. 1 B. 2
C. 3 D. 4

15. 以下不属于桥面系的是( )。
A. 桥面伸缩装置 B. 桥面防水层
C. 桥墩 D. 桥面铺装

三、名词解释
1. 初始检查

2. 日常巡查

3. 经常检查

4. 定期检查

5. 特殊检查

6. 一般评定

7. 适应性评定

四、简答题

1. 公路桥涵养护应遵循哪些原则？应符合什么要求？
2. 公路桥涵养护应包括哪些主要内容？
3. 公路桥梁养护检查等级分为Ⅰ、Ⅱ、Ⅲ级，分级标准应符合哪些规定？
4. 桥梁初始检查应包括哪些内容？
5. 桥梁定期检查后提交的检查报告应包括哪些内容？
6. 在哪些情况下桥梁应做特殊检查？
7. 桥梁技术状况等级与养护对策有哪些？
8. 桥面系包括哪些结构？
9. 混凝土桥梁日常养护维修内容有哪些？
10. 桥梁加固有哪几种方法？
11. 简述预应力混凝土桥梁的加固方法。
12. 桥梁墩台的养护与维修应符合哪些规定？
13. 简述涵洞养护的要求。
14. 涵洞定期检查的主要工作有哪些？
15. 简述涵洞技术状况评定标准。

项目6　公路隧道养护与维修

知识目标

1. 了解公路隧道总体技术状况评定标准；
2. 掌握土建结构技术状况评定方法；
3. 了解机电设施养护内容。

公路隧道养护
与维修

技能目标

1. 能够了解隧道检查与观测的内容；
2. 能够根据隧道检查情况，对隧道总体技术状况进行评定；
3. 能够根据隧道等级和检查结果，制订养护计划和养护方案；
4. 能够进行土建结构的日常养护工作、检查工作。

任务描述

西汉高速公路是国家高速公路网 G5 京昆（北京—昆明）高速在陕西省境内的一段，路线主线全长为 258.65 km，全线采用双向四车道高速公路标准建设。高速公路穿越秦岭主山脉，山大沟深，地形条件复杂，桥梁隧道诸多，工程技术要求高，施工难度极大。隧道单洞总长为 97 413.5 延米/151 座，其中特长隧道为 48 554 延米/10 座，长隧道为 14 982 延米/10 座，中隧道为 23 847 延米/63 座，短隧道为 10 030.5 延米/68 座。全线设管理处 1 个、管理所 4 处、收费站 15 处、服务区 5 处、养护工区 4 处。

秦岭一号隧道全长为 6 144 m。秦岭二号隧道全长为 6 125 m。秦岭三号隧道全长为 4 930 m。2009 年 8 月 18 日 18 时，陕西省气象台发布雷电橙色预警信号。22 时，宁陕气象局发布暴雨黄色预警信号。23 时许，西汉高速宁陕境内田坝隧道出入口因泥石流灾害双向交通中断，造成大量车辆滞留，抢险人员及时对泥石流现场进行交通管制，对现场被困滞留人员进行紧急转移。同时，在涝峪口和龙亭分别对驶往汉中方向和西安方向的所有车辆进行分流（图 6.1）。请给出合适的后期养护处理措施方案。

图 6.1 西汉高速隧道
(a)秦岭一号隧道；(b)田坝隧道内堵塞；(c)清理隧道内淤泥；(d)田坝隧道外水毁

6.1 隧道养护的基本要求

相关知识

公路隧道是公路中重要的工程结构物，隧道工程大多位于地势险要、通行困难地区，如果隧道内出现严重渗漏水、衬砌开裂或设施故障等情况，就会妨碍交通，进而使整个交通线完全处于中断状态，给公路交通造成恶劣影响，因此，隧道的养护管理比一般路段的养护管理更为重要。为了保证公路畅通无阻，必须加强对公路隧道的养护与维修，延长其使用年限，保证绝对安全。

隧道养护为保持隧道土建结构、机电设施及其他工程设施的正常使用而进行的日常巡查、清洁维护、检查评定、保养维修等工作。养护的范围应包括土建结构、机电设施及其他有关设施。公路隧道养护维修完成后，还应该适时地进行跟踪观察和监测，以便了解处治效果。

6.1.1 隧道养护等级

《公路隧道养护技术规范》(JTG H12—2015)规定，公路隧道养护应贯彻"预防为主、防治结合"的方针，加强预防性养护，保持公路隧道正常的使用状态。

公路隧道养护应划分隧道养护等级，并按照等级实施养护。根据公路等级、隧道长度和交通量大小，公路隧道养护可分为三个等级，分级标准宜按表6.1和表6.2执行。

表6.1 高速公路、一级公路隧道养护等级分级表

单车道年平均日交通量/[pcu·(d·ln)$^{-1}$]	隧道长度/m			
	$L>3\ 000$	$3\ 000 \geqslant L > 1\ 000$	$1\ 000 \geqslant L > 500$	$L \leqslant 500$
$\geqslant 10\ 001$	一级	一级	一级	二级
$5\ 001 \sim 10\ 000$	一级	一级	二级	二级
$\leqslant 5\ 000$	一级	二级	二级	二级

表6.2 二级及二级以下公路隧道养护等级分级表

年平均日交通量/(pcu·d^{-1})	隧道长度/m			
	$L>3\ 000$	$3\ 000 \geqslant L > 1\ 000$	$1\ 000 \geqslant L > 500$	$L \leqslant 500$
$\geqslant 10\ 001$	一级	二级	二级	三级
$5\ 001 \sim 10\ 000$	二级	二级	三级	三级
$\leqslant 5\ 000$	二级	三级	三级	三级

公路隧道养护时，应建立隧道养护技术档案，并宜纳入公路信息化养护管理系统。隧道内养护作业不中断交通时，应采取措施，保障安全并减少对交通的干扰，应积极而慎重地采用新技术、新材料、新设备与新工艺，使养护维修达到安全实用、质量可靠、经济合理、技术先进的要求。

应对公路隧道进行定期检查，根据检查结果对隧道技术状况进行评定，并根据隧道交通运营状况、结构和设施技术状况及病害程度、围岩地质条件等，制订相应的养护计划和方案。

■ 6.1.2 公路隧道总体技术状况评定

公路隧道总体技术状况评定应分为1类、2类、3类、4类和5类。评定类别描述及养护对策见表6.3。隧道总体技术状况评定等级应采用土建结构和机电设施两者中最差的技术状况类别作为总体技术状况的类别。

表6.3 公路隧道总体技术状况评定类别描述及养护对策

技术状况评定类别	评定类别描述		养护对策
	土建结构	机电设施	
1类	完好状态。无异常情况，或异常情况轻微，对交通安全无影响	机电设施完好率高，运行正常	正常养护
2类	轻微破损。存在轻微破损，现阶段趋于稳定，对交通安全不会有影响	机电设施完好率较高，运行基本正常，部分易耗部件或损坏部件需要更换	应对结构破损部位进行监测或检查，必要时实施保养维修；机电设施进行正常养护，应对关键设备及时修复
3类	中等破损。存在破坏，发展缓慢，可能会影响行人、行车安全	机电设施尚能运行，部分设备、部件和软件需要更换或改造	应对结构破损部位进行重点监测，并对局部实施保养维修；机电设施需进行专项工程

续表

技术状况评定类别	评定类别描述		养护对策
	土建结构	机电设施	
4类	严重破损。存在较严重破坏，发展较快，已影响行人、行车安全	机电设施完好率较低，相关设施需要全面改造	应尽快实施结构病害处治措施；对机电设施应进行专项工程，并应及时实施交通管制
5类	危险状态。存在严重破坏，发展迅速，已危及行人、行车安全	—	应及时关闭隧道，实施病害处治，特殊情况需进行局部重建或改建

公路隧道技术状况评定应包括隧道土建结构、机电设施、其他工程设施技术状况评定和总体技术状况评定，如图 6.2 所示。公路隧道技术状况评定应采用分层综合评定与隧道单项控制指标相结合的方法，首先对隧道各检测项目进行评定，然后对隧道土建结构、机电设施和其他工程设施分别进行评定，最后进行隧道总体技术状况评定。

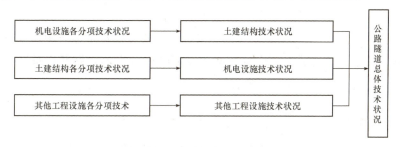

图 6.2　公路隧道技术状况评定

■ 6.1.3　对评定划定的各类隧道土建结构，应分别采取不同的养护措施

(1)对 1 类隧道应进行正常养护。
(2)2 类隧道或存在评定状况值为 1 的分项时，应按需进行保养维修。
(3)3 类隧道或存在评定状况值为 2 的分项时，应对局部实施病害处治。
(4)对 4 类隧道应进行交通管制，尽快实施病害处治。
(5)对 5 类隧道应及时关闭，然后实施病害处治。
(6)重要分项以外的其他分项评定状况值为 3 或 4 时，应尽快实施病害处治。

6.2　隧道土建结构

相关知识

土建结构主要是指隧道的各类土木建筑工程结构物，包括洞口边仰坡、洞门、衬砌、路面、防排水设施、斜(竖)井、检修道及风道等结构物。土建结构的养护工作应包括日常巡查、清洁、结构检查与技术状况评定、保养维修和病害处治等内容。

6.2.1 日常巡查

(1)日常巡查应对隧道洞口、衬砌、路面是否处在正常工作状态、是否妨碍交通安全等进行检查,包括下列内容。

1)隧道洞口边仰坡是否存在边坡开裂滑动、落石等现象。

2)隧道洞门结构是否存在大范围开裂、砌体断裂、脱落等现象。

3)隧道衬砌是否存在大范围开裂、明显变形、衬砌掉块等现象。

4)是否存在地下水大规模涌流、喷射,路面出现涌泥沙或大面积严重积水等威胁交通安全的现象。

5)隧道路面是否存在散落物、严重隆起、错台、断裂等现象。

6)隧道洞顶预埋件和悬吊件是否存在断裂、变形或脱落等现象。

(2)日常巡查频率宜不低于 1 次/d,在雨期、冰冻季节和极端天气,应增加日常巡查的频率。隧道日常巡查可与路段日常巡查一起进行。

(3)日常巡查可采用人工与信息化手段相结合的方式。在日常巡查中,发现路面有妨碍通行的障碍物或其他异常情况时,应视情况予以清除或报告,并做好记录。记录方式可以文字记录为主,并配合照相或摄像手段辅助。

6.2.2 隧道清洁

隧道清洁应综合考虑隧道养护等级、交通组成、结构物脏污程度、清洁方式及效率和环境条件等因素确定清洁方案与频率。按照养护等级,隧道清洁维护频率宜不低于表 6.4 和表 6.5 规定的频率。

表 6.4 高速公路、一级公路隧道清洁频率

清洁项目	养护等级		
	一级	二级	三级
路面	1 次/d	2 次/周	1 次/旬
内装饰、检修道、横通道、标志、标线、轮廓标	1 次/月	1 次/2 月	1 次/季度
排水设施	1 次/季度	1 次/半年	1 次/半年
顶板	1 次/半年	1 次/年	1 次/2 年
斜井	1 次/半年	1 次/年	1 次/2 年
侧墙、洞门	1 次/2 月	1 次/季度	1 次/半年

表 6.5 二级及二级以下公路隧道清洁频率

清洁项目	养护等级		
	一级	二级	三级
路面	1 次/周	1 次/半月	1 次/月
内装饰、侧墙、洞门、检修道、横通道、标志、标线、轮廓标	1 次/季度	1 次/半年	1 次/年

续表

清洁项目	养护等级		
	一级	二级	三级
排水设施	1次/半年	1次/年	1次/年
顶板	1次/年	1次/2年	1次/3年
斜井	1次/年	1次/2年	1次/3年

(1)隧道内路面清洁应满足下列要求。

1)保持干净、整洁，两侧边沟不应有残留垃圾等物品。

2)高速公路和一级公路以机械清扫为主，清扫时防止产生扬尘。

3)路面被油类物质或其他化学品污染时，采取措施清除。

(2)隧道的顶板、内装饰、侧墙和洞门清洁应满足下列要求。

1)保持干净、整洁，无污垢、污染、油污和痕迹。

2)顶板、内装饰和侧墙的清洁以机械作业为主，以人工作业为辅。

3)采用湿法清洁时，防止路面积水和结冰，并注意保护隧道内机电设施的安全，防止水渗入设施。清洗用的清洁剂，可根据实际效果选择确定，宜选用中性清洁剂。清洁剂冲洗干净。

4)采用干法清洁时，避免损伤顶板、内装饰和侧墙，以及隧道内机电设施。清洁时采取必要的降尘措施。对不能去除的污垢，可用清洁剂进行局部特别处理。

5)隧道内没有顶板和内装饰时，根据需要对洞壁混凝土进行清洁。

6)洞门的清洁按照侧墙要求执行。

(3)隧道排水设施应按下列规定进行清理和疏通。

1)保持无淤积、排水通畅。

2)在汛前、汛中和汛后及极端降水天气后，对排水设施进行检查和清理疏通。在冰冻季节，增加排水沟的清理频率。

3)对于纵坡较小的隧道或隧道的洞口区段，提高清理和疏通的频率；对于窨井和沉砂池，将其底部沉积物清除干净。

(4)隧道的标志、标线和轮廓标清洁应满足下列要求。

1)应保持完整、清晰、醒目。

2)当标志、标线和轮廓标表面有污秽，影响其辨认性能时，应及时进行清洗。清洗标志、标线和轮廓标时，应避免损伤其表面覆膜或涂层等。

(5)隧道横通道应定期清除杂物和积水。

(6)对于斜井、检修道及风道等辅助通道，应定期清除可能损伤通风设施或影响通风效果的异物。

6.2.3 结构检查

土建结构检查应包括经常检查、定期检查、应急检查和专项检查，并应满足下列要求。

(1)经常检查。对土建结构的外观状况进行一般性定性检查。

(2)定期检查。按规定频率对土建结构公路隧道结构经常检查频率表的技术状况进行全面检查。

(3)应急检查。在隧道遭遇自然灾害、发生交通事故或出现其他异常事件后对遭受影响的结构进行详细检查。

(4)专项检查。根据经常检查、定期检查和应急检查的结果,对于需要进一步查明缺损或病害的详细情况的隧道,进行更深入的专门检测、分析等工作。

按照公路隧道养护等级,土建结构经常检查频率应不低于表6.6规定的频率,且在雨期、冰冻季节或极端天气情况下,或发现严重异常情况时,提高经常检查频率。

表6.6 公路隧道结构经常检查频率

检查分类	养护等级		
	一级	二级	三级
经常检查	1次/月	1次/2月	1次/季度

土建结构各分项权重见表6.7。

表6.7 土建结构各分项权重

分项		分项权重	分项	分项权重
洞口		15	检修道	2
洞门		5	排水设施	6
衬砌	结构破损	40	吊顶及预埋件	10
	渗漏水		内装饰	2
路面		15	交通标志标线	5

通过经常检查,及时发现早期缺损、显著病害或其他异常情况,确定对策措施,并应符合下列规定。

(1)经常检查宜采用人工与信息化手段相结合的方式,配以简单的检查工具进行。应当场填写"公路隧道经常检查记录表",翔实记录检查项目的缺损类型,估计缺损范围和程度及养护工作量,对异常情况做出缺损状况判定分类,并提出相应的养护措施。

(2)经常检查以定性判断为主,检查内容和判定标准宜按表6.8执行。经常检查破损状况判定分情况正常、一般异常和严重异常三种情况。

表6.8 经常检查内容和判定标准

项目名称	检查内容	判定描述	
		一般异常	严重异常
洞口	边(仰)坡有无危石、积水、积雪;洞口有无挂冰;边沟有无淤塞;构造物有无开裂、倾斜、沉陷等	存在落石、积水、积雪隐患;洞口局部挂冰;构造物局部开裂、倾斜、沉陷,有妨碍交通的可能	坡顶落石、积水漫流或积雪崩塌;洞口挂冰掉落路面;构造物因开裂、倾斜或沉陷而致剥落或失稳;边沟淤塞,已妨碍交通

续表

项目名称	检查内容	判定描述	
		一般异常	严重异常
洞门	结构开裂、倾斜、沉陷、错台、起层、剥落；渗漏水(挂冰)	侧墙出现起层、剥落；存在渗漏水或结冰，尚未妨碍交通	拱部及其附近部位出现剥落；存在喷水或挂冰等，已妨碍交通
衬砌	结构裂缝、错台、起层、剥落	衬砌起层，且侧壁出现剥落状况，尚未妨碍交通，将来可能构成危险	衬砌起层，且拱部出现剥落状况，已妨碍交通
	渗漏水	存在渗漏水，尚未妨碍交通	大面积渗漏水，已妨碍交通
	挂冰、冰柱	存在结冰现象，尚未妨碍交通	拱部挂冰，形成冰柱，已妨碍交通
路面	落物、油污；滞水或结冰；路面拱起、坑槽、开裂、错台等	存在落物、滞水、结冰、裂缝等，尚未妨碍交通	拱部落物，存在大面积路面滞水、结冰或裂缝，已妨碍交通
检修道	结构破损；盖板缺损；栏杆变形、损坏	栏杆变形、损坏；盖板缺损；结构破损，尚未妨碍交通	栏杆局部毁坏或侵入建筑限界；道路结构破损，已妨碍交通
排水设施	缺损、堵塞、积水、结冰	存在缺损、积水或结冰，尚未妨碍交通	沟管堵塞，积水漫流，结冰，设施缺损严重，已妨碍交通
吊顶及各种预埋件	变形、缺损、漏水(挂冰)	存在缺损、漏水，尚未妨碍交通	缺损严重，或从吊顶板漏水严重，已妨碍交通
内装饰	脏污、变形、缺损	存在缺损，尚未妨碍交通	缺损严重，已妨碍交通
标志、标线、轮廓标	是否完好	存在脏污、部分缺失，可能会影响交通安全	基本缺失或严重缺失，影响行车安全

（3）当经常检查中发现隧道存在一般异常情况时，应进行监视、观测或做进一步检查；当经常检查中发现隧道存在严重异常情况时，应采取措施进行处治；当对其产生原因及详细情况不明时，应做定期检查或专项检查。

（4）定期检查的周期应根据隧道技术状况确定，宜每年1次，最长不得超过3年1次。当经常检查中发现重要结构分项技术状况评定状况值为3或4时，应立即开展一次定期检查。定期检查宜安排在春季或秋季进行。新建隧道应在交付使用1年后进行首次定期检查。

（5）通过定期检查，系统掌握结构技术状况和功能状况，开展土建结构技术状况评定，为制订养护工作计划提供依据，并应符合下列规定。

1）定期检查需要配备必要的检查工具或设备，进行目测或量测检查。检查时，应尽量靠近结构，依次检查各个结构部位，注意发现异常情况和原有异常情况的发展变化；对有异常情况的结构，应在其适当位置做出标记；此外，检查结果记录宜量化。

2) 定期检查内容应按表 6.9 执行。

表 6.9 定期检查内容

项目名称	检查内容
洞口	山体滑坡、岩石崩塌的征兆及其发展趋势；边坡、碎落台、护坡道的缺口、冲沟、潜流涌水、沉陷、塌落等及其发展趋势
	护坡、挡土墙的裂缝、断缝、倾斜、鼓肚、滑动、下沉的位置、范围及其程度，有无表面风化、泄水孔堵塞、墙后积水、地基错台、空隙等现象及其程度
洞门	墙身裂缝的位置、宽度、长度、范围或程度
	结构倾斜、沉陷、断裂范围、变位量、发展趋势
	洞门与洞身连接处环向裂缝开展情况、外倾趋势
	混凝土起层、剥落的范围和深度，钢筋有无外露、受到锈蚀
	墙背填料流失范围和程度
衬砌	衬砌裂缝的位置、宽度、长度、范围或程度，墙身施工缝开裂宽度、错位量
	衬砌表层起层、剥落的范围和深度
	衬砌渗漏水的位置、水量、浑浊、冻结状况
路面	路面拱起、沉陷、错台、开裂、溜滑的范围和程度；路面积水、结冰等范围和程度
检修道	检修道毁坏、盖板缺损的位置和状况；栏杆变形、锈蚀、缺损等的位置和状况
排水系统	结构缺损程度，中央窨井盖、边沟盖板等完好程度，沟管开裂漏水状况；排水沟（管）、积水井等淤积堵塞、沉沙、滞水、结冰等状况
吊顶及各种预埋件	吊顶板变形、缺损的位置和程度；吊杆等预埋件是否完好，有无锈蚀、脱落等危及安全的现象及其程度；漏水（挂冰）范围及程度
内装饰	表面脏污、缺损的范围和程度；装饰板变形、缺损的范围和程度等
标志、标线、轮廓标	外观缺损、表面脏污状况，连接件牢固状况，光度是否满足要求等

3) 检查结果应当场填入"定期检查记录表"，将检查数据及病害绘入"隧道展示图"，对于发现评定状况值为 2 以上的情况，应做影像记录，并详细、准确地记录缺损或病害状况，分析成因，对结构物的技术状况进行评定。

4) 当定期检查中出现状况值为 3 或 4 的项目，且其产生原因及详细情况不明时，应做专项检查。

5) 定期检查完成后，应编制土建结构定期检查报告，内容应包括检查记录表、隧道展示图及相关调查资料等；对土建结构的技术状况评定；对土建结构的养护维修状况的评价及建议；需要实施专项检查的建议；需要采取处治措施的建议。

(6) 通过应急检查，及时掌握结构受损情况，为采取对策措施提供依据，并应符合如下规定：应根据受异常事件影响的结构，决定采取的检查方法、工具和设备。应急检查的内容和方法原则上应与定期检查相同，但应针对发生异常情况或受异常事件影响的结构或结构部位做重点检查，以掌握其受损情况。检查的评定标准应与定期检查相同。当难以判明缺损的原因、程度等情况时，应做专项检查。检查结果的记录应与定期检查相同。检查完成后，应编制应急检查报告，总结检查内容和结果，评估异常事件的影响，确定合理的对策措施。

(7)通过专项检查，完整掌握缺损或病害的详细资料，为其是否实施处治及采取何种处治措施等提供技术依据，并应符合下列规定。

1)检查的项目、内容及其要求，应根据经常检查、定期检查或应急检查的结果有针对性地确定，可按表6.10选择执行。

表6.10 专项检查项目

检查项目		检查内容
结构变形检查	公路线形、高程检查	公路中线位置、路面高度、缘石高度及纵、横坡度等测量
	隧道横断面检查	隧道横断面测量，周壁位移测量(与相邻或完好断面比较)
	净空变化检查	隧道内壁间距测量(自身变化比较)
裂缝检查	裂缝调查	裂缝的位置、宽度、长度、开展范围或程度等
	裂缝检测	裂缝的发展变化趋势及其速度；裂缝的方向及深度等
漏水检查	漏水调查	漏水的位置、水量、浑浊、冻结及原有防排水系统的状态等
	漏水检测	水温、pH值检查、电导度检测、水质化学分析
	防排水系统	拥堵、破坏情况
材质检查	衬砌强度检查	强度简易测定、钻孔取芯，各种强度试验等
	衬砌表面病害	起层、剥落、蜂窝、麻面、孔洞、露筋等
	混凝土碳化深度检测	采用酚酞液检查混凝土的碳化深度
	钢筋锈蚀检测	剔凿检测法、电化学测定法、综合分析判定法
衬砌及围岩状况检查	无损检查	无损检测衬砌厚度、空洞、裂缝和渗漏水等，以及钢筋、钢拱架、衬砌配筋位置及保护层厚度、围岩状况、仰拱充填层密实程度及其下岩溶发育情况
	钻孔检查	钻孔测定衬砌厚度等，内窥镜观测衬砌及围岩内部状况
荷载状况检查	衬砌应力及拱背压力检查	衬砌不同部位的应力及其变化、拱背压力的分布及其变化
	水压力检查	地下水丰富的隧道检查衬砌背后水压力大小、分布及变化规律

2)检查人员应对有关的技术资料、档案进行调查，并对隧道周围的地质及地表环境等展开实地调查。

3)对严重不良地质地段、重大结构病害或隐患处，宜开展运营期长期监测，对其结构变形、受力和地下水状态等进行长期观测。监测频率宜取经常检查的频率，当发现监测参数在快速发展变化时，观测频率应提高。

(8)检查完成后，应编制专项检查报告，报告内容如下。

1)检查的主要经过，包括检查的组织实施、时间和主要工作过程等；

2)所检查结构的技术状况，包括检查方法、试验与检测项目及内容、检测数据与结果分析以及缺损状态评价等；

3)对缺损或病害的成因、范围、程度等情况的分析及其维修处治对策、技术与所需工程量和费用等建议。

6.2.4 土建结构技术状况评定

土建结构技术状况评定应根据定期检查资料，综合考虑洞门、结构、路面和附属设施等各方面的影响，确定隧道的技术状况等级。专项检查时，宜按照规范规定对所检项目进行技术状况评定。

土建结构技术状况评定应分为1类、2类、3类、4类和5类。评定类别描述及养护对策见表6.3。评定时应先逐洞、逐段对隧道土建结构各分项技术状况进行状况值评定，在此基础上确定各分项技术状况，再进行土建结构技术状况评定。评定结果应填入"土建结构技术状况评定表"。

土建结构技术状况评定方法应符合下列规定。

(1)土建结构技术状况评分应按式(6.1)计算。

$$JGCI=100 \cdot \left[1-\frac{1}{4}\sum_{}^{n}\left\{JGCI_i \times \frac{\omega_i}{n}\right\}\right] \quad (6.1)$$

式中 ω_i——分项权重；
$JGCI$——分项状况值，值域为0~4。

(2)分项状况值应按式(6.2)计算。

$$JGCI_i=\max(JGCI_{ij}) \quad (6.2)$$

式中 $JGCI_{ij}$——各分项检查段落状况值；
j——检查段落号，按实际分段数量取值。

(3)土建结构各分项权重宜按表6.7取值。
(4)土建结构技术状况评定分类界限值按表6.11的规定执行。

表6.11 土建结构技术状况评定分类界限值

技术状况评分	土建结构技术状况评定分类				
	1类	2类	3类	4类	5类
JGCI	≥85	≥70,<85	≥55,<70	≥40,<55	<40

(5)进行土建结构技术状况评定时，当洞口、洞门、衬砌、路面和吊顶及预埋件项目的评定状况值达到3或4时，对应土建结构技术状况应直接评为4类或5类。

在公路隧道技术状况评定中，有下列情况之一时，隧道土建技术状况评定应评为5类隧道。

1)隧道洞口边仰坡不稳定，出现严重的边坡滑动、落石等现象。
2)隧道洞门结构大范围开裂、砌体断裂、脱落现象严重，可能危及行车道内的通行安全。
3)隧道拱部衬砌出现大范围开裂、结构性裂缝深度贯穿衬砌混凝土。
4)隧道衬砌结构发生明显的永久变形，且有危及结构安全和行车安全的趋势。

5)地下水大规模涌流、喷射,路面出现涌泥沙或大面积严重积水等威胁交通安全的现象。

6)隧道路面发生严重隆起,路面板严重错台、断裂,严重影响行车安全。

7)隧道洞顶各种预埋件和悬吊件严重锈蚀或断裂,各种桥架和挂件出现严重变形或脱落。

■ 6.2.5 保养维修

(1)土建结构的保养维修应包括经常性或预防性的保养和轻微缺损部分的维修等内容,恢复和保持结构的正常使用情况。

(2)应对土建结构经常检查和定期检查中发现的一般性异常和技术状况值为 2 以下的状况进行保养维修。

(3)应及时清除洞口边仰坡上的危石、浮土,保持洞口边沟和边仰坡上截(排)水沟的完好、畅通,修复存在轻微损坏的洞口挡土墙、洞门墙、护坡、排水设施和减光设施等结构物的开裂、变形,维护洞口花草树木,在冬季应清除边仰坡上的积雪和挂冰。

(4)当明洞上边坡出现危石或有崩塌可能时,应及时清除,也可采取保护性开挖等措施。明洞顶的填土厚度和地表线,应保持原设计状态。当遇边坡塌方形成局部堆积,或遇暴雨、洪水原填土大量流失时,应及时采取措施调整到原有状态,避免产生严重偏压导致明洞结构变形、损坏。明洞的防水层失效或损坏时,应及时修复。

(5)应及时清除半山洞内的雨雪、杂物及洞顶坠落的石块,并保持边沟畅通。应及时修复、添补缺损的护栏、护墙。

(6)对无衬砌隧道出现的碎裂、松动岩石和危石,应按照"少清除,多稳固"的原则进行处理;对围岩的渗漏水,应开设泄水孔接引水管,将水导入边沟排出;冬季应及时清除洞顶挂冰。

(7)对有衬砌隧道出现的衬砌起层、剥离,应及时清除;应及时修补衬砌裂缝,并设立观测标记进行跟踪观测;对衬砌的渗漏水应接引水管,将水导入边沟;冬季应及时清除洞顶挂冰等。

(8)应及时清除隧道内外路面上的塌(散)落物。应及时修复、更换损坏的窨井盖或其他设施盖板。当路面出现渗漏水时,应及时处理,降水引入边沟排出,防止路面积水或结冰。

(9)横通道内严禁存放任何非救援用物品,应及时清除散落杂物,修复轻微破损结构;应定期保养横通道门,保证横通道清洁、畅通。

(10)应及时清除斜(竖)井内可能损伤通风设施或影响通风效果的异物;应保持井内排水设施完好水沟(管)畅通,应对井内的检查通道或设施进行保养,防止其锈蚀或损坏。

(11)应清理送(排)风口的网罩,清除堵塞网眼的杂物;应定期保养风道板吊杆,防止其锈蚀或损坏;应及时修复风口或风道的破损,更换损坏的风道板。

(12)应保持隧道内外排水设施完好,发现破损或缺失应及时修复;排水管堵塞时,可用高压水或压缩空气疏通。应及时清理排水边沟、中心排水沟、沉砂池等排水设施中的堆积物，不定期检查排水沟盖板和沟墙，及时修复破损、翘曲的盖板。在寒冷地区应及时清除排水沟内结冰堵塞。排水的金属管道应定期做好防腐处理。

（13）吊顶和内装饰应保持完好和整洁美观，当有破损缺失时，应及时修补恢复，不能修复的应及时更换。各种预埋件和桥架应保持完好、坚固、无锈蚀，当有缺损时，应及时更换或加固。

（14）应保持人行道或检修道平整、完好和畅通，人行道或检修道不得积水，当道板有破损翘曲或缺失时，应及时进行修复和补充；应定期保养人行道或检修道护栏，护栏应保持完好、清洁、坚固、无锈蚀，立柱正直无摇动现象，横杆连接牢固，当有缺损时，应及时恢复。

（15）寒冷地区隧道还应进行下列保养维护。

1）寒冷地区隧道的防冻保温设施做好保养维护，当有损坏时，及时维修，保证其正常使用功能。

2）对洞口设有防雪设施的隧道，应做好防雪设施的保养维护，并在大雪降临前完成设施的维修加固；在冬季及时清除洞口处积雪。

（16）隧道的交通标志应保持外观完整、信息清晰准确，保持位置、高度和角度适当，保证交通信息传递无误，并应符合下列规定。

1）应及时修补变形、破损的标牌，修复弯曲倾斜的支柱，紧固松动的连接构件。

2）对锈蚀损坏、老化失效的标志，及时更换，缺失的应及时补充。

3）对损坏的限高及限速设施及时维修。

（17）隧道的交通标线应保持完整清洁和醒目，并应符合下列规定。

1）对破损严重和脱落的标线及时补画。

2）及时紧固松动的路标，发现损坏或丢失的，及时修复或补换。

（18）隧道轮廓标应保持完整，清洁和醒目，但有损坏时应及时修复或更换。

6.2.6 病害处治

病害处治包括修复破损结构、消除结构病害、恢复结构物设计标准、维持良好的技术功能状态，并应符合下列规定。

（1）确定病害处治方案前，应对病害隧道进行检测，对破损或病害的成因、范围、程度及其发展趋势等情况进行分析评定。

（2）处治设计应综合考虑隧道病害状况、地形、地质、生态环境及运营和施工条件，合理确定处治方案。处治方案可由一种或多种处治方法组成。

（3）在处治设计与施工中，应根据病害程度、地质条件、处治方案，进行工程风险评估，制订相应的应急预案。

（4）隧道处治施工应编制实施性施工组织设计方案。

（5）病害处治工程施工完毕后，被处治段落各分项状况值应达到0或1。

制订病害处治方案应满足下列要求。

(1)原则上应不降低隧道原有技术标准。
(2)应按照安全、经济、快速、合理的原则,通过多方案技术、经济比选确定。
(3)处治设计应体现信息化设计和动态施工的思想,制订监控量测方案。
(4)应尽量减少施工对隧道正常运营的影响,不能中断交通时应制订保通方案。
(5)应采取相应措施减小处治施工对既有结构、排水设施、机电设施及附属设施的不良影响。

6.3 机电设施养护

相关知识

隧道机电设施是指为隧道运营服务的相关设施,包括供配电设施、照明设施、通风设施、消防设施、监控与通信设施等。

6.3.1 概述

机电设施的养护包括日常巡查、清洁维护、机电检修与评定、专项工程等内容。

(1)日常巡查是指在巡视车上或通过步行目测及其他信息化手段对机电设施外观和运行状态进行的一般巡视检查,并对检查结果及时记录。

(2)清洁维护是指对隧道机电设施外观的日常清洁,以经常保持机电设施外观的干净整洁。

(3)机电检修与评定是指通过检查工作发现机电设施完好情况,系统掌握和评定机电设施技术状况,确定相应的养护对策或措施。机电检修工作主要内容包括经常检修、定期检修和应急检修。

1)经常检修是指通过步行目测或使用简单工具,对设施仪表读数、运转状态或损坏情况进行的检查并对检查结果定性判断,对破损零部件应及时进行维修更换。

2)定期检修是指通过检测仪器对机电设施运转状态和性能进行的全面检查、标定与维修。

3)应急检修是指在公路隧道内或相关机电设施发生异常事件、重大事故或自然灾害后对机电设施进行的检查和维修。

(4)专项工程是指对机电设施进行的集中性、系统性维修,使其满足原有技术标准。专项工程可根据设备运行状态启动。

6.3.2 供配电设施的养护与维修

供电线路的养护应按电力部门的有关规定进行。当供电线路存在异常情况时,应采取措施并及时通知有关部门。供配电设施养护应执行相关设备的检修规程和国家的有关规定。养护人员应持有特殊工种上岗证书,并应配备专门的电工检修工具。对于高速公路隧道、其他公路长和特长隧道,以及有特殊要求的中短隧道应进行供配电设施日常检查。供配电设施日常检查主要针对变压器、高低压配电柜及变配电室内相关设备外观与一般运行状态进行，通过观察外观异常、声响、发热、气味、火花等现象，及时发现设备故障。

供配电设施需进行带电养护作业时，应使隧道内、变配电室及中心控制室相互协调，密切配合，并应严格按电气操作规程的有关要求进行。

■ 6.3.3 照明设施的养护与维修

照明设施包括灯具、托架、标志及信号灯、洞外路灯和照明线路等为隧道营运提供照明服务的设施。

隧道一般应设电光照明，对于能通视、交通量较小、行人密度不大的短隧道，可不设白天的照明设施；长度超过 100 m 的高速公路及一、二级公路隧道，应设置白天的照明设施。

汽车驾驶员在白天从明亮的环境接近、进入和通过隧道过程中，与行走在一般道路上是不同的，会产生各种特殊的视觉问题。

(1)进入隧道前的视觉问题(白天)。隧道内、外的亮度差别很大，因此，从隧道外部去看照明很不充分的隧道入口，会看到黑洞(长隧道)及黑框(短隧道)现象。

(2)进入隧道后立即出现的视觉问题(白天)。即使汽车由明亮的外部进入不太暗的隧道以后，人也要经过一定时间才能看清楚隧道内部的情况，这称为"适应的滞后现象"，这是因为急剧的亮度变化，使人的视觉不能迅速适应。

(3)隧道内部的视觉问题(白天、夜间)。隧道内部与一般道路不同，主要在于隧道内部汽车排出的废气无法迅速消散，形成烟雾，降低了能见度。

(4)隧道出口处的视觉问题。白天，汽车穿过较长的隧道接近出口时，由于通过出口看到的外部亮度极高，所以出口看上去是个亮洞，出现极强的眩光，驾驶员在这种极强的眩光效应下会感到十分不舒服。夜间与白天正好相反，隧道出口看到的不是亮洞而是黑洞，这样就看不出外部道路的线形及路上的障碍物。

鉴于以上这些特殊情况，公路隧道一般应设电光照明，以利于行车安全。

照明设施日常检查主要是对设施使用及损坏情况进行的巡检登记，中间段连续坏灯两盏以上，洞口加强段连续坏灯 3 盏以上时，应及时进行更换或维修。

照明光源达到其额定寿命的 90% 时，应进行成批更换，并选用节能的光源。高速公路隧道照明设施的完好率不低于 95%，其他公路隧道不低于 90%。

■ 6.3.4 通风设施的养护与维修

通风设施主要包括轴流风机、离心风机、射流风机及其配套设施等。

通风设施的日常检查主要是通过观察设备运转有无异常，确定设备是否存在隐患，并及时排除故障。

通风设施应按各种设备的操作规程和养护要求进行，并使主要性能指标(如风速、推力、功率、噪声及防护等级等)符合产品说明书的要求。

通风设施养护应配备专用电工工具和机修工具，必要时配备风压计、风速计、声级计等。进行通风设施养护时，应根据隧道交通流量和通风能力，对交通进行必要的组织和限制。隧道通风设施的设备完好率应不低于98%。

6.3.5 消防及救援设施的养护与维修

消防与救援设施是指用于预防隧道火灾和进行必要救援的设施，包括火灾报警紧急电话、消防设施、横通道设施等。

消防与救援设施的标志应保持完好、醒目。

消防与救援设施日常检查主要是对隧道内消防设备、报警设备、洞外消防设施的外观进行巡视，及时处理设施的异常情况。

消防设施的设备完好率应达到100%，救援设施的设备完好率应不低于98%。

6.3.6 监控设施的养护与维修

监控设施主要包括烟雾浓度探测仪、CO检测仪、交通量检测仪、车高仪、电视监控设施、播音设施、可变信息板、限速标识设施、信息处理设施及控制软件等监视隧道营运状态、设备运转情况与控制相关设备运转的各种设施。

监控设施日常检查是对隧道内各种监控传感器、信息板及信号标识、监控室的各种监视设备进行的一般外观巡检，若发现异常应立即处理。

高速公路长和特长隧道、其余公路特长隧道监控系统的软件维护每年应不少于两次，其余公路隧道监控系统的软件系统维护每年应不少于一次。维护时应注意软件的修改完善，并保证联动运行功能的实现和软件可靠性各项技术措施的落实，严格按操作规程或使用说明进行。

监控设施养护主要指标应按相应设备的产品说明要求进行，监控设施设备完好率高速公路隧道应不低于98%，其他各级公路隧道应不低于95%。

6.4 隧道安全管理

相关知识

隧道的安全管理包括养护作业和突发事件时的交通组织与安全防护。隧道的安全管理宜借助监控、专项监测、人员值守等手段，及时掌握公路隧道的异常信息，做出研判并采取必要的交通组织和安全防护。

隧道养护作业及处理突发事件时，应在隧道入口设置相应的提示、警告标志。

隧道上方和洞口外100 m范围内，严禁从事采矿、采石、取土、倾倒废弃物、爆破作业等危及公路隧道安全的活动。

隧道内严禁存放易燃、易爆、剧毒、放射性等危险物品，不得在隧道内的紧急停车带、车行(人行)横通道堆放杂物。

6.4.1 养护作业的安全管理

(1)养护作业宜选择在交通量较小时段进行，应少占道，减少对行车的影响。

(2)养护作业应保护隧道设施、设备不受损坏。

(3)隧道养护作业应制定交通组织方案，影响车辆通行时，应按相关规定向社会公告。

(4)隧道内进行养护作业，应执行现行《公路养护安全作业规程》(JTG H30—2015)的有关规定。

(5)车流量较大、交通组织较为困难的隧道内养护作业占道施工时，除应利用标志或可变情报板等进行提示外，还宜采取固定隔离、强制减速、防撞装置等安全保障措施。

(6)养护作业应保证养护作业人员、机械设备的安全。

(7)在进行养护作业前，应做好下列工作。

1)制定周密的施工组织设计，确定合理的养护作业控制区。

2)作业人员应接受专门的安全教育和作业规程训练。

3)检测隧道内 CO、烟雾等有害气体的浓度及能见度，判定施工的安全性。

4)观察隧道结构状况是否会影响作业安全，如有危险，应先处理后作业。

5)检查施工信号灯是否准确、明显，施工标志设置是否规范。

6)对养护机械、台架应进行全面的安全检查，并应在机械上设置醒目的反光标志，在台架周围设置防眩灯，显示作业现场的轮廓。

(8)在隧道内进行养护作业时，应遵守下列规定。

1)养护作业控制区经划定后不得随意变更。

2)作业人员不得在养护作业控制区外活动或将机械设备、材料置于养护作业控制区以外。

3)养护施工路段内的照明应符合作业要求。

4)养护施工路段内的空气质量应符合相关规定。

5)养护作业用电安全应符合相关规定。

(9)养护作业完成后，应及时清理作业现场，并逆车流方向拆除交通管制标志，恢复隧道的正常使用状态。

(10)电力设施、高空作业、特种设备等有特别要求的维护，应按有关部门的安全操作规程执行。

6.4.2 突发事件的安全管理

(1)隧道突发事件的处置宜按下列原则执行。

1)按相关规定报送相关单位和向社会发布信息。

2)配合实行交通管制，采取措施减少次生事故发生。

3)进行人员救护和疏散，尽量减少人员伤亡。

4)配合所在地政府和相关专业机构做好处置工作。

5)尽快清除障碍,恢复交通。

(2)应定期检查隧道救援设备、设施,保证其处于良好的技术状态。

(3)隧道管养单位应制定突发事件的应急预案并应进行预案演练。对特长隧道、长隧道应制定专项应急预案,对其他隧道可制订通用应急预案。应急预案应包括下列内容。

1)适用范围和事件类型;

2)处置目标和原则;

3)指挥调度体系和信息报送发布规定;

4)处置方案和步骤,包括交通管制、处置队伍进场、疏散和人员救护、现场处置、损失检查与通行条件评估;

5)应急队伍的组成,包括人员和装备的来源、规模、作用和现场安全防护等要求。

(4)应急预案的演练应采用答题演练、沙盘演练或实地演练等形式进行。对高速公路独立长隧道或特长隧道,及其他公路的独立特长隧道,每年应进行不少于一次的实地演练。管理多座长隧道、特长隧道的管养单位,每年应选取不少于一座隧道进行实地演练。未进行实地演练的管养单位应观摩或参与其他单位组织的实地演练。

(5)处理突发事件后,应分析事故原因,总结经验教训,提高应急处置能力。

【拓展阅读】

世界上最长的高速公路隧道

天山是世界七大山系之一,拥有丰富的矿产资源和巨大的旅游前景,它横亘新疆中部,把新疆分隔成南、北两部分。而连接南、北疆两个最大城市乌鲁木齐和库尔勒的只有路况复杂、地势险要的216国道。216国道老虎口垭口,海拔为4 280 m,当地人称之为"死亡路段",葬身在这里的车辆已经不下百台。如今,老虎垭口下面1 000多 m的山体中,世界上最长的高速公路隧道,全长22 km的天山胜利隧道,正穿越数百万年的尘与土。

乌尉高速公路是国家高速公路网G7联络线组成部分,是连接南、北疆的重要通道,是"一带一路"、经济发展、旅游开发的重要通道,是实现"疆内环起来、进出疆快起来"目标的重要因素。天山胜利隧道是世界最长的高速公路隧道,也是国内在建高速公路中最长的高寒、高海拔、高地应力特长隧道。

针对天山的地形条件打造的TBM胜利号为奇迹而生,全球首创压注工法的新型硬岩掘进器,其刀盘直径为8.43 m,接近三层楼房的高度,可穿越多种复杂地质层。

该隧道的建设具有"一长、两深、三低、四高、五难"的建设特点。"一长":我国在建最长的高速公路隧道,全长为22.1 km;"二深":竖井深达702 m,隧道最大埋深为1 150 m;"三低":温度低(极端最低温达−41.5 ℃)、气压低、含氧量低(15%);"四高":高压涌水、高地应力(最大水平主应力为28.10 MPa,最大垂直主应力为27.8 MPa)、高地震烈度(地震基本烈度为7~8度)、高环境要求(隧道紧邻天山1号冰川、天山大峡谷国家森林公园和乌鲁木齐水源保护地);"五难":勘探难、工程设计难、施工组织难、风险控制难、运营与管养难。

乌尉项目位于天山山脉无人区深处,虽然以干荒漠为主,但生物多样性十分丰富,被誉为"濒危野生动物基因库",长达几十年的禁牧和维护,才长成现在不足一尺高的荒草草皮,施工区域草场、生态环境一旦被破坏,修复难度极大。该项目作业平台用钢板铺装代替混凝土浇筑,在施工过程中对局部破坏的草皮立即进行人工修复,最大限度地保护草场。在污水处理上,该项目推行智能生产废水处理,将生活污水、生产废水集中收集,沉淀、过滤、处理后的生活生产废水达到二类饮用水标准,循环用于施工生产。除此之外,该项目还将低盐度厨余撒在驻地右侧的山坡上,供鸟类野生动物啄食,将其余生活垃圾均运离驻地,避免破坏附近脆弱的生态环境。

思考与练习

一、填空题

1. 隧道养护为保持隧道土建结构机电设施及其他工程设施的正常使用而进行的_____、_____、_____、_____等工作。养护的范围应包括_____、_____以及其他有关设施。

2. 《公路隧道养护技术规范》(JTG H12—2015)规定公路隧道养护应贯彻"_____、_____"的方针,加强预防性养护,保持公路隧道正常的使用状态。

3. 公路隧道养护应划分隧道养护等级,并按照等级实施养护。根据_____、_____和_____,公路隧道养护可分为_____等级。

4. 对1类隧道应进行_____,2类隧道或存在评定状况值为1的分项时,应按需进行_____,3类隧道或存在评定状况值为2的分项时,应对局部实施_____。

5. 土建结构主要是指隧道的各类土木建筑工程结构物,包括洞口边仰坡、_____、_____、路面、防排水设施、斜(竖)井、检修道及风道等结构物。土建结构的养护工作应包括_____、_____、_____与_____、_____和_____内容。

6. 隧道土建结构检查应包括_____、_____、_____和_____。

7. 隧道机电设施指为隧道运营服务的相关设施,包括_____、_____、_____、_____等。

8. 隧道机电设施的养护包括_____、_____、_____、_____内容。

9. 通风设施的_____主要是通过观察设备运转有无异常,确定设备是否存在隐患,并及时排除故障。

10. 消防与救援设施是指用于预防隧道火灾和进行必要救援的设施,包括_____、_____、横通道设施等。

二、选择题

1. 公路隧道养护应划分隧道养护等级,并按照等级实施养护。根据公路等级、隧道长度和交通量大小,公路隧道养护可分为( )个等级。

    A. 1   B. 2   C. 3   D. 4

2. 某公路隧道长度为 1 200 m，单车道年平均日交通量为 12 325 辆，公路隧道养护等级为(　　)级。

 A. 一   B. 二   C. 三   D. 四

3. 公路隧道总体技术状况评定应分为(　　)类。

 A. 2   B. 3   C. 4   D. 5

4. 某公路隧道为 2 类隧道或存在评定状况值为 1 的分项时，应进行(　　)。

 A. 正常养护   B. 保养维修   C. 病害处治   D. 关闭交通

5. 二级公路隧道路面清洁频率为(　　)。

 A. 1 次/周   B. 1 次/半月   C. 1 次/月   D. 1 次/季度

6. 隧道通风设施的设备完好率应不低于(　　)。

 A. 90%   B. 95%   C. 98%   D. 100%

7. 消防设施的设备完好率应达到(　　)，救援设施的设备完好率应不低于(　　)。

 A. 90%   B. 95%   C. 98%   D. 100%

8. 高速公路长和特长隧道、其余公路特长隧道监控系统的软件维护每年应不少于(　　)。

 A. 两次   B. 三次   C. 四次   D. 一次

9. 隧道上方和洞口外(　　)m 范围内，严禁从事采矿、采石、取土、倾倒废弃物、爆破作业等危及公路隧道安全的活动。

 A. 50   B. 100   C. 150   D. 200

10. 隧道监控设施养护主要指标应按相应设备的产品说明要求进行，监控设施设备完好率高速公路隧道应不低于(　　)，其他各级公路隧道应不低于(　　)。

 A. 90%   B. 95%   C. 98%   D. 100%

三、简答题

1. 隧道等级是如何划分的？
2. 公路隧道总体技术状况评定分为几类？
3. 简述土建结构的养护工作内容。
4. 土建结构检查包括几种类型？
5. 简述专项检查项目。
6. 各类隧道土建结构采取的养护措施有哪些？
7. 隧道机电设施包括哪些？机电设施的养护包括哪些内容？
8. 简述隧道养护作业的安全管理内容。
9. 简述隧道突发事件的处置原则。

项目7 公路沿线设施养护与维修

知识目标

1. 了解护栏高度的调整知识;
2. 熟悉标志的设置知识;
3. 掌握公路交通标志牌的设置知识和维修知识;
4. 掌握生产设施消防设备的配置和维护知识。

公路沿线设施
养护与维修

技能目标

1. 能够根据需要调整护栏的高度;
2. 能够检查标志位置的正确设置;
3. 能够更换、修复公路交通标志牌;
4. 能够补充不符合要求的公路交通标志牌;
5. 能够检查生产设施的消防设备;
6. 能够补充和更换生产设施的消防设备。

任务描述

海南省环岛旅游公路,是体现海南地域地理特征和自然文化特色的风景旅游通道,是《全国生态旅游发展规划(2016—2025年)》提出的25条国家生态风景走廊道之一。项目主线长为988.2千米,总投资约为163.5亿元,贯穿海口、文昌、琼海、万宁、陵水、三亚、乐东、东方、昌江、儋州、临高、澄迈沿海12个市县和洋浦经济开发区,有机串联沿途约9类84段景观区域、22个滨海岬角、25座灯塔、68个特色海湾、26个滨海潟湖、16片红树林、40个驿站、31家A级以上景区、21处旅游度假区、261处滨海名胜古迹,形成海南环岛的"珍珠项链"。

旅游公路建设理念是以恢复公路建设过程中对环境的破坏和提供优美舒适的行车条件为目的,体现以人为本、以车为本的服务观念,实现"车在绿中行,人在画中游,绿在路中,路在绿中"的生态、文明、景观大通道。

依据公路建设原则,结合区域的实际,体现区域特色,充分考虑自然环境和气候条件,因地制宜，适地适树，绿美结合，注重效益，充分挖掘常绿苗木资源丰富的优势，以耐瘠薄、耐干旱、宜粗放管理的常绿树种建设公路的常青骨架，并在此基础上，根据不同地段组配不同季相的开花及彩叶植物，丰富景观组成，体现区域特色绿化模式。

公路沿线设施是公路的重要组成部分，关系着行车、行人的安全和交通的畅通，对提高公路服务性能、保障行车安全和交通畅通具有重要意义。

公路沿线设施种类繁多，主要包括交通安全设施、交通服务设施、公路管理设施、防护措施、排水设施、渡运设施、绿化设施等。沿线设施应经常保持完整、齐全并处于良好状态，应定期进行保养和管理，及时修理和更换损坏部分，以满足公路的各种功能要求。设施不全或没有设施的公路，应根据公路性质、技术等级和使用要求，有计划、有步骤地增设。

本项目主要介绍交通安全设施、公路交通标志及公路交通标线的养护。

7.1 交通安全设施的养护

相关知识

生态交通是指按照生态原理规划、建设和管理的，资源能源消耗低、污染排放少、与环境相协调的交通体系，是社会生态文明的重要组成部分。建设生态交通对于交通现代化有着重要的意义：建设生态交通是贯彻落实科学发展观，促进人与自然和谐发展的内在要求；是破解资源环境要素约束，实现交通可持续发展的必然选择；是推动交通转型升级，加快现代交通运输业发展的重要任务；是加快推进三大建设，打造畅通公路的有效途径。

交通是城市经济活动的命脉，对城市经济发展、人民生活水平提高起着十分重要的作用。由于城市道路建设难以跟上车辆发展的速度，城市道路增长的有限性与车辆增长的近似无限性之间呈现出的矛盾，导致城市交通问题日益严重，交通事故频发，交通拥挤、堵塞，空气严重污染，运输效率下降。为了缓解道路交通拥挤状况，将生态文明的思想引入到交通规划与管理，就需要实施交通需求管理，引导民众生态出行、绿色出行，推动交通转型升级。

交通安全设施主要包括供行人、自行车及其他车辆通行的跨线桥（立交桥）或地下通道，以及护栏、标注、安全岛、防护栅、遮光栅、隔声墙、平曲线反光镜、震颤设施及分隔带等。

7.1.1 跨线桥

跨线桥为上跨式横过公路的设施，通常设置在有行人、自行车和其他车辆横跨高速公路及一级公路的地点，特别是交通流冲突较为严重的地方，如车站、大型商业中心或其他交叉口处。

1. 检查

每年定期检查1~2次，遇暴风雨、地震、大雪等严重自然灾害或被车辆碰撞时，应进行临时检查。各类检查包括以下内容。

(1)结构检查，参照前述桥梁检查内容进行。

(2)外观检查，主要检查油漆涂料的剥落、磨损及褪色情况。

(3)照明设施检查，主要检查灯线、灯具及配套设备的损坏情况。

(4)桥面检查，主要检查桥面系及踏步的损坏状况。

2. 养护与维修

参照前述桥梁养护维修有关内容进行，并及时清理桥面杂物、积水积雪，确保照明设施绝缘良好，工作正常。

7.1.2 地下通道

地下通道应定每月定期检查，主要包括以下内容。

(1)结构物有无渗水、漏水等异常情况。

(2)排水道有无阻塞或损坏，采用机械排水的应检查排水泵工作是否正常。

(3)照明与通风设施有无损坏。

(4)照明、排水、通风及消防设施实行定期例行保养。

7.1.3 护栏

护栏是诱导驾驶员视线，增加驾驶员和乘客安全感，防止车辆驶出行车道或路肩，从而避免或减轻行车事故的设施。护栏的结构形式一般有梁式护栏(包括型钢或钢筋混凝土护栏、钢管或钢管－钢筋混凝土组合式护栏等)、拉锁式护栏(包括钢丝护栏和链式护栏)、柱式护栏(包括石护栏、混凝土及钢筋混凝土护栏)、墙式护栏(包括钢筋混凝土护墙)。

1. 护栏的检查

护栏的检查包括日常检查和每季度定期检查，检查内容如下。

(1)各类护栏结构部分的损坏或变形情况、立柱与水平构件的紧固状况。

(2)污损程度及油漆状况。

(3)拉索的松弛程度。

(4)护栏及反光膜的缺损情况。

2. 养护与维修

(1)经常清除护栏周围的杂草及其他堆积杂物。

(2)护栏表面油漆脱落不全时应及时涂刷。

(3)交通事故或自然灾害造成护栏缺损或变形时，要及时修补或更换。

(4)由于路面补强或调整路基纵断面，使护栏标高发生显著变化时，应对护栏的高度予以相应调整。

(5)锈蚀严重的护栏应予以更换。

7.1.4 隔离栅

隔离栅是设置在高速公路及一级公路上的安全防护措施。其作用是防止行人横穿车道。有的城市道路为渠化交通流或避免人车混行也设置了隔离栅。

1. 隔离栅的检查

隔离栅的检查与护栏相似，主要包括以下内容。

(1)结构部分有无损坏或变形。

(2)有无污损或未经交通管理部门批准的广告、启事等。

(3)油漆是否老化剥落及金属构件是否锈蚀。

2. 隔离栅的养护维修

(1)污损严重或张贴有广告、启事而有碍交通环境的隔离栅应定期清洗或清理。

(2)定期重刷油漆，一般每隔2~4年刷一次。

(3)损坏部分按原样修复。

7.1.5 标柱

标柱是在积雪严重地段、漫水桥或过水路面两侧设置，用来标明公路边缘及线形的设施。标柱一般采用金属或钢筋混凝土制作，也可因地制宜采用木料或砌体材料制成。标柱每隔8~12 m安设一根，涂以黑白(或红白)相间的油漆。

标柱的养护主要是经常检查有无缺损、歪斜，并保持位置正确、油漆鲜明。

7.1.6 中央分隔带

在高速公路和一级公路上，按规定应设置中央分隔带，城郊混合、交通量大水位路段可设置快慢车隔离带。

1. 中央分隔带的检查

(1)分隔带和隔离带的排水通道是否阻塞。

(2)路缘石是否损坏。

2. 养护与维修

(1)及时疏通排水通道。

(2)清除分隔带或隔离带内的杂物和过高且有碍环境的杂草。

(3)修复或更换缺损的路缘石。

7.1.7 通信设施

在高速公路或汽车专用线应设置紧急电话，以便驾驶人员及时向交通管理机构报告交通事故、车辆故障和紧急救援等。特殊长大桥梁、隧道也可根据需要设置有线电话，有条件的可安装监控、通信统计分析多媒体管理系统。

配备通信设施的养护主要是保证通信线路畅通，设备完好；安装有多媒体管理系统的地方还应配备有发电机，以确保系统正常运行。

7.1.8 夜间行车安全设施

夜间行车安全设施包括照明设备、反光标志、反光标线、中央分隔带上的防眩板（遮光栅）。夜间行车安全设施的养护是保证这些设施功能完好，发生损坏的要及时修复或更换。

7.2 公路交通标志的养护

相关知识

7.2.1 公路交通标志的定义及分类

公路交通标志是利用图形符号和文字传递特定信息，用于管理交通，保证交通安全，协助车辆顺利进行，安全设施包括主标志、辅助标志和其他标志。

(1)主标志包括警告标志、禁令标志和指路标志等。

(2)警告标志是指警告车辆、行人注意危险地点的标志。其形式为黄底、黑边、黑图案，形状为顶角朝上的等边三角形。常见的有平面交叉路口标志、连续弯道标志、陡坡标志等(图 7.1)。

(3)禁令标志是指禁止或限制车辆、行人交通行为的标志。其形式(除个别标志除外)为白底红圈、红杠、黑图案，形状为圆形、顶角向下的等边三角形。常见的有禁止驶入标志、限制重量标志、限高标志等(图 7.2)。

(4)指示标志是指指示车辆、行人行进的标志。其为蓝底、白图案，形状为圆形、长方形和正方形。常见的有直行标志、向右行驶标志、准许掉头标志等(图 7.3)。

(5)指路标志是指传递道路方向、地点、距离信息的标志。其形式(除里程碑、百米桩、公路界牌外)：高速公路为绿底白图案，其他公路为蓝底白图案。形状(除地点识别标志外)为长方形和正方形。常见的有里程碑、分界碑、指路牌等(图 7.4)。

(6)辅助标志是指附设在主标志下，主要起表示时间、车辆种类、区域或距离、警告、禁令理由等辅助说明作用。其形式为白底、黑字、黑边框。形状为长方形(图 7.5)。

(7)其他标志(如告示标志、施工标志、旅游区标志、运动标志等)如图 7.6 和图 7.7 所示。

夜间交通量大的公路，应尽量采用反光标志。

属于国际公路和重要的旅游公路，宜同时标示中、英两种文字。

图 7.1　警告标志

图 7.2　禁令标志

图 7.3　指示标志

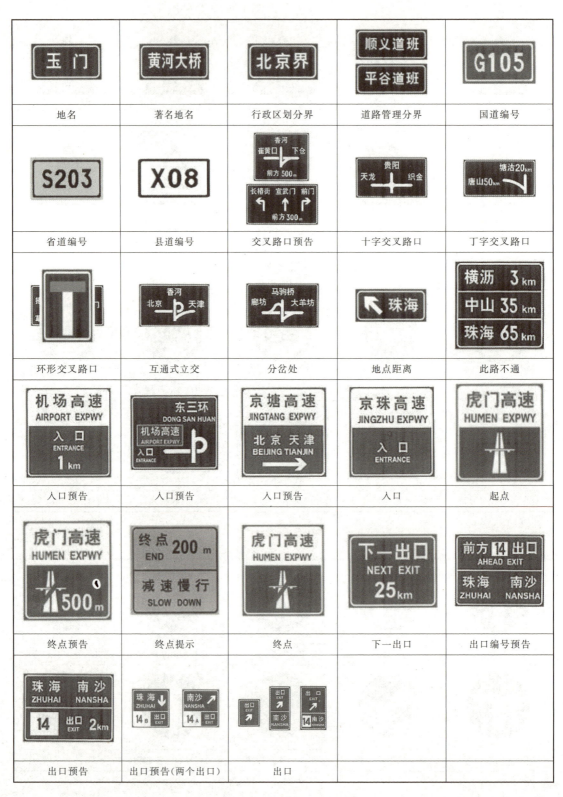

图 7.4 指路标志

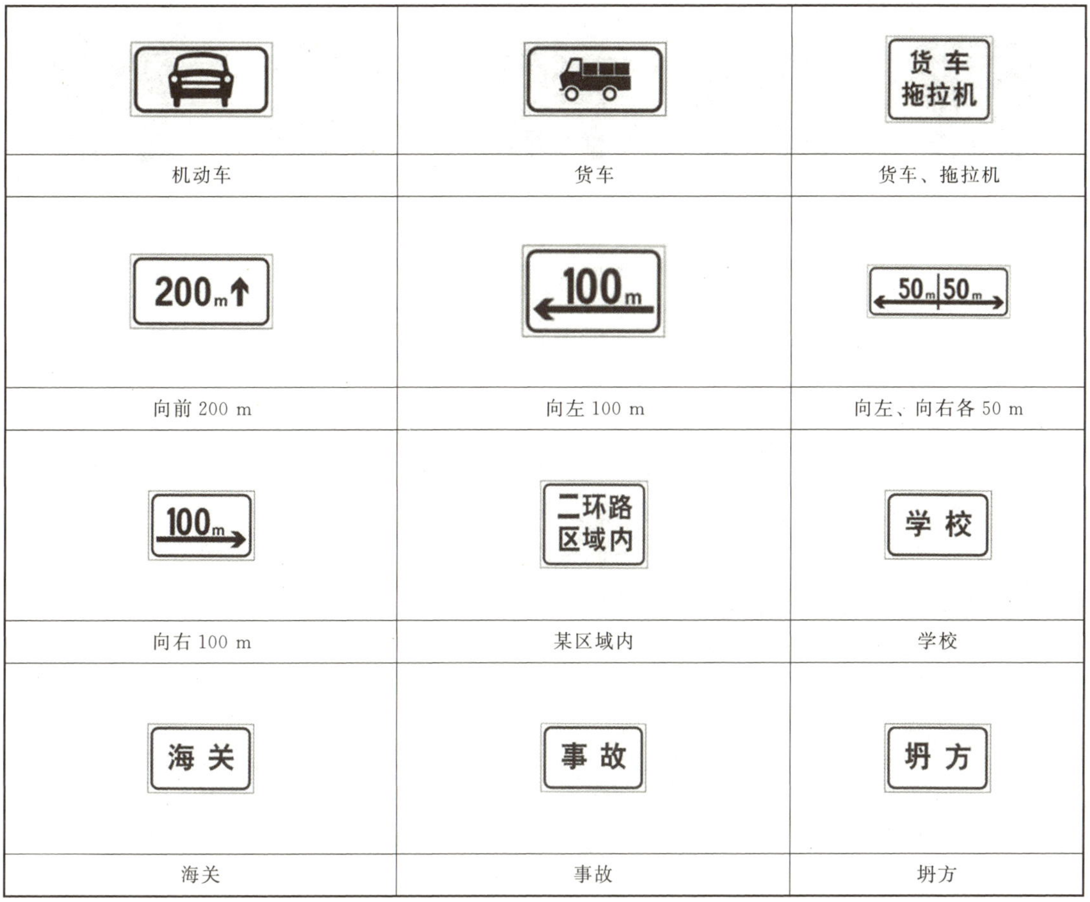

货 车
拖拉机
机动车
货车
货车、拖拉机
200m
100m
50m 50m
向前 200 m
向左 100 m
向左、向右各 50 m
100m
二环路
区域内
学 校
向右 100 m
某区域内
学校
海 关
事 故
坍 方
海关
事故
坍方

图 7.5　辅助标志

云居寺
YUNJUSI
金山寺
JINSHANSI
2km
旅游区方向
旅游区距离
问询处
徒步
索道
野营地
营火
游戏场
骑马
钓鱼

图 7.6　旅游区标志

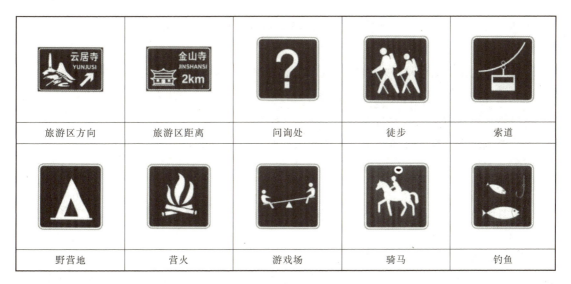

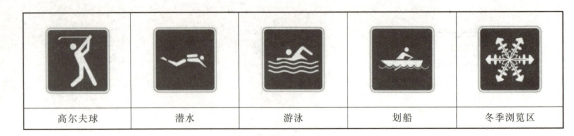

图 7.7 其他标志

■ 7.2.2 公路交通标志的检查

公路交通标志的检查可分为日常检查和定期检查。如遇暴风雨、洪水、地震等严重自然灾害或交通事故,应进行临时检查。各种检查内容如下所述。

(1)公路交通标志是否被沿线的树木、广告牌等遮掩。

(2)牌面及支柱是否变形、损坏、污损与腐蚀。

(3)油漆是否褪色、剥落及反光材料的反光性能是否良好。

(4)基础及底座是否下沉或变位。

(5)连接螺栓是否松动或焊接缝是否开裂。

(6)是否缺失。

此外,还要根据道路条件的变化(如新增或取消路口、新建或改建桥梁、窄路拓宽、局部改线等)或交通条件变化(如增设或变更交通管制等),检查公路交通标志的设置地点、指示内容及标志相互位置关系等是否适当。

■ 7.2.3 养护与维修

在检查的基础上,根据发现的异常情况,应采取有效的养护维修措施,主要内容如下所述。

(1)标志有污渍或贴有广告、启事等时,应将其清洗干净。

(2)油漆脱落或有擦痕,面积较小时可用油漆刷补,油漆脱落或褪色严重,指示内容辨别性能明显降低时,应重新油漆或更换新标志。

(3)标志牌变形、支柱弯曲倾斜或松动的应尽快修复。

(4)破损严重、反光标志性能下降或缺失的应更换或补充。

(5)标志设置重复,有碍交通或设置地点和指示内容不适当时,经批准后进行必要的变更。

(6)有树木、广告牌等遮蔽时,应清除有碍标志显示部分或在规定的范围内变更标志物的位置地点。

在维修标志过程中,可按以下步骤进行标志设计。

根据《道路交通标志和标线》(GB 5768)的有关规定,选定标志的形状和尺寸。按下式计算标志的风压:

$$p = 1/2(\rho C v)^2$$

式中　　p——单位面积上的风压(Pa)；

　　　　ρ——空气密度，一般取 1.2258 N·s²/m⁴；

　　　　C——风力系数(标志板 $C=1.2$，柱 $C=0.7$)；

　　　　v——风速(m/s)，一般取 $30\sim 50$ m/s。

根据设计内力，进行柱、横梁、连接螺栓或焊缝等的截面设计和强度验算；对于大型标志，还需进行基础稳定性或地基承载力验算。

以上的检查及养护维修主要用于指示、警告、禁令及指路等主标志一类的永久性标志。下面简要介绍其他标志的有关内容。其他标志主要有告示标志和施工标志等。

1)告示标志是预告前方的道路情况，指示车辆改变行车路线或提醒驾驶人员提高警惕的一种临时性标志。当前方公路因道路翻浆、路基坍塌、塌方、桥梁破坏、隧道冒顶或洪水等而阻断，需指示车辆改变行驶路线时，可标示："前方××千米处因××不能通车，请从××公路绕行"。这种告示标志应设在公路阻断处两端绕行道的交叉路口上。当公路虽遭破坏但尚能通行或因气候原因改变行车条件，需告示车辆注意行车安全时，宜用"前方××，注意瞭望""××××，车辆慢行"等标示的告示牌，设置在需告示地点前 $100\sim 200$ m 处的右侧路肩上。告示标志外形为长方形，图案为白底、红边、黑字，标志板尺寸为 80 cm×120 cm 或 120 cm×80 cm，板面应清洁，字体工整、醒目。一旦道路修复恢复且正常行车，则应立即撤除。

2)施工标志是保证施工正常进行和操作人员安全，提醒车辆避让的告示和警告性标志。施工标志包括标志牌、锥形交通标志、标志灯和标志服等。其在公路上的施工工地或在不中断交通的公路上进行施工或养护作业时使用，要求颜色鲜明、醒目。

施工标志牌均采用红白相间的图案。其临时设在施工作业区附近。遇有公路局部冲塌、桥梁冲断等紧急情况时，可立即用施工标志牌阻挡，也可用土、石、树木等设置路障，以防止车辆误入，发生危险。当在公路上进行挖沟槽等作业时，除必须设置醒目的施工标志牌，在夜间应悬挂施工标志灯。施工标志灯一律使用红色光源。

在不断绝交通的公路上进行施工养护和测试等作业时，为保证操作人员的安全，提醒车辆避让，操作人员应穿着施工标志服。

在高速公路进行专项工程或大修养护作业时，为了安全改变交通流向，使车辆顺利通过作业区，保障养护作业的安全，必须实施交通控制。交通控制区由警告区、上游过渡区、缓冲区、作业区、下游过渡区与终止区 6 个部分组成。警告区长度不得小于 1 500 m，区内每隔一定距离设置限速标志、前方施工标志、前方车道变窄标志、禁止通行标志等；上游过渡区长度为 $65\sim 100$ m，当车辆行驶至该区时车速应小于 60 km/h，在该区前应设置禁止驶入标志；缓冲区长度为 80 m，其与上游过渡区之间应设路障；作业区长度根据养护作业或施工的需要确定，车道与作业区之间必须设置隔离装置，并应为工程车辆提供安全的进、出口；下游过渡区长度应大于 30 m，终止区长度不应小于 30 m，在其末端应解除所有限制标志。交通标志的设置位置、渠化装置和临时性路面标线等具体规定，可参见养护规范的有关内容。

7.3 公路交通标线的养护

相关知识

公路交通标线是管制和引导交通的安全设施,包括路面标线、箭头、文字、立面标记、凸起路标和路边线轮廓标等。它们既可以与公路交通标志配合使用,也可以单独使用。

高速公路、一级公路、二级公路专用设置路面标线,其他等级公路可根据需要设置。路面标线应采用耐磨损、耐腐蚀、与路面黏着力强、具有较好的辨识性、便于施工、对人畜无害的路面漆、塑胶标带、陶瓷和彩色水泥等材料制作。

路面标线、箭头、文字标记应经常清扫或冲洗;路面标线磨损严重或脱落,影响辨认性能时,应重新喷刷或修复,并避免与原标签错位;进行路面局部修理时,如有路面标线局部出现缺损或被覆盖的情况,应在路面修理完工后予以修补或喷刷。

立面标记应保持颜色鲜明、醒目,经常清除表面污物,如已经褪色或脱漆应及时重新涂漆。

凸起目标的主要养护内容是保持其反射性能,应经常清除凸起部位周围杂物、反光玻璃球表面污物;主要修理内容是保持完好的反射角度,如发现松动、损坏、丢失,应及时固定、修复或更换。

对路边轮廓标志,应经常清除其表面污物及遮蔽轮廓标的杂草、树枝、杂物;脱漆及反光矩形色块剥落的,应及时涂漆或补贴;标柱倾斜、松动、变形、损坏或丢失的,应及时扶正、固定、修复、更换或补充。

【拓展阅读】

道路交通管理的法治精神——"以人为本"

2015年,最高法工作报告中提到一起"小案例":浙江省海宁市贝某驾车行经一处没有红绿灯的路口时,遇到行人经过人行横道未停车让行。交警决定对他罚款100元并记3分。贝某不服,经行政复议维持后又向法院提起行政诉讼。法院审理认为,根据道路交通安全法的规定,机动车行经人行横道时,应当减速行驶;遇行人正在通过人行横道时,应当停车让行,遂判决贝某败诉。

贝某提起行政诉讼的缘由:缺失"行人优先、生命至上"的法律理念,机械理解"行人正在通过人行横道",认为行人过斑马线不能停,停下来就是主动避让车辆,就失去了机动车停车让行的前提,机动车可以先行通过,而交警对其罚款100元并记3分的处罚则是对法律的歪曲理解和适用。

法院判决则认为:行人以通过为目的行走在斑马线上,即使中途有停顿,也属于"正在通过"。若汽车先行,将会危及行人人身安全。而机动车处于强势地位,停车让行既是法律的明确规定，也是文明社会的内在要求。这种情、理、法相融的"说理"裁判，体现了法律的人文关怀，无疑值得肯定。

思考与练习

一、填空题

1. 交通工程设施，作为公路工程的附属设施，主要由_____、_____、_____、_____、_____、_____等组成。
2. 交通安全设施包括_____、_____、_____、_____、_____、_____、_____、_____、_____、_____等。
3. 安全设施的养护内容包括检查、保养维护和更新改造。检查包括_____、_____、_____和_____。
4. 公路交通标志包括_____、_____、_____等主动标志和表示_____、_____、_____、_____、_____等辅助标志及其他标志。

二、简答题

1. 公路沿线设施主要有哪些？
2. 简述公路交通标志的分类。
3. 简述公路交通标志的养护与维修内容。
4. 简述公路交通标线的养护内容。

项目 8　公路绿化及环境保护

知识目标

1. 了解公路景观设计内容；
2. 掌握公路绿化及规划方法；
3. 掌握公路环境的保护方法。

公路绿化
及环境保护

技能目标

1. 能够进行初步公路景观设计；
2. 能够把公路绿化的总体原则融入日常养护工作。

任务描述

广河高速公路起始于广州龙眼洞春岗立交区，S2[1]与华南快速干线二、三期相交，先后途经凤凰山森林公园(隧道穿越，全长为 1 706 m)，白云区太和镇，萝岗区的九龙镇和增城区的中新、福和、小楼、正果镇，惠州市龙门县的永汉、龙华、龙江镇以及博罗县的公庄、杨村、石坝镇，终点接 G25 长深高速(原惠河高速)博罗石坝路段，最后进入河源市源城区埔前镇。

广河高速公路全线共设有八斗、九龙、中新、二龙、腊圃、正果、永汉、沙迳、龙华、路溪、公庄、石坝北共 12 个收费站，共有 3 个服务区(中新服务区、沙迳服务区、杨村服务区)及 1 个休息区(正果休息区)。对边坡进行绿化必须确保边坡的稳定和安全，在绿化的同时，要考虑对边坡进行防护。针对这些坡度比较陡、土质板结的边坡，客土喷播机是最有效的工具，在边坡施工中须先清除坡面浮石、浮根及杂物，对较坑凹处回填种植土，使坡面基本达到平整。试结合当地特点分析该公路景观设计要注意的问题，并注意保护环境。

8.1 公路景观设计概述

▌相关知识

公路绿化技术随着道路里程的增加，经过了模仿、探索、改进、发展、总结、再发展的几个重要阶段，形成了一定的基础和规模。同时，在总体风格的形成方面，也能根据我国传统的园林审美情趣，结合当地的风土人情和自然条件，塑造出具有中国特色的公路园林、艺术景观。

■ 8.1.1 公路景观设计的目的

公路景观设计的目的，是通过以视觉为主的感受通道，借助物化了的景观环境形态，在人们的行为与心理上引起反应，创造共鸣。在进行景观设计时，要针对公路特定的空间环境，综合多方面的因素进行协调，力求创造舒适、优美的道路景观。

■ 8.1.2 公路景观设计的原则

公路选线时，要在保证公路总体走向不变的前提下，考虑如何利用路线所经地区的地形、自然风貌和城镇最佳景观。设计时，要着眼于路线所经区域的沿线景观。具体进行景观设计时应遵循以下几个原则。

1. 交通安全第一原则

保证交通安全是公路景观设计的基础和前提。在公路景观设计中，应符合行车视线和行车净空等要求，满足道路交通安全功能的需要，改善行车条件，使高速公路更为安全、快捷和舒适。

2. 经济实用原则

在公路景观设计中，不必将精力放在那些耗费大量人力、物力、财力的观赏景观塑造上，而应将精力用于对公路沿线原有景观资源的保护、利用，以及对开发路体本身和其沿线设施、构筑物等人文景观与原有地形、地貌、自然环境的相容性的研究。

3. 地域特色性原则

公路所经地区广阔，不同的地区有其独特的地理位置、地形地貌、气候气象、审美观念、文化传统和风俗习惯。因此，修建公路时应充分考虑地域特色性原则，做到统筹规划、分段设计、因地制宜、景观协调、注重特色。同时，在进行公路景观设计时应该结合区域文化，以适应时代要求的内容、形式与风格，塑造新的景观形式，创造新的景观形象，形成不同地区风格的高速公路特色景观。

4. 动态性原则

时代是发展的，人类是进步的，反映人类文明的高速公路景观也应存在着一个不断更新、演变的过程。这就要求在高速公路景观的塑造过程中坚持动态性原则，在时代的不断发展进程中，赋予高速公路景观以新的内容、新的意义和新的形式。

5. 可持续发展原则

高速公路景观设计也要遵循可持续发展原则。对高速公路景观这个由多个生态系统组成的具有一定结构和功能的整体进行多层次设计，使整个道路系统的结构、布局和比例与本区域的自然特征及经济发展相适应，谋求生态、社会、经济三大效益的协调统一。

8.1.3 公路景观设计的方法

公路景观结构体系可分为线性景观模式和点式景观模式，涉及动态与静态、自然与人工、视觉与情感等问题，要解决好这些问题，景观设计必须遵循以下基本思路和方法。

(1) 保证道路畅通与安全。公路景观设计应避免给司乘人员造成心理上的压抑感、恐惧感、威胁感及视觉上的遮挡、不可预见、眩光等视觉障碍。

(2) 注重整体与轮廓。路线景观的设计应力求做到公路线形、边坡、中央分隔带、绿化等连续、平滑平顺、自然且通视效果好，与环境景观要素相容、协调。

(3) 注重局部与细节。公路通过的村庄、立交桥、挡土墙、收费站、加油站、服务区等景观，其观赏者一般处于静止、步行或慢行状态。因此，这部分景观的设计重点应放在局部刻画和细节处理上，如公路路基的形态与形象设计、绿化植物的选择与造型、公路构造物的形态与色彩、交通建筑与地方建筑风格的协调、场所的可识别性与可记忆性，甚至对铺地、台阶、路缘石等均应仔细推敲、精心设计。图 8.1 所示为某道路景观设计效果。

图 8.1　某道路景观设计效果

8.2 公路绿化及规划

相关知识

8.2.1 公路绿化的总体原则及要求

1. 公路绿化的总体原则

(1)在保证交通运输安全的前提下,通过绿化和美化,丰富公路景观,改善公路沿线环境。

(2)按"近花草,中灌木,远乔木"的顺序,由路两侧向外展开,以美化路容为主,兼顾防护功能。

(3)突出草、花及灌木,乔木为陪衬。

(4)高标准、多投入,使得见效快、四季有景、美观实用、引人入胜。

(5)注意与周围自然环境及生态环境相协调,尽量通过和谐的修复与绿化来恢复自然景观,使公路沿线的景观更具美学价值。

2. 公路绿化的要求

不同等级和不同路段的公路绿化,应分别符合下列要求。

(1)高速公路、一级公路的中央分隔带宜种植灌木、花卉或草皮,改善行车环境,绿化美化公路,防止行人随意穿插公路。

(2)二级及二级以下公路,宜采用乔木与灌木相结合的方式,避免单一品种长距离栽植,并应充分体现当地特色。

(3)平面交叉在设计视距影响范围以内,不得种植乔木;一般以草坪或是小型观花灌木丛为主。

(4)小半径平曲线内侧不得栽植影响视线的乔木或灌木,其外侧可栽植成行的乔木,以诱导汽车行驶,增加安全感。

(5)立体交叉分割形成的环岛,可选择栽植小乔木或灌木,实现丛林化。

(6)隧道进出口两侧 30~50 m 宜栽植高大乔木,尽可能形成隧道内外光线的过渡段,以利于车辆安全行驶。

(7)桥头或涵洞两头 5~10 m 不宜栽植乔木,以免根系破坏桥(涵)台。

(8)公路环境的主要问题集中于噪声污染、污水处理、路面径流收集、大气污染、生态环境破坏、水土流失等方面,公路建设必须重视环境保护,修建高速公路和一级公路及其他有特殊要求的公路时,应做环境影响评价及环境保护设计。

8.2.2 公路绿化的范围

公路绿化是国土绿化的组成部分,也是公路建设组成部分。各级公路管理机构应配备绿化专业技术人员；有条件时可设置绿化管理部门，负责公路绿化工作。公路绿化工作是在公路两侧用地范围内，包括土路肩、边坡、公路隔离带、防护带、交通岛、广场、桥涵、隧道出口两端、立体交叉的上下边坡、养护用房内外环境及公路服务设施等场地的绿化，还包括育苗、栽种、抚育、管理、采伐更新及宣传绿化政策等。

8.2.3 公路绿化规划

公路绿化规划，应根据公路等级、沿线地形、土质、气候环境和绿化植物的生物学特性，以及对绿化的功能要求，结合地方绿化规划进行编制。

公路绿化按其绿化的位置、作用和性质，主要划分为防护林、风景林和美化沿线景观的小型园林、花圃、草坪等。

进行公路绿化时应根据公路等级及对绿化的功能要求、所在区域的环境、气候条件及沿线地形、土质等情况进行栽培设计，选择绿化植物种类，做好乔木与灌木、针叶与阔叶、常青与落叶、木本与草本花卉的结合，并结合沿线自然景观布设景点，达到防护与观赏相结合的目的，增加公路绿化美化效果，丰富公路景观。

8.3 公路环境的保护

相关知识

8.3.1 公路养护对环境的影响

1. 水资源污染

在公路的养护过程中，铲土刨基、清理路边树木等都会使道路周边的植被被破坏，严重的会造成水土流失；施工废水或降雨形成的路面径流和路面污染物所形成的混合物、重金属含量较高的粉煤灰、养护工人产生的生活污水、过路汽车留下的化学储剂、石油及其制品等混入河流或土壤中易造成水污染。

2. 空气环境污染

车流来往，排出大量尾气，是造成空气污染的重要原因之一；路面上的沥青随着车辆的碾压逐渐变热会排出一些有害气体，这些气体未经处理直接进入空气，不仅会污染环境，还会危害养护工人的身体健康。

3. 生态环境污染

在养护过程中，施工产生的噪声、机器运行中产生的响动都会对周边的居民和环境造成影响。某些道路路线需要重新设计或路基需要拓宽等，有些地方需要砍伐树木以拓宽路基，有些地方需要重新修筑道路，还有些地方需要改变之前的设计重新设置排水系统等，这些都会给道路周围的生态造成破坏。

4. 固体废物污染

在养护施工过程中产生的固体废弃物主要有开挖出的弃渣、废弃的水泥等散装材料、多余的零星材料、生活垃圾、散落的土石。如果任意处置或放任不管，将会对周边环境产生一定影响。

5. 自然保护区污染

在养护施工过程中产生的废弃物、废水、弃方会污染水体、阻塞河道水流或造成水土流失。位于自然保护区、水源保护地、森林、草原、湿地和野生生物及其栖息地的公路，对其进行养护作业时应妥善处理施工废料、废水。弃置弃方时，应注意保护自然水流形态，废水不得直接排入饮用水体和养殖水体。

8.3.2 环境保护措施

在公路养护作业过程中，工程需要或其他人为因素会对沿线周围环境造成诸多不良影响。对于公路养护过程中产生的环境污染，首先，应着眼于建设、养护与环境的整体效益，遵循"统一规划、分步实施、远近结合"的原则；其次，从沿线公路绿化入手，提高养护职工的整体素质，推广新工艺、新材料、新技术，铲除污染源。

1. 加强公路绿化，防止水土流失

根据当地气候和土壤特点，在靠近公路两侧，特别是环境敏感区附近密植乔木、灌木，并根据周围地物、环境特点、边坡地质情况与土壤性质选择最佳的绿化形式，使层次分明，尽量减少边坡裸露面积，防止水土流失。在美化沿线环境的同时，一方面加强对养路业务的学习和职工的技术培训，提高养路工人的技术素质；另一方面有规划地确定沿线取土地点，避免随处开挖而影响边坡稳定，并做好取土点周围的绿化工作，防止水土流失。

2. 推广应用新工艺、新材料、新技术

积极试验和采用无污染或少污染环境的新工艺、新技术、新产品。在路面养护施工中，应积极推广再生、快速修补等环保工艺，减少工程废料的产生。

3. 加强路政管理、减少路面污染

在公路养护过程中产生的废气和散落物对环境造成不良影响，因此，在施工过程中必须加强路政管理及采取必要的保护措施。例如，石灰、粉煤灰等路用粉状材料在运输和堆放时应有遮盖，有条件时其混合料应集中拌和，减少对空气、农田的污染。养护作业时，应考虑对施工路段及便道适时洒水，以减轻扬尘污染。

4. 环境空气污染防治应结合景观绿化

选择有吸附或净化能力，适合当地气候、土壤条件的花草、灌木和乔木。在用地许可时，宜种植多层次的绿化林带。

8.3.3 公路绿化植被的养护要求

公路绿化要坚持"栽、管、护"相结合，要求种植成活率在98%以上，保存率在95%以上。绿化植物种植后，应加强对公路绿化苗木的日常管护，及时进行浇水、整形修剪、防治病虫、清除杂草等抚育管理工作，积极宣传公路绿化的有关政策、法规，防止人畜破坏，充分保持和发挥公路绿化的作用与效果。

【延伸阅读】

公路绿化物和护路林的管理保护

目前，法律、行政法规和行业标准均对公路绿化物和护路林的管理、保护工作做出规定。不仅在森林法、公路法等法律中有对护路林的更新采伐的明文规定，在《公路安全保护条例》和国家行业标准《公路养护技术规范》（JTG H10—2009）中对公路绿化物和护路林的保护规定更加细化。

1. 何为公路绿化物和护路林

从法律层面分析，公路绿化物和护路林作为一种公路法律术语可以这样表述：公路绿化物、护路林是指由公路管理机构或公路养护作业单位在公路立交区、中央分隔带、公路边坡、公路防护带等公路、公路用地范围内种植管理的乔木、灌木、花草及园林，林木权属于公路管理机构，用于公路绿化的公路附属设施。

2. 公路绿化物和护路林的作用

根据《公路工程技术标准》（JTG B01—2014）的要求，对公路用地、边坡、分隔带及沿线空地等一切可绿化的公路用地实施绿化，逐步形成安全、舒适、优美的交通环境。种植公路绿化物是公路建设的组成部分，可以起到稳固路基、保护路面、美化路容、减少噪声、引导汽车行驶的作用，同时，也是防风、防沙、防雪、防水害的重要措施之一。对于公路交通而言，公路绿化物特别是护路林的作用已经超越了其本身的自然功能。

3. 保障公路绿化物和护路林的完好、安全

《公路安全保护条例》第一条就明确指出："为了加强公路保护，保障公路完好、安全和畅通，根据《中华人民共和国公路法》，制定本条例。"条文中的"保障公路完好、安全"同样包括公路绿化物和护路林完好、安全。公路绿化物和护路林完好，主要是指路绿化物和护路林物理状态的完好，即绿化物和护路林应当符合有关技术规范的要求，处于良好的技术状态；公路绿化物和护路林安全，主要是指公路绿化物和护路林本身的安全。公路绿化物和护路林属于国家财产，保障公路绿化物和护路林安全就是保障财产安全，任何单位和个人不得破坏、损坏、任意砍伐公路绿化物、护路林，禁止从事利用公路绿化物、护路林悬挂物品，或者可能危及公路安全的行为。

4. 公路绿化物和护路林是公路附属设施

根据《中华人民共和国公路法》第五十二条第二款的规定，公路附属设施，是指为保护、养护公路和保障公路安全畅通所设置的公路防护、排水、养护、管理、服务、交通安全、渡运、监控、通信、收费等设施、设备以及专用建筑物、构筑物等。公路附属设施是公路

的组成部分，对保障行车安全和交通畅通具有重要意义。长期以来，公路绿化物和护路林本身一直作为公路附属设施的一部分而存在着，属于公路路产的组成部分。因此，《公路安全保护条例》第二十六条规定，禁止破坏公路、公路用地范围内的绿化物。需要更新采伐护路林的，应当向公路管理机构提出申请，经批准方可更新采伐，并及时补种；不能及时补种的，应当交纳补种所需费用，由公路管理机构代为补种。

5. 公路绿化物和护路林具有法定地域范围

根据《中华人民共和国公路法》第三十四条、第四十一条、第四十二条和《公路安全保护条例》第二十六条的规定，公路绿化物和护路林仅限于在公路立交区、中央分隔带、公路边坡、公路防护带等公路、公路用地范围内的花草树木及园林。这就是说，一般情况下，只要在公路、公路用地范围内，无论是人工营造的花草树木及园林，还是自然生长的花草树木，都属于公路绿化物和护路林。但是，同样是花草树木，如果这些花草树木没有生长在公路或公路用地范围内，就不是公路绿化物和护路林，也不可能成为公路附属设施。

6. 公路绿化物和护路林的林木权属属于公路管理机构

《中华人民共和国森林法》中规定铁路、公路的护路林和城镇林木的更新采伐，由有关主管部门依照有关规定审核发放采伐许可证，其中的有关主管部门，包括林业主管部门和公路主管部门。由于公路护路林的林木权属和经营管理存在不同情况，有的是由公路主管部门营造管护的，有的是由林业主管部门营造管护的，还有的是由集体经济组织单独营造或与林业主管部门联合营造的。因此，公路护路林的更新采伐由哪个主管部门审核发放林木采伐许可证，应当根据林木权属和经营管理的不同情况及地方性法规、规章的规定来确定。

2004年5月18日，国家林业局做出《关于采伐公路护路林执行法律法规有关问题的复函》（林策发〔2004〕85号）指出，根据《中华人民共和国森林法实施条例》第三十一条的规定，林木采伐许可证由国务院林业主管部门规定式样，省、自治区、直辖市人民政府林业主管部门印制。违反以上规定印制或者印制的林木采伐许可证，不具有法律效力，不得作为采伐林木的合法凭证；因公路改建需要采伐行道树，不属于公路护路林的更新采伐管理范围，应当由林业主管部门核发林木采伐许可证；依法制定的年森林采伐限额，包括公路护路林采伐限额。依法批准采伐公路护路林的，应当严格执行采伐限额管理的有关规定。因此，公路绿化物、护路林的林木权属属于公路管理机构，当然也由公路管理机构或者公路养护作业单位种植、管理和保护。

2007年8月29日，国家林业局《关于公路护路林采伐审批有关问题的复函》（林策发〔2007〕184号）指出，据《中华人民共和国森林法》有关规定，对公路主管部门组织营造管护的公路用地上的林木，其更新采伐由公路主管部门依照有关规定审核发放采伐许可证；对非公路主管部门组织营造管护、林木权属不属于路政单位、不是公路用地上的护路林，其更新采伐由林业主管部门依照有关规定审核发放采伐许可证。

7. 护路林更新砍伐的许可主体

对公路绿化物和护路林，只许做抚育和更新性质的修饰或者砍伐。《中华人民共和国公路法》第四十二条规定，公路用地上的树木不得任意砍伐，确需更新砍伐的，应当经县级以上地方政府交通运输主管部门同意后，依照《中华人民共和国森林法》的规定办理审批手续，并完成更新补种任务。《中华人民共和国森林法》第三十二条第三款规定，铁路、公路的护路林和城镇林木的更新采伐，由有关主管部门依照有关规定审核发放采伐许可证。

需要指出的是，根据国家林业局《关于采伐公路护路林执行法律法规有关问题的复函》（林策发〔2004〕85号）的规定：①根据森林法实施条例第三十一条的规定，林木采伐许可证由国务院林业主管部门规定式样，省、自治区、直辖市人民政府林业主管部门印制。违反以上规定制定或者印制的林木采伐许可证，不具有法律效力，不得作为采伐林木的合法凭证；②因公路改建需要采伐行道树，不属于公路护路林的更新采伐管理范围，应当由林业主管部门核发林木采伐许可证。据此，公路管理机构的管理权限仅限于护路林的更新砍伐，且需要使用林业部门印制的统一式样的采伐许可证。

思考与练习

选择题

1. 公路绿化中，苗圃用地的土层厚度不应小于（　　）cm，地下水水位以 1.5～2.5 m 为宜。
   A. 40～50　　　　B. 60～70　　　　C. 80～90　　　　D. 90～100

2. 公路绿化时，（　　）公路两侧土路肩、边坡以种植人工草为主，不应栽植乔木。
   A. 高速公路　　　B. 一级公路　　　C. 二级公路　　　D. 三级公路

3. 绿化保存率是指栽植后成活（　　）的株数（m²、丛、延米）占总栽植株数的百分数。
   A. 三年及以上　　B. 两年以上　　　C. 一年及以上　　D. 四年及以上

4. 公路沿线绿化包括（　　）绿化。
   A. 公路两侧、服务区、立交桥　　　　B. 办公区、服务区、养护站
   C. 公路两侧、服务区、养护站　　　　D. 公路两侧、立交桥、养护站

5. 必须做好对绿化植物进行（　　）等工作。
   A. 看管、维修、清除杂物　　　　　　B. 浇水、打药、维修
   C. 清除杂物、保养、维护　　　　　　D. 清除杂物、浇水、打药

项目9　公路养护施工区安全管理

公路养护施工区
安全管理

知识目标

1. 理解养护维修作业控制区的布置的内容；
2. 掌握养护维修作业控制区的基本要求；
3. 掌握养护维修作业控制区的安全设施。

技能目标

1. 能够完成公路养护施工区的布置，完成相应记录表的填写；
2. 能够正确使用不同场景下公路养护施工区的安全设施。

任务描述

331省道56 km+420 m处路南侧机动车道因县养路工区养护维修作业，其路面4米×4米面积破损，导致半幅道路断交。经查，2020年9月25日，县养路工区根据市交通运输局《关于下达普通干线公路日常养护工程秋季小修项目的通知》文件，组织实施K56+420处路南侧4米×4米路面日常养护维修作业。施工期间，现场按照交通运输部《公路养护安全作业规程》(JTG H30—2015)要求，在作业点上游设置了警告区、过渡区、缓冲区，在作业点下游设置了过渡区、终止区，现场摆放了反光锥桶、标志牌、闪光灯、水马、限速标志等警示标牌，并安排专人每天在现场对养护作业区进行24 h不间断疏导，指挥过往车辆减速慢行，轮流、交替通行。10月20日夜间，养护维修作业区因无人疏导看护，部分安全防护设施丢失损毁，道路通行秩序混乱。

331省道56 km—57 km路段交通安全隐患排查治理情况，调查发现该路段内近三年内发生一般程序交通事故6起，造成3人死亡，331省道与北柳庄村道交叉路口缺少路口警告标志，道路存在交通安全隐患。2019年8月1日，××县交警大队向县养路工区下达了消除道路交通安全隐患通知书以及整改建议书。8月26日，县养路工区在该路口增设2块交叉路口警告标志，9月13日施工安装完毕。

试分析养护维修作业控制区的布置要求及该作业区存在的问题。

9.1 养护维修作业控制区的布置

▌相关知识

■ 9.1.1 养护维修作业控制区的组成

养护维修作业控制区的布置由警告区、上游过渡区、缓冲区、工作区、下游过渡区和终止区组成,如图9.1所示。

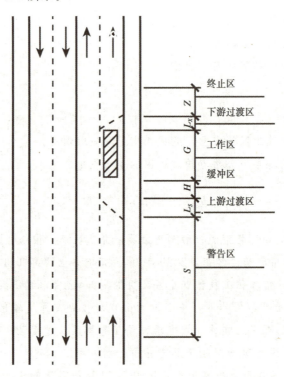

图9.1 养护维修作业控制区的布置

养护维修作业控制区的布置位置和长度应保证公路养护维修作业人员、养护设备和过往车辆的安全。在开放交通的条件下,养护维修作业应针对各项安全要求做好相关工作。

1. 警告区

警告区是从作业控制区起点设置的施工标志到上游过渡区之间的路段,用以警告车辆驾驶员已经进入养护维修作业路段,应按交通标志调整行车状态。保证驶入警告区的车辆减速至工作区规定的限速所需要的警告区路段的最短长度称为警告区最小长度(m)。各路段警告区最小长度见表9.1。

表 9.1　各路段警告区最小长度

位置	公路等级	设计速度/(km·h^{-1})	警告区最小长度/m
路段	高速公路、一级公路	120，100	1 600
		80，60	1 000
	二、三级公路	80	1 000
		60	800
		40	600
		30	400
各类平面交叉口		—	200

2. 上游过渡区

保证车辆平稳地从封闭车道的上游横向过渡到缓冲区旁边非封闭车道的路段为上游过渡区。当需要封闭车道或路肩(紧急停车带)时，必须设置过渡区。过渡区的设置应保证车流变化平缓。

车道封闭上游过渡区的最小长度(L_S)应按《公路养护安全作业规程》(JTG H30—2015)选取。

3. 缓冲区

上游过渡区和工作区之间的路段为缓冲区。缓冲区的最小长度(H)宜取 50 m。

4. 工作区

养护维修作业的施工操作区域为工作区。工作区的长度(G)应根据养护维修作业的需要确定。

5. 下游过渡区

保证车辆平稳地从工作区旁边的车道横向过渡至正常车道的路段为下游过渡区。下游过渡区的最小长度(L_X)宜取 30 m。

6. 终止区

设置于工作区下游调整车辆行车的路段为终止区。终止区的最小长度(Z)宜取 30 m。

9.1.2　高速公路及一级公路养护维修作业控制区的布置

1. 基本要求

(1)养护维修作业控制区的布置应考虑养护维修作业的内容与要求、时间和周期、交通量、经济效益等因素，控制区内交通标志的设置必须合理、前后协调，起到引导车流平稳变化的作用。

(2)工作区应设置工程车辆专门的进口和出口，出入口应设在顺行车方向的下游过渡区内。

(3)当同一方向不同断面的相同车道同时维修作业，下游工作区距离上游工作 1 000 m 以上时，应在下游工作区前端设置施工标志。

(4)同一方向不同断面的不同车道不宜同时进行维修作业；当必须同时进行维修作业

时,其控制区布设间距,高速公路应不小于1 000 m,一级公路应不小于500 m。

(5)当单向三车道及以上公路的中间车道进行养护维修作业时,应与相邻一侧车道同时封闭。

(6)应利用作业区上游的可变信息板显示"前方××公里封闭车道施工,请谨慎驾驶"的信息。

2. 养护维修作业控制区布置

(1)在警告区内应设置施工标志、限制速度标志和可变标志牌或线形诱导标等;在上游过渡区起点至下游过渡区终点之间放置锥形交通路标;在缓冲区与工作区交界处应布设路标栏。控制区内其他安全设施可以视具体情况而定。

(2)当需要布置改变交通流方向的作业控制区时,可与中央分隔带开口位置相结合,利用非作业控制区一侧的车道。当警告区范围内有入口匝道时,应在匝道右侧路肩外设置施工标志。

(3)立交区进出口匝道养护维修作业控制区的布置,应根据工作区在匝道上的具体位置和匝道的长度而定。

(4)在同一位置的作业时间在半天以内时,可适当减少交通标志,但应设置施工标志及锥形交通路标,并应在上游过渡区内设置移动式标志车或配备交通指挥人员。

(5)当养护维修作业位置移动时,可按实际条件做适当简化。

■ 9.1.3 高速公路及一级公路养护维修作业控制区的布置

1. 基本要求

(1)控制区布置应兼顾养护维修作业的内容与要求、时间和周期、交通量、经济效益等因素,控制区内交通标志的设置必须合理、前后协调,起到引导车流平稳变化的作用。

(2)控制区上游因道路线形造成视距不良时,应在控制区上游的适当位置处增设施工标志。

2. 养护维修作业控制区布置

(1)在警告区内应设置施工标志、限制速度标志和可变标志牌或线形诱导标等;在上游过渡区起点至下游过渡区终点之间应放置锥形交通路标;在缓冲区与工作区交界处应布设路栏;在工作区周围应设置施工隔离墩或安全带。控制区内其他安全设施视具体情况而定。

(2)路段养护维修作业时,对于单向通行情况,除设置必要的安全设施外,还必须在工作区两端各配备一名交通指挥人员或设置交通信号控制灯。

(3)弯道上养护维修作业控制区布置应符合以下规定:

1)当工作区位置处于视距不良的路段时,应在控制区内增加施工标志。

2)当双车道的一个车道封闭作业时,工作区两端均必须配备交通指挥人员。但当单向两车道的其中一外侧车道封闭作业时,工作区下游可不配备交通指挥人员。

(4)当对整个路面进行养护维修作业时,应修筑临时交通便道,以保证车辆通行,控制区的布置应符合以下规定:

1)临时路面标线应使用黄色。
2)控制区内必须设置路栏和施工警告灯号。
3)作业车上必须安装施工警告灯号。
4)所修筑的交通便道应画道路轮廓线,并应设置可渠化交通的安全设施。
(5)在路肩上养护维修作业时,其控制区的布置应符合以下规定。
1)必须保证紧靠路肩的车道宽度大于 3 m。
2)作业车上必须安装施工警告灯号。
3)若设置移动式标志车,可不设置过渡区。
4)当交通流量较大时,必须封闭紧靠路肩的车道,并按车道封闭要求布置控制区。
(6)养护维修作业周期在半天以内时,控制区布置应符合以下规定。
1)上游过渡区宜设置移动式标志车。
2)作业车上必须安装施工警告灯号。
3)在移动养护作业时,移动式标志车应与作业车保持 50~100 m 的间距。

■ 9.1.4 特大桥桥面和隧道养护维修作业控制区的布置

1. 基本要求

在开放交通条件下的养护维修作业,应制定控制区交通管理方案。应配备专职人员加强车速限制和车辆限宽的管理。隧道入口前必须设置施工标志、限制速度和限宽标志。隧道控制区必须有足够的照明。特大桥的养护维修,应根据需要设置限载标志。特大桥以外的其他桥梁养护维修作业控制区的布置可参照《公路养护安全作业规程》(JTG H30—2015)执行。

2. 特大桥养护维修作业控制区布置

特大桥养护维修作业控制区的布置,宜只封闭一条车道进行养护维修作业。当为单向三车道时,封闭部分的宽度最大不宜超过两条车道,具体布置可按《公路养护安全作业规程》(JTG H30—2015)的相关规定执行。

3. 隧道养护维修作业控制区布置

(1)隧道单洞双向交通的控制区布置,应只封闭一条车道进行养护维修作业,隧道口应设置交通信号灯并配备交通指挥人员,并至少应从隧道口开始封闭养护维修作业车道。
(2)隧道双洞单向交通的控制区布置应将警告区和上游过渡区设于洞口外。
(3)移动维修作业时,宜设置移动式标志车,并应在隧道两端配备交通指挥人员。

■ 9.1.5 平面交叉口养护维修作业控制区的布置

(1)平面交叉口养护维修作业控制区布置应考虑养护维修作业的内容与要求、时间和周期、交通量、经济效益等因素,控制区内交通标志的设置要合理、前后协调,起到引导车流平稳变化的作用。
(2)平面交叉口养护维修作业控制区的上游视距不良时,可在作业控制区上游的适当位置处增设施工标志。

(3)平面交叉口养护维修作业控制区布置应符合以下规定。

1)必须在工作区与缓冲区分界处设置施工警告灯号。

2)可设置移动式标志车。

3)作业车上必须安装施工警告灯号。

(4)平面交叉口进口或出口车道因封闭改为双向通行时,应画出黄色车道分隔线。如车道宽度不够、不能双向通行,应由现场指挥人员指挥车辆单向通行。

■ 9.1.6 收费广场养护维修作业控制区的布置

(1)在收费广场进行养护维修作业时,应关闭受维修作业影响的收费车道,并对作业控制区的交通进行管理。

(2)若工作区在收费亭的上游,则应关闭所对应的收费车道;若工作区在收费亭的下游,则可不设置警告区和上游过渡区,但应关闭所对应的收费车道。

■ 9.1.7 养护维修作业控制区的基本要求

(1)工作区应设置工程专门的进口和出口,出入口应设置在顺行车方向的下游过渡区内。

(2)同一方向不同断面的不同车道不宜同时进行维修作业;当必须同时进行维修作业时,其控制区的布设间距不应小于500 m。

(3)同一方向相同断面、相同车道同时进行维修作业时,其控制区的布设间距不应少于500 m,如果条件允许时应当尽可能地加大间距。

(4)在作业路段上、下游处设置明显标志以提示施工路段的位置和建议绕行路线等信息。

(5)在警告区内应设置施工标志、限速标志和车道变化标志,在上游过渡区起点至下游过渡区之间应设置锥形交通路标。

(6)对于临时养护作业,控制区可以简化为警告区、上游过渡区、工作区和下游过渡区,即将缓冲区并入上游过渡区,终止区并入下游过渡区。

(7)对于移动养护作业,养护作业控制区可以简化为警告区和工作区,即将上游过渡区和缓冲区并入警告区,不需设置下游过渡区和终止区,警告区可适当减少。

9.2 养护维修作业控制区的安全设施

▌相关知识

养护安全设施的设置是为了保护养护作业人员和设备的安全,警告、提醒和引导车辆通过养护维修作业控制区域,加强安全防范意识。当进行养护维修作业时,应顺着交通流的方向设置安全设施;当作业完成后,应逆着交通流的方向撤除为养护维修作业安全而设置的有关安全设施,恢复正常交通。撤除设施的人员及有关车辆等设备要在封闭区内活动。

在养护维修作业中,可用作渠化交通的安全设施有锥形交通路标(图9.2)、安全带、路栏(图9.3)、施工隔离墩(图9.4)、防撞桶(墙)(图9.5)、移动式标志车(图9.6)和施工信号灯(图9.7)等。

图9.2　锥形交通路标

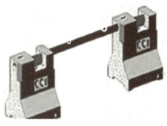

图9.3　路栏

图9.4　施工隔离墩

图9.5　防撞桶

图9.6　移动式标志车

图9.7　施工信号灯

公路养护维修作业必须保障养护维修作业人员和设备的安全,以及车辆的安全运行。在进行养护维修作业前,应制订安全保障方案。公路养护维修作业单位应建立安全管理制度,实施对养护维修作业人员的安全培训和教育。

■ 9.2.1　公路养护维修安全作业

(1)凡在公路上进行养护维修作业的人员必须穿着带有反光标志的橘红色工作装,管理人员必须穿着带有反光标志的橘红色背心。

(2)公路路面养护维修作业应按作业控制区交通控制标准设置相关的渠化装置和标志,并指派专人负责维持交通。

(3)在可能发生山体滑坡、塌方、泥石流及高路堤、陡边坡等路段养护维修作业时,应采取防滑坠措施,并应注意防备危岩、浮石滚落。

(4)养护维修作业人员应在控制区内作业和活动,养护机械或材料不得堆放于控制区外。

9.2.2 桥梁、隧道养护维修安全作业

(1)公路桥梁、涵洞、隧道的养护现场应专门设置养护维修作业的交通标志。在桥梁栏杆外侧和桥梁墩台进行养护维修作业时,必须设置有效的安全防护设施,作业人员必须系安全带。

(2)在隧道内进行养护作业时应遵守以下规定。

1)养护施工路段内的照明应满足要求,并设置必要的安全设施。

2)注意观察和控制隧道内的有害气体浓度,做好通风工作。

3)隧道内禁止存放易燃易爆物品,严禁烟火。

4)对维护安全有特别要求的电子设施等,应按相关安全规程执行。

9.2.3 特殊条件下的养护维修安全作业

(1)高温季节实施养护作业,应按劳动保护规定采取防暑降温措施,并适当调整作息时间,尽量避开高温时段。

(2)冬期养护维修作业时应采取保温防冻等安全防护措施,作业时应加强交通管制,并对作业人员、作业机械采取防滑措施。

(3)雨期养护作业时应做好防洪排涝工作,加强防水、防漏电、防滑、防坍塌等措施。

(4)在大雾天不宜进行养护维修作业,当必须进行抢修作业时,应采取封闭交通,并在安全设施上设置黄色施工警告灯号。

(5)夜间养护维修作业时,必须在现场设置符合操作要求的照明设备。

9.2.4 山区养护维修安全作业

(1)在视距条件较差或坡度较大的路段进行养护维修作业时,应设专人指挥交通,在作业控制区应增加有关设施。

(2)控制区的施工标志应与急弯路标志、反向弯路标志或连续弯路标志等并列设置。

(3)在同一弯道上不得同时设置两个或两个以上养护维修作业控制区。

(4)养护维修作业人员作业时应戴安全帽。

9.2.5 清扫、绿化养护及道路检测安全作业

(1)严禁在能见度差的条件下进行人工清扫。

(2)凡需占用车道进行绿化作业时,必须按作业控制区布置要求设置有关标志。

(3)遇大风、大雨、下雪、雾天等特殊气候时必须停止绿化养护维修作业。

(4)高速公路、一级公路中央分隔带绿化浇水作业时,浇水车辆尾部应安装发光可变标志牌或按移动养护维修作业控制区布置。

(5)道路检测车检测道路性能时，凡行进速度低于 50 km/h 的，均应按临时定点或移动养护维修作业控制区布置，或应在检测设备尾部安装发光可变标志牌。

9.2.6 养护维修机具的安全操作

(1)加强养护维修机具的操作安全防范和维修保养。养护机械的操作、维修和保养按有关规定执行。

(2)养护机械进入施工现场前，应查明行驶路线上的隧道、跨线桥的通行净空，必要时应验算桥梁的承载力，确保机械设备的安全通行。

(3)养护机械在作业时，操作人员应熟悉作业环境与施工条件。

(4)养护机械在靠近架空输电线路作业时，必须采取安全保护措施，养护机械工作装置运动轨迹范围与架空导线的安全距离必须符合相关规定。

【拓展阅读】

高速公路养护施工安全管理

安全事关人民福祉，事关经济社会发展大局，是交通强国建设的基本前提。

高速公路作为一项现代化的公路运输通道，在当今社会经济中正发挥着越来越重要的作用。

现有部分高速公路车流量超出了原有道路设计标准，超限、超载车辆较多，在自然环境及车辆荷载力的作用下公路路面上的松散、深陷、坑槽及龟裂等病害问题快速增长，裂缝、车辙、坑槽等病害严重的路段成为公路的通行重大质量和安全隐患，公路交通意外事故的风险也加大。

公路管养单位通过精心养护、及时处理路面病害，确保公路正常运营能力，延长公路通行寿命，提升公路通行质量和安全水平。对日常养护任务大、路面病害多且复杂的老旧路采取养护维修工程的方式集中进行了改造升级。但高速公路养护的特殊性，给养护施工和安全管理带来了难度，因此在养护施工过程中正确选择施工工艺及采取合理的安全管控措施，显得十分重要和必要。

1. 高速公路养护施工的特殊性

(1)危险系数高。危险系数高是指养护施工过程中发生事故的概率大，发生事故的恶性程度高。由于养护施工通常是在紧邻车辆通行的区域进行的，加之高速公路通行的车辆具有车速快、干扰小等特殊性，所以部分车辆驾驶员易在碰到交通管控时情绪紧张，减速不及时，操作不当，误入控制区域，并最终与作业区施工人员或后续车辆发生安全事故。同时，由于车辆行驶的速度极高，一旦发生事故，造成车毁人亡、群死群伤的可能性非常大，也就是发生恶性事故的概率极大。据相关资料统计，2020 年上半年社会车辆闯入养护作业区的实例超过 10 起。

(2)社会敏感性强。社会敏感性强是指各行各业对高速公路的通行情况关注程度非常高，养护施工作业现场一旦发生安全事故，特别是恶性事故，施工单位、业主单位及行政执法等单位会启动应急响应，在第一时间开展抢险保障，在第一时间向上级及有关部门报告。但在微信、快手、抖音、头条等网络新媒体崛起的今天，消息会不胫而走。如过往的行人对信息了解不清楚、夸大消息，还会给当地政府、管养单位造成不可换回的恶劣影响，因此，高速公路带动的不仅是交通流、经济流，更是人员流、信息流。

(3) 管控难度大。管控难度大是指养护施工现场管控和事故预防的难度较大。这源于养护施工点多线长、参与作业的人员多。事故的成因千差万别，其中既有暴雨、大雾、冰冻等自然灾害的因素，又有施工现场管理不当等因素，还有司机对车机操作不当、车辆本身故障、违法驾驶等因素导致的事故，这些事故的风险和隐患都是高速公路养护单位难以预见和消除的，当然，难控并不是不可控，只要方法合理、措施得当、时机合适，这些风险可以有效降低，隐患可以消除。

2. 养护施工安全管理中存在的不足

(1) 对安全生产工作重视程度还不够。随着养护行业改革，部分省份对高速公路日常养护采取市场化，养护施工单位将经济效益看得太重，而对安全管理工作还不够重视，投入的资金、设备及人员都不充足。不能按照合同约定认真落实安全规章制度。将"先培训后上岗""作业区布设不规范不作业"等好的做法抛于脑后，很多安全管理人员为了应付检查，在开展岗前培训时流于形式，只为了留存影像资料（拍个照片，补个签到表），导致施工作业人员对当日作业中存在的风险不清楚，注意事项不明确，对相关制度与规范也不熟悉。在施工过程中不能严格按照《道路交通标志标线 第4部分：作业区》(GB 5768.4—2017)的规范布设作业区，甚至有些施工单位在工程量相对较大路段往往为了施工的方便，随意对警示区域进行扩大或缩小，导致养护施工工作人员的自身安全得不到有效保证。

(2) 违法驾驶行为管控不到位。高速公路养护施工往往同高速公路的交通通行是同步开始的，甚至仅通过一排交通锥便将高速通行的车流与养护现场作业隔离。若一些驾驶人员存在超速、疲劳驾驶等违法违规驾驶行为，将严重影响驾驶人员正常的操控和判断能力，极容易发生车辆失控造成安全事故。

3. 公路养护施工安全管控措施建议

(1) 严把施工许可关。开工前，相关部门严格审查施工单位与公安交警部门联合测速设备、安全施工标志牌、警示灯、隔离设施等安全防护设施配置情况；养护作业人员工伤保险、意外伤害保险费、劳保、防疫物资等安全生产经费投入务必按照国家相关规定落实；养护作业人员三级安全技术交底情况，尤其是雇用的劳务人员进行三级安全技术交底情况，确保养护作业人员熟知高速公路养护施工安全基本知识；车机驾驶人员、特殊工种人员及安全管理人员必须持证上岗情况；施工现场的管理和封闭措施情况，包括具体工作的介绍、作业地点、施工期限、计划和进度、施工现场的管理方案、施工现场封闭的图示、安全负责人、现场管理人员、联系方式等。资料不全，配置不齐全、不达标的坚决不允许开工，确保把好开工源头安全管理的第一关。

(2) 优化安全施工方案。良好的施工工艺是养好公路的前提，而优化施工方案是提升养护施工现场安全管理的基础，施工方案一旦出现了问题，就会带来一系列公路养护施工安全隐患，也会增加相关部门的开支与精力。因此，在准确选择公路养护施工工艺的前提下，合理优化资源配置、施工绕行方案、安全文明保障方案、疫情防控方案，减少协调施工方的各方矛盾，确保公路养护施工防患于未然，也能让公路的施工精度与进度有明显的改善。

(3)做细做实岗前安全教育及培训。做细做实养护施工人员的岗前安全教育及培训工作，是提高养护工人的安全技术素质、安全意识，防止出现违规、违法施工的重要方法。由于高速公路养护工人大多来自农村，一般没有受过基本的道路养护施工方面的培训，技术素质较差，法律意识不强，因此，应采取进入施工现场前的教育、日常的教育、特殊教育相结合的教育方式，提高施工作业人员的安全意识、安全防范技能。

(4)强化施工现场日常监督检查力度。业主、监管单位应加强养护施工现场的督查检查，检查方式可以是驻地监管人员、道路巡查车现场查看，也可以是以布控球PAD、手持终端等方式远程调度督查，总之要通过督查检查的方式督促养护施工单位规范施工、落实责任，确保安全。在检查中要牢固树立安全第一，预防为主的原则，严格按照《道路交通标志和标线 第4部分：作业区》(GB 5768.4—2017)规范布设作业区，现场作业人员必须按照要求穿标志服。如遇夜间作业，必须开启警示灯、应急照明等。在督查过程中，一旦发现违章施工或违法施工等现象，应立即通知停工进行整改，并对整改结果进行认定，经认定符合要求后方可允许恢复作业。

(5)大力推进信息化建设，扩建硬件基础设施。为有效防止社会车辆在施工作业路段超速的违法行为，避免超速违法车辆失控闯入养护施工作业区，养护施工单位在办理占道审批手续时要积极与公安交警部门沟通，请求公安交警部门给予大力支持，大力推进预防预警信息化建设，扩建硬件基础设施。在施工作业路段按照《中华人民共和国道路交通安全法》《道路交通安全违法行为处理程序规定》，增设移动测速设备、声音提示设备等预防、预警先进基础设备设施，提前对过往车辆预警，对过往公路施工作业区超速违法车辆依法依规进行处罚，切实维护公路交通安全和通行秩序，不断提高高速公路养护安全管控效能，确保养护施工单位的限速标志发挥有效作业，养护施工作业人员的安全得到有效保障。

(6)建立健全突发事件管理和应对机制。高速公路交通突发事件的频率高，养护单位要居安思危，在做好日常管理的同时，要牵头与公安交警、路政执法、收费运营、应急救援、养护施工单位等"一路多方"联动部门建立健全突发事件管理和应对机制，完善预警、信息共享及紧急情况报告机制，在实际工作中不断摸索经验和吸取教训，提升突发事件处理力度，确保在突发事件发生后快速反应、及时解决措施，将财产损失降到最低。

随着经济社会的发展，我国从交通大国逐步迈向交通强国，在高速公路上通行的车辆越来越多，公路养护部门安全生产出现了的新情况和新问题。公路损毁程度不断加大，养护难度也在不断加大，养护工作的重要性更加突出。

总而言之，高速公路在交通运输方面发挥着极为重要的作用，"您舒心通行"离不开"我精心养护"，因此必须提升公路养护质量和强化养护施工安全管理，推动交通运输事业发展行稳致远，促进地方经济发展。

思考与练习

选择题

1. 安全设施布设顺序应从（　　）开始，向终止区推进，确保已摆放的安全设施清晰可见。

    A. 缓冲区　　　　B. 警告区　　　　C. 下游过渡区　　　D. 终止区

2. 用于管制和引导交通的安全设施称为（　　）。

    A. 公路交通标志　　　　　　　　　B. 公路交通安全标志

    C. 公路交通标线　　　　　　　　　D. 收费设施

3. 交通安全设施经常性检查的频率不低于（　　）。

    A. 1次/月　　　　B. 1次/年　　　　C. 1次/季度　　　　D. 1次/旬

4. 养护维修作业安全设施的设置与撤除应遵守以下哪些规定？（　　）

    A. 进行养护作业时，顺着交通流方向设置安全设施

    B. 随意设置安全设施

    C. 作业完成后，顺着交通流方向撤除为养护维修作业而设置的有关安全设施，恢复正常交通

    D. 作业前及结束后都应顺着交通流方向设置安全设施

5. 下列不符合养护安全作业要求的是（　　）。

    A. 作业人员在工作区进行养护作业

    B. 作业人员上下作业车辆或装卸物资在过渡区内进行

    C. 作业人员在缓冲区内堆放材料、设备

    D. 交通引导人员宜站在警告区非行车区域内

项目 10　路面/桥梁养护管理系统

知识目标

1. 了解路面养护管理系统概念、构成及主要功能。
2. 掌握路面养护管理系统和桥梁养护管理系统的相关内容。

公路养护管理系统

技能目标

1. 通过阅读相关资料，能够快速使用市面上主流的路面养护管理系统。
2. 能够利用路面养护系统进行数据录入、统计分析等。
3. 能够对定制开发的路面养护管理系统提出相关优化建议。

任务描述

××高速公路的路面养护管理系统主要是在对公路基础设施养护作业的管理需求、信息服务需求进行分析的基础上，以现有的公路基础数据管理系统的属性数据和控件数据为依托，实施相关硬件集成，对数据库及应用软件开发，实现养护任务的信息化管理。通过路况信息采集、路况调查、养护计划、养护文件和图档、养护质量评估等进行有力监督和管理，提供报表的生成和查询服务，形成可向上级领导汇报的报表信息。

10.1　路面养护管理系统概述

相关知识

10.1.1　路面养护管理系统发展概述

1. 路面养护管理系统的基本概念

路面养护管理系统本质上是一个信息化的决策管理系统，即在养护管理过程中，利用现代先进的信息化技术、数据通信技术、大数据技术等，将各类公路养护数据通过高效、清晰的界面直观呈现给用户,同时,用户能够利用系统进行养护工作管理与考核、养护工程项目的管理、公路技术状况分析与决策等工作,并对相关数据进行统计汇总形成图表的管理系统。广义的公路管理系统包含路基养护管理、路面养护管理、桥梁养护管理、隧道养护管理、交安及沿线设施养护管理等内容。因此,常常有与之对应的子系统,如路面养护管理系统、桥梁养护管理系统,也有不少地方使用集成了多个子系统的公路养护管理系统。

2. 路面养护管理系统国外发展情况

20世纪70年代初期,西方发达国家的公路管理机构的工作重心开始由大规模公路建设逐渐转移至预防性养护、改建维护以改善现有路网的使用性能,越来越重视提高道路的使用性能和服务水平。20世纪80年代,美国先后进行了"联邦公路路产及使用性能研究"(NHPIS)和"公路使用性能监测系统研究"(HPMS)。到了20世纪90年代,美国又开发了"公路经济需求系统(HERS)"的研究网。目前,路面养护管理系统在美国、加拿大、澳大利亚、日本及欧洲等发达国家和地区得到了广泛的使用,部分非洲、南美洲和东南亚等发展中国家在世界银行、国际道路协会等机构的援助下,也开始建立和实施了路面养护管理系统。目前,比较有代表的路面管理系统如下。

(1) 1978年,美国开始实施的加利福尼亚州路面管理系统可对刚性路面和柔性路面进行路况监测,按路面使用性能参数进行项目的优先排序,并确定养护和改建对策。

(2) 美国亚利桑那州路面网级管理系统(Network Optimization System,NOS)是供财政规划用的网级优化系统。这个系统的最大特点是首次成功地把马尔可夫决策过程引入网级路面管理系统。它所考虑的是整个路网,而不是个别路段或个别项目方案,把路网内的路段归类到不同的路况状态,并得到各种状态路面的比例。该系统的目的是确定以最低的费用保持规定的路面性能水平。

(3) 1983年,美国陆军建筑工程研究所开发出PAVER系统。该系统包括路况分析、路况预测、养护维修计划三个重要部分,主要特点是最先提出用扣分法计算路况指数,该方法由于思路严密、清楚被广泛应用。

(4) 城镇道路管理系统(URMS)。20世纪90年代中期,美国得克萨斯大学在广泛调查研究的基础上,研制开发出了适用于中小城市路面管理的"城镇道路管理系统",这是一种专为中小城镇设计的综合型PMS,可同时在网级和项目级两个层次上为有关管理技术人员提供决策支持。

(5) 世界银行的HDM-Ⅲ、HDM-4系统。该系统被广泛应用到世界上许多国家,它主要应用于:单个项目工程分析,如项目的评估与评价、车辆运行费用计算等;多项目分析及在资金约束下的工程施工准备分析。HDM-4除具有HDM-Ⅲ的功能外,最显著的特点在于与其他路面养护管理系统数据库的共享,同时加强路面使用性能的预测,进行道路费用、道路使用者费用最优化的分析。

其他路面养护管理系统还有加拿大阿尔伯达省的路面信息和需求系统(PINS)及英国运输和道路研究所(TRRL)的公路养护评价系统等。新加坡提出了基于遗传算法的路面养护决策系统(PAVENET)。

3. 路面养护管理系统国内发展情况

1983年,交通部主持了中英两国政府的科技合作,交通部公路科学研究所实施引进了我国第一套 BSM 路面管理系统，接着又引进了芬兰 EPMS 路面管理系统及世界银行 HDM-Ⅲ 公路投资效益分析。后通过"七五""八五""九五"交通部重点科技攻关项目支持，不断优化建设成"路面管理系统（Pavementmanagement System for China Highways，CPMS）"、桥梁管理系统（China Bridgemanangement System，CBMS），并开始全国推广应用（1996—2001年），各省市公路管理部门也在逐步依据自身情况进行系统后续完善和应用开发，这是公路信息化和管理现代化的一个主要标志。另外，交通部公路科研所与同济大学、北京、广东等地区联合开发了干线公路（省市级）路面评价养护系统（PEMS）。1998年，东南大学和南京机场高速公路联合开发了以养护管理为基础的道路设施管理系统。

10.1.2　路面养护管理系统组成模块

路面养护管理系统通常包含数据采集模块、数据库模块、养护决策模块、图表管理模块、接口访问模块和通信系统六大基本模块。其中，数据库是路面养护管理系统的核心，数据库至少应包括养护数据维护、路况评价管理、养护对策管理、养护计划管理、养护报表管理 5 个方面功能。公路养护管理系统如图 10.1 所示。

图 10.1　路面养护管理系统

数据库应包括以下 4 个基本子数据库。

（1）公路属性数据库。公路属性数据库包括通过公路路况普查收集的基础数据，直接反映公路基本属性，如公路几何参数、动态指标等。公路属性数据库具体包含的内容有路线概况、路基、路面、主要构造物、沿线设施、交通量、沿线环境等数据。

（2）公路空间数据库。公路空间数据库通过卫星遥感照片、GPS 测量产生，为建立公路 GIS 空间数据库的骨架。

（3）公路养护业务数据库。公路养护业务数据库由养护业务部门产生，为事务处理层提供服务。

（4）公路综合数据库。公路综合数据库是对公路属性数据库、公路空间数据库和公路养护业务数据库的内容进行加工整理、高度浓缩产生的，既可以直接给决策者提供信息查询，又可以为决策模型的计算提供数据来源。

10.1.3 路面养护管理系统建设的基本原则

(1)统筹性。由于应用系统接入涉及众多子单位,开发是通常分阶段进行的,方案要统筹考虑所有子单位提出的各方面需求,进行系统的、最优化的设计。

(2)适用性和可扩展性。系统是否具备可拓展性,是进行系统设计时必须考虑的问题之一,而可拓展性也在一定程度上反映了系统本身的生命力。系统应该可以根据用户需求和技术发展趋势与特点的进行拓展,同时,充分考虑功能模块的重复利用性,降低将来系统升级的难度。

(3)组件化设计。本文所述路面养护管理系统采用组件化的设计方式,采用统一的标准接口,为将来系统功能完善、升级提供方便,并且更易于进行日常维护。

(4)先进性。设计方案应立足于先进技术,采用先进的设计理念、技术路线和技术体系架构,以保证建成的系统使用周期长、性能指标高。

(5)可靠性和成熟性。随着政务信息交换共享需求的增加,采用技术成熟、高度可靠、安全、稳定的开发技术及设计方案是非常重要的,这样可以保证整个系统的正常运行,并能应付可预想的异常情况。

(6)安全性高。需要采取多样化的安全防范技术、措施,如关键数据采用 ASC、DES 等加密方式,Web 数据传输采用 SSL 协议加密处理,为系统信息安全、长期稳定可靠运行提供保障,对重要数据进行多重保护。

(7)标准性和开放性。一个好的系统必须解决"标准和开放"问题,首先要能够支持常用的各种软硬件接口,使系统操作和系统互连更方便,其次要在结构设计上足够"开放",能够与其他的系统方便地进行互连,以便于技术升级并大大提高系统的可移植性。

(8)易用性。路面养护管理系统和数据库系统是复杂、庞大的系统,管理工具应该具有可视化、易操作的特点。

10.2 路面养护管理系统分析

相关知识

10.2.1 路面养护管理系统层次划分

路面养护管理系统可划分为路网级管理和项目级管理两个层次,以分别适应不同管理层次的需求,两者具有不同的结构和功能。网级管理系统的范围为一个地区(省、市)的公路网或一大批工程项目。其主要任务是在管理部门进行关键性的行政决策时为其提供相应的对策。

1. 路网级管理系统

路网级管理系统对路网进行系统的优化决策后,提出路面养护项目清单。对于养护项目段还要进行更详细的设计分析,提出各种可能的设计方案,优化比较得到一个技术可行、经济合理的最优方案。路网级管理的主要内容如下。

(1)路况分析：路网内路面现有状况的分析和今后路面状况变化的预估分析。
(2)路网规划：确定路网内需要养护、改建的项目。
(3)计划安排：各项目应进行养护、改建的时间，各项目的优先排序。
(4)预算编制：路网达不到预定服务水平时，各年度所需的投资额。
(5)资源(资金)分配：各行政区域或不同等级道路或养护、改建之间的资源(资金)分配。

2. 项目级管理系统

项目级管理系统仅针对一个工程项目，它的主要任务是在管理部门对某一工程进行技术决策时为其提供对策，以选择费用效益最佳的方案。项目级管理的主要内容如下。

(1)路面结构分析：对路面结构损坏情况进行分析和对路面使用性能进行预估。
(2)寿命周期费用分析：针对各项目在路面寿命周期内的所有费用(包括初建、养护、改建、用户费用等)进行分析。
(3)经济评价：根据实际需要，在现值法、年费用法、收益率法、效益-费用比法等诸多经济分析方法中选择合适的方法对各项目的分析结果进行评价。
(4)优化排序：把由网级管理系统得到的三个方面目标[行动目标(采取哪一类养护、改建措施)，费用目标(可分配到的最高投资额)和使用性能目标(预定期限内应具有的使用性能指标)]作为约束条件，选择合适的优化模型，以费用最少为目标进行优化，并选择最佳的方案。
(5)方案实施：实施最佳方案，并利用使用性能监测系统收集方案实施后反馈的信息。

10.2.2 CPMS 的组成与主要功能

CPMS 主要由公路技术状况评定系统(MQI)、路面管理系统(Network)、日常养护管理系统(ROMS)、公路综合养护分析系统(CMAP)四部分构成。

1. 公路技术状况评定系统

公路技术状况评定系统是《公路技术状况评定标准》(JTG 5210—2018)的配套软件，可快速、准确地为各级公路管理部门进行路况检测数据的管理、评定及分析，自动生成路况统计图及规定格式的评定报表。公路技术状况评定系统评定流程如图 10.2 所示。

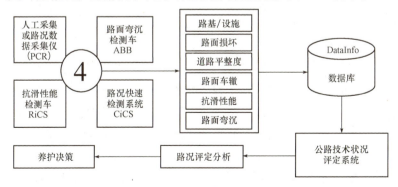

图 10.2 公路技术状况评定系统评定流程

路况数据采集仪(PCR)是采用掌上电脑操作平台，通过安装 CPMS 相关配套软件并授权，用于快速记录路基、路面、桥隧构造物和沿线设施损坏(类型、数量、位置)的便携式设备，具有快速记录、汇总、计算及分项指标评定的功能，检测数据可采用有线或无线方式直接传输给 CPMS。

2. 路面管理系统

路面管理系统的主要功能如下。
(1)路况评价分析：包括路面使用性能和交通量等各种道路因素的评价与分析。
(2)养护需求分析：预测各年度的路面大中修养护费用和养护措施。
(3)养护预算分析：分析路网指定养护水平和路段指定养护标准下的养护预算。
(4)养护投资分析：分析不同投资水平对道路使用性能的影响。
(5)养护资金优化分配：分析指定大中修投资水平下的养护费用和养护措施。
(6)公路养护计划编制：自动编制养护计划。

根据路面养护管理系统各组成部分的分析结果，自动编制《公路养护分析报告》。该报告主要包括公路养护技术状况、10 年长期养护规划、年度养护计划、未来养护需求和日常养护工程量预测(路基、路面、桥涵、设施)等内容。

3. 日常养护管理系统

日常养护管理系统用于对路基、路面、桥涵、沿线设施等养护内容进行日常的养护管理，包括损坏数据采集、日常养护计划编制、养护工程验收和结算等。

4. 公路综合养护分析系统

公路综合养护分析系统是基于地理信息技术和前方图像技术，对包含路线、路基、路面、桥梁构造物、沿线设施和绿化等内容的路况、历史、养护工程、养护需求等各种信息和数据进行综合养护分析的大型软件平台。

10.3 桥梁养护管理系统

相关知识

10.3.1 桥梁养护管理系统概述

桥梁养护管理系统是基于桥梁结构工程、病害机理、检测技术、评定标准和数据采集技术，运用计算机技术数据处理功能、评价决策方法和管理学理论，实现对桥梁进行状况登记、评价分析和养护决策等功能的一套综合管理系统。该系统中的桥梁部件评分标准及桥梁技术状况评定模型采用的是《公路桥梁技术状况评定标准》(JTG/T H21—2011)，除此以外，该系统采用 Web 技术及 B/S 架构，仅需在服务器端安装系统软件，用户便可用浏览器通过网络完成桥梁养护信息管理的操作。桥梁养护管理系统设计结构如图 10.3 所示。

10.3.2 CBMS 各模块功能

CBMS 提供桥况登记、数据录入管理、查询统计、评价决策、加固对策、资金分配、多媒体管理、维修检查计划和年度报告等综合管理功能，设有6个分类数据库、24个库文件、300余项字段，提供6个子系统、50多个模块、100余项功能。

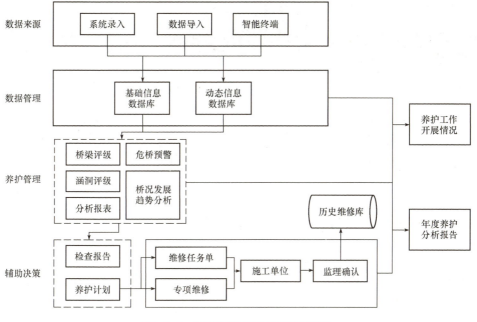

图 10.3　桥梁养护管理系统设计结构

1. 数据管理功能

数据管理功能主要包括基础数据和病害数据的录入、整理、校验；评价数据的管理与更新；数据库备份、数据库删除及传输；对桥梁静态、动态数据的采集、管理；每一座桥梁的识别数据库、结构数据库、档案数据库、经济指标数据库、技术状况数据库、部件数据库、病害数据库、地理信息等信息的增加、删除、查找、修改等。

基础数据库主要包括8个数据库，即识别数据库、结构数据库、经济指标库、维修历史库、特殊检查库、重车过桥库、桥上事故库和桥梁档案库，共有110多个数据项。基础数据库涵盖了桥梁所有的基础信息，主要是桥梁属性数据，如桥名、桥类、荷载等级、主桥上部结构等；桥梁结构尺寸及桥梁结构布局等数据，如桥梁全长、桥跨组合、桥宽组合、弯坡斜特征等。基础数据库还可以对桥梁的图片、视频、声音、文字等多媒体资料进行管理，使系统的数据更加形象、可视。

2. 统计查询功能

统计查询功能主要包括桥梁卡片、统计报表、通行能力分析、涵洞数据、高级查询等，同时，提供桥梁各种形式的分类表格统计，实现报表分类处理、统计和对高级查询输出的图表修改。其与Excel电子表格嵌套，可直接对图表进行编辑设置、预览和打印输出。桥梁基本状况卡片界面如图10.4所示。

3. 桥梁评价与决策功能

桥梁评价与决策功能根据基础数据库和病害数据库中的数据对桥梁目前的情况进行评分；

依据《公路桥梁技术状况评定标准》(JTG/T H21—2011)的评价模型,增加了"部件评分库",将各桥梁形式的部件得分体现出来。考虑荷载等级、几何线形、抗灾能力,对构件残损状态进行评级,采用构件权重与评级乘积得出整桥总分,最后进行技术状况等级划分。

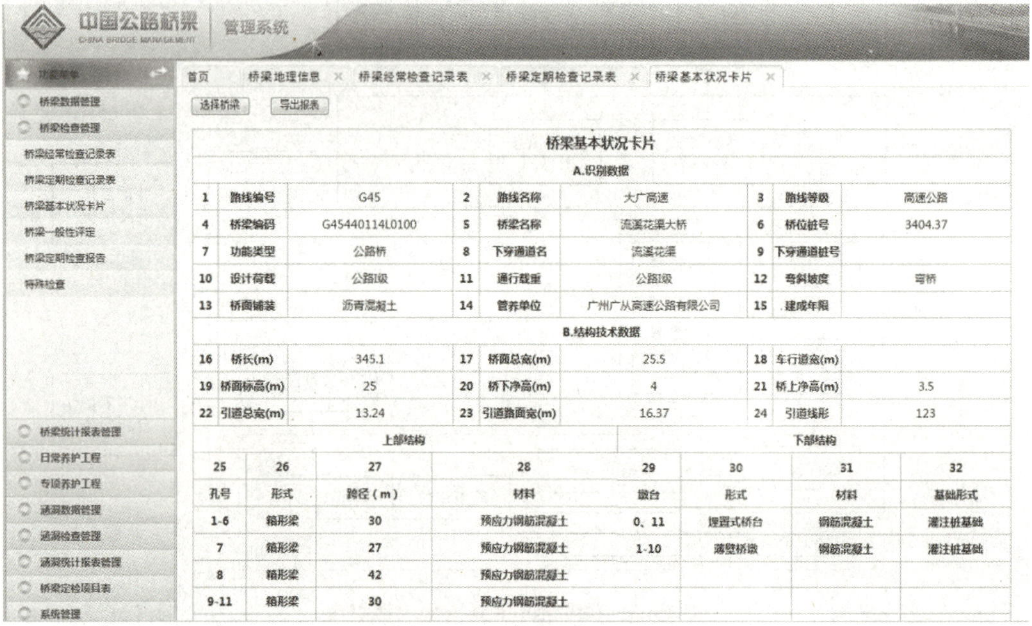

图 10.4　桥梁基本状况卡片界面

评价与决策功能包括权重分设置(构件评分)、构件扣分值、评级分界表、整理及评价、桥梁评价结果表、桥梁部件评分结果表、查看历史数据 7 个子功能。

CBMS 采用层次分析法和模糊评判法。层次分析法的评价结果以分数(100 分制)表达;模糊评判法以模糊数学为理论基础,其结果采用等级制形式表示(0~5 等级制)。桥梁状态评价模块包括评价和历史评价两个子模块。CBMS 还建立了桥梁的安全性、适用性、耐久性指标评价模型,根据评价结果综合考虑建立了危桥库,对危险桥梁进行控制。

4. 费用分析功能

费用分析功能主要完成对单桥或全线桥梁维修的各项费用计算和输出,为用户提供费率修改和各种费用表格输出功能,支持合理安排有限的养护资金;也可以根据实际情况选择费用概算或费用估算,避免更改复杂的施工项目定额;依据不同的维修加固处治方法,结合各部位缺陷状况以及费率折算等因素,确定各桥梁的维修费组成及资金数量。

5. 维修方案优化功能

维修方案优化功能包括维修方案优化排序、预算费用维修排序、检查计划和养护报告 4 项功能。该功能对需要定期和特检的桥梁做出计划,使管理者能够分清轻重缓急、合理分配资金,使有限的桥梁养护资金发挥出最大的效益。养护报告子模块可自动生成各年份的养护报告。

6. GIS 功能

GIS 功能通过调用灵图(51ditu)的地图,并在其上标注桥梁的位置,或根据桥梁的 84 坐标系在电子地图上准确显示桥梁的位置等相关信息。使用该功能时通过"地理"选项卡打开桥梁地理信息数据处理区，进入该数据处理区后可完成针对单座桥梁地理信息的浏览、修改等操作。

【拓展阅读】

加快建设交通强国

"交通强则中国强，交通兴则百业兴"，交通运输是兴国之器、强国之基。路面养护管理系统是道路科学养护决策的有力工具，将为交通强国的建设贡献更大的力量。

随着互联网、云计算等技术的不断发展，对交通海量数据的处理将会不断产生新的方法，路面养护管理系统的功效也会进一步发挥，将公路快速检测技术、数据管理系统、GIS技术等功能集成，运用大数据、云计算进行分析预测，采用区块链技术保证数据安全，以此作为养护决策的重要依据，提升路网养护管理服务水平和效能。

大数据技术与公路养护管理系统的结合，通过对海量路网数据的挖掘分析，建立起路面性能与设计、材料、结构、养护、交通量、环境和地理位置之间的关系，为养护管理工作提供科学的、透明的辅助决策和技术支持。大数据技术在路面养护管理工作中的应用是一门综合技术，需要同时具备施工管理、数据分析、材料试验等多方面的知识储备，这就对学生的专业储备和创新能力有更高的要求。

思考与练习

一、填空题

1. 1983 年，交通部主持了_____政府的科技合作，交通部公路科学研究所实施引进了我国第一套 BSM 路面管理系统。

2. 路面养护管理系统通常包含_____、数据库模块、_____、图表管理模块、接口访问模块和通信系统六大基本模块。

3. 路面养护管理系统可划分为_____和_____两个层次。

4. CPMS 主要由_____(MQI)、路面管理系统(Network)、_____、_____、公路综合养护分析系统(CMAP)四部分构成。

二、名词解释

1. 路面养护管理系统

2. 桥梁养护管理系统

三、简答题

1. 简述路面养护管理系统层次划分中路网级管理的主要内容。
2. 简述路面养护管理系统建设的基本原则。
3. 简述 CBMS 各模块的功能。

参 考 文 献

[1] 中华人民共和国交通运输部. JTG 5142—2019 公路沥青路面养护技术规范[S]. 北京：人民交通出版社，2019.

[2] 中华人民共和国交通运输部. JTG/T 5142—01—2021 公路沥青路面预防养护技术规范[S]. 北京：人民交通出版社，2021.

[3] 中华人民共和国交通运输部. JTG 5120—2021 公路桥涵养护规范[S]. 北京：人民交通出版社，2021.

[4] 中华人民共和国交通运输部. JTG/T 3650—2020 公路桥涵施工技术规范[S]. 北京：人民交通出版社，2020.

[5] 中华人民共和国交通运输部. JTG H12—2015 公路隧道养护技术规范[S]. 北京：人民交通出版社，2015.

[6] 中华人民共和国交通运输部. JTG H10—2009 公路养护技术规范[S]. 北京：人民交通出版社，2009.

[7] 中华人民共和国交通运输部. JTG B01—2014 公路工程技术标准[S]. 北京：人民交通出版社，2014.

[8] 王美宽. 路基路面施工技术[M]. 北京：人民交通出版社，2019.

[9] 北京市首都公路发展集团有限公司. 高速公路绿化养护手册[M]. 北京：人民交通出版社，2011.

[10] 四川省地方标准. DB51/T 2799—2021 四川省高速公路景观及绿化设计指南[S]. 北京：人民交通出版社，2021.

[11] 河北省地方标准. DB13/T 5262—2020 山区公路施工及养护安全控制区设置规范[S]. 北京：人民交通出版社，2020.

[12] 湖北省地方标准. DB42/T 1713—2021 城市道路路面维修养护技术规程[S]. 北京：人民交通出版社，2021.

[13] 周传林，王淑娟. 公路养护技术与管理[M]. 4版. 北京：机械工业出版社，2021.

[14] 沈艳东，汤红丽. 公路养护技术与管理[M]. 北京：北京邮电大学出版社，2010.

[15] 彭富强. 公路养护技术与管理[M]. 3版. 北京：人民交通出版社，2015.

[16] 武鹤. 公路养护技术与管理[M]. 北京：人民交通出版社，2013.

[17] 交通专业人员资格评价中心. 公路养护工[M]. 北京：人民交通出版社，2010.